盐城地域文化
与社会治理研究院课题项目（Yds202210）

公共教育支出
对居民收入分配差距的影响研究

杨海华◎著

Study on the Impact
of Public Education Expenditure
on the Residents' Income Distribution Gap

中国财经出版传媒集团
经济科学出版社
Economic Science Press

图书在版编目（CIP）数据

公共教育支出对居民收入分配差距的影响研究/杨海华著．—北京：经济科学出版社，2021.12
ISBN 978-7-5218-3170-2

Ⅰ．①公… Ⅱ．①杨… Ⅲ．①教育经费-财政支出-影响-居民实际收入-收入分配-研究-中国 Ⅳ．①F126.2

中国版本图书馆 CIP 数据核字（2021）第 250684 号

责任编辑：于　源　郑诗南
责任校对：王肖楠
责任印制：范　艳

公共教育支出对居民收入分配差距的影响研究
杨海华　著
经济科学出版社出版、发行　新华书店经销
社址：北京市海淀区阜成路甲 28 号　邮编：100142
总编部电话：010-88191217　发行部电话：010-88191522
网址：www.esp.com.cn
电子邮箱：esp@esp.com.cn
天猫网店：经济科学出版社旗舰店
网址：http://jjkxcbs.tmall.com
北京季蜂印刷有限公司印装
710×1000　16 开　15.75 印张　230000 字
2022 年 3 月第 1 版　2022 年 3 月第 1 次印刷
ISBN 978-7-5218-3170-2　定价：63.00 元
(图书出现印装问题，本社负责调换。电话：010-88191510)
(版权所有　侵权必究　打击盗版　举报热线：010-88191661
QQ：2242791300　营销中心电话：010-88191537
电子邮箱：dbts@esp.com.cn)

前　　言

公共教育支出是提高国民教育水平的重要工具，也是影响居民收入分配差距变化的重要因素。国内学术界在公共教育支出对居民收入分配差距影响的研究上，有两种实力相当的主流认识，一种是认为公共教育支出承担着政府收入分配职能，其支出总量增长有利于平抑居民收入分配差距；另一种则认为这种利好影响呈现一种倒"U"型关系，即随着公共教育支出的持续增加，居民收入分配差距会出现先上升后下降的倒"U"型拐点。

本书研究发现，这两种认识同实际生活都存在不小的差距。本书通过一个较长时间段的观察，总体上看，公共教育支出增长并没有对平抑居民收入分配差距产生正向影响，居民收入分配差距由升转降的倒"U"型拐点也始终没有出现。而恰恰相反，通过 MIC 值统计方法的分析检验发现，公共教育支出的增长总体上对平抑居民收入分配的差距产生逆向影响。

本书的研究重点主要放在公共教育支出结构和制度问题上。本书的研究有两个主要结论：第一，由于长期以来不合理的公共教育支出结构没有同收入分配政策系统相匹配，导致公共教育支出不但难以有效平抑居民收入分配差距，甚至长期可能会产生逆向影响；第二，以财政分权为导向的财政体制，是形成我国特有的公共教育支出方式和支出结构的制度基础，由此产生的教育财政分权，则是导致公共教育支出结构存在不合理问题的制度性原因。本书具体开展了如下研究工作。

其一，公共教育支出与居民收入分配差距的相关性分析。本书系统地分析了我国公共教育支出与居民收入分配差距的变化，并从数理分析视角推断，公共教育支出与居民收入分配差距的变动呈现显著的非线性相关关系，通过 MIC 值统计方法进一步检验，得到的结论是：公共教育支出总体上对平抑居民收入分配差距产生逆向影响。

其二，公共教育支出对居民收入分配差距的结构性因素分析。本书研究认为，判断公共教育支出对居民收入分配差距的影响如何，主要看公共教育支出结构是否有利于居民收入合理分配。本书通过构建面板门限回归模型，将公共教育支出结构作为门限变量引入公共教育支出对居民收入分配差距影响的模型研究之中，发现公共教育支出对居民收入分配差距影响的方向和程度，都取决于公共教育支出结构的配置，并最终得出不同于以往的研究结论，即公共教育支出与居民收入分配差距之间，总体上是一种不规则的非线性正相关关系，而且曲线形态呈现一种由陡峭趋向平坦的趋势，但并没有出现由升转降的拐点。本书还进一步分析了公共教育支出的层级结构和城乡结构对居民收入分配差距的影响。

本书通过面板误差修正模型分析公共教育支出层级结构对居民收入分配差距的影响发现，初等教育支出和中等教育支出的结构性增长有助于平抑居民收入分配差距，而高等教育支出的结构性增长则会产生相反的效果。同时，高等教育支出对居民收入分配差距的扩大效应要高于初等教育支出和中等教育支出对居民收入分配差距的平抑效应，因此，长期以来，以高等教育支出为主导的公共教育支出层级结构成为助推居民收入分配差距不断扩大的一个重要因素。通过构建 VAR 模型分析公共教育支出城乡结构对居民收入分配差距的影响，可以看到，公共教育支出的城乡差距直接影响城乡居民收入分配差距的扩大，因此，以城市为主导的公共教育支出结构，是助推居民收入分配差距不断扩大的另一个重要因素。

其三，公共教育支出对居民收入分配差距的制度性因素分析。本书研究发现，以财政分权为导向的财政体制改革是形成我国特有公共教育支出方式和支出结构的重要制度基础。在既有的财政分权制度框架下，公共教育支出结构的演变呈现明显的路径依赖特征，导致其结构调整明显滞后于实现平抑收入分配差距目标的需要。本书从财政分权的视角，分析了政府公共教育支出背后的行为逻辑，发现总类财政分权使得政府的支出结构长期偏向经济性支出领域，对公共教育支出缺乏同等重视。教育财政分权使得政府在公共教育支出结构中更加偏向有利于实现经济性目标的领域，具体表现在教育发展层级配置上偏向高等教育领域，在教育发展空间配置上偏向城市领域。财政分权的状况是我国公共教育支出发展无法有效平抑居民收入分配差距的深层次原因。

目录
Contents

第一章 导言 ………………………………………………………… 1
　第一节　研究背景和意义 ………………………………………… 1
　第二节　主要概念界定 …………………………………………… 5
　第三节　文献综述 ………………………………………………… 15
　第四节　研究方法和内容 ………………………………………… 28
　第五节　研究创新与不足 ………………………………………… 32

第二章 理论分析工具 ……………………………………………… 35
　第一节　收入分配理论 …………………………………………… 35
　第二节　人力资本理论 …………………………………………… 47
　第三节　公共教育支出和收入分配关系的理论分析 …………… 53

第三章 我国公共教育支出和居民收入分配差距 ………………… 66
　第一节　我国公共教育支出的变化 ……………………………… 66
　第二节　我国居民收入分配差距的变化 ………………………… 86
　第三节　我国公共教育支出对居民收入分配的影响 …………… 94

第四章 公共教育支出对居民收入分配差距的影响
——结构分析 ······ 105
第一节 研究假设 ······ 105
第二节 公共教育支出对居民收入分配差距影响的结构门限效应 ······ 117
第三节 公共教育支出层级结构对居民收入分配差距的影响 ······ 133
第四节 公共教育支出城乡结构对居民收入分配差距的影响 ······ 142

第五章 公共教育支出对居民收入分配差距的影响
——制度分析 ······ 151
第一节 总类财政分权对公共教育支出行为的影响 ······ 152
第二节 教育财政分权对公共教育支出结构的影响 ······ 177
第三节 公共教育支出结构失衡和居民收入分配差距 ······ 194

第六章 主要结论和政策建议 ······ 207
第一节 主要研究结论 ······ 207
第二节 政策建议 ······ 215

参考文献 ······ 226

＃ 第一章

导　言

　　回答"公共教育支出是否有利于平抑居民收入分配差距"这个问题，对于客观评估公共教育支出的政策效果具有十分重要的意义。但是，现有关于公共教育支出对居民收入分配差距影响的研究并不能提供合理的解释，原因在于长期以来学术界一直是基于总量的视角来研究公共教育支出对居民收入分配差距的影响，而对公共教育支出结构的系统研究鲜有涉及，对公共教育支出行为背后的制度逻辑也缺乏足够的关注。本书从结构的视角探究公共教育支出对居民收入分配差距的现实影响，并进一步从制度的视角探究公共教育支出对居民收入分配差距影响的深层次原因，是对"公共教育支出对居民收入分配差距的影响研究"这一问题所进行的新的探索和尝试。

第一节　研究背景和意义

一、研究背景

　　在我国40多年的经济转型过程中，居民收入分配差距总体上呈现不断扩大的趋势，在较短的时期内我国居民收入分配快速从平均主义盛行逐渐转变为高度不均等的状态。[1] 1994年以后我国居民收入分配差距

---

[1] 李实，罗楚亮．我国居民收入分配差距的短期变动与长期趋势［J］．经济社会体制比较，2012（7）：9-16.

开始脱离合理区间，虽然期间有些微调，但是从整个趋势来讲，居民收入分配差距呈不断扩大趋势，表现为收入分配差距悬殊和两极分化风险加大；同时利用计量模型工具对我国居民收入分配差距进行预测分析发现，我国居民收入分配差距在未来一段时间还可能会在高位上继续维持下去。如果收入分配差距不断扩大的趋势长期得不到有效遏制，不仅直接影响消费需求的振兴和产业结构的优化、严重制约经济实现高质量发展，而且还会引发社会矛盾、危及社会稳定，这与我国社会主义基本原则是相背而行的。因此，收入分配差距是必须要高度关注并急需解决的问题。

在影响收入分配差距的诸多因素中，教育被视为最为关键的变量之一，教育的发展对居民收入分配产生了深刻影响。一方面，教育在居民收入的初次分配环节，可以通过调节要素收入配置对居民收入分配差距产生长期影响；另一方面，教育在居民收入的再分配环节，可以通过调节个人收入水平对居民收入分配差距产生短期影响。因此，长期以来政府不断把公共教育支出作为提高国民教育水平的手段，也作为一项有利于平抑居民收入分配差距和履行政府收入分配职能所考虑的重要政策工具。政府希望通过增加公共教育支出，能够为社会成员提供更加充裕完备的公共教育资源，改善社会不同阶层的人力成长条件，改变刚性代际贫富传递，从而为居民收入分配的公平均等创造条件，以此实现教育对居民收入分配差距的有效合理调节。

但是，通过对我国现实中的公共教育支出与居民收入分配差距的发展演变过程进行研究和初步推断，我国公共教育支出可能并未达到有效调节居民收入分配差距的政策效果。从公共教育支出的规模增长过程来看，据国家统计局公布的数据显示，公共教育支出规模从2008年的491.63亿元增长到了2018年的1548.39亿元，增幅超过200%。尤其是2013~2018年，我国公共教育支出总量已达到累计16.2万亿元，每年平均增长率达到7.9%，已经超过GDP增长率增速。而且公共教育支出在经济总量中的比例也明显上升，公共教育支出占GDP比例已经连续7年保持在4%以上。与此同时，显示社会居民收入分配差距的基尼系数自1994年以来几乎都在0.4的警戒线以上（2018年为0.474），远超发达国家0.24~0.36的平均水平，居民收入分配差距两极分化趋势没有明显改善。① 由此摆在我们面前的问题是：在收入分配差距不断恶化的情形下，我国公共教育支出政策到底有没有对平抑居民收入分配产生正向影响，公共教育支出对平抑居民收入分配差距产生了什么的性质的影响，影响大小到底如何，以及产生这种影响的背后原因又是什么？这一系列问题都是需要我们认真研究和破题的重要学术课题和发展课题，在理论和实践方面都具有十分重要的研究价值。

已有的理论成果在解释和回答我国公共教育支出对是否有利于平抑居民收入分配差距问题上，主要是基于总量的角度来展开讨论的，而本书认为，结合国内外长期的公共教育支出与居民收入分配差距的发展演变过程，公共教育支出总量的增加可能并不必然会平抑居民收入分配差距，而考察公共教育支出对居民收入分配差距的影响，应该主要看公共教育支出结构是否有利于居民收入合理分配，因此公共教育支出结构才是公共教育支出对居民收入分配产生何种影响的决定因素。只有改变不合理的公共教育支出结构，才有可能达到以公共教育支出抑制居民收入分配差距进一步扩大的效果，实现公共教育支出政策的收入分配目标。鉴于此，本书的研究主要讨论的是公共教育支出对居民收入分配差距影响的结构性因素，从结构的视角探讨公共教育支出对平抑居民收入分配差距所产生的影响，以及进一步从制度的视角以财政分权作为制度背景来探究形成特定公共教育支出结构的背后的制度性原因。

二、研究意义

（一）理论意义

（1）本书将采用多种新的计量实证方法来分析公共教育支出对居

---

① 葛和平，吴福平. 中国贫富差距扩大化的演化脉络与机制分析 [J]. 现代经济探讨，2019（5）：21-28.

民收入分配差距的影响，进一步增强了公共教育支出对居民收入分配差距影响在理论层面上的解释力。其中，首次采用结构门限回归模型将公共教育支出结构作为门限变量来分析公共教育支出对居民收入分配差距的影响，通过量化公共教育支出结构指标，推算公共教育支出结构指标特定的阈值，分析不同区间下公共教育支出对居民收入分配差距产生的不同影响；首次采用面板误差修正模型来分析公共教育支出层级结构对居民收入分配差距的影响。误差修正模型能够准确刻画公共教育支出在短期内对居民收入分配差距的影响以及对居民收入分配差距的长期影响。这一模型的采用能够弥补当前学界的研究不足，即目前鲜有文献把短期效应和长期均衡结合在一起来深入讨论公共教育支出对居民收入分配差距的影响，因此有助于进一步拓展公共教育支出对居民收入分配差距影响的研究；同时，本书还采用时间向量自回归模型对我国城乡居民收入分配差距与城乡公共教育支出差距之间的关系进行计量检验。这些实证研究结论为评估我国政府公共教育支出政策能否有效发挥对居民收入分配差距合理调节作用提供了科学客观的参考。

（2）本书重点关注的是公共教育支出在对居民收入分配差距影响过程中的结构性因素，较早地尝试从公共教育支出结构的角度来分析公共教育支出对居民收入分配差距的影响性质及影响大小的原因。一方面，将公共教育支出结构变量引入居民收入分配差距与公共教育支出回归模型之中，以公共教育支出结构为门限变量来分析公共教育支出在对居民收入分配差距影响过程中的门限效应；另一方面，分别从公共教育支出层级结构和公共教育支出城乡结构两个细类来具体分析公共教育支出结构对居民收入分配差距的影响。

（3）本书将进一步从制度的角度来分析公共教育支出对居民收入分配差距影响的内在根源。从总体财政分权的角度来分析政府公共支出行为偏差的制度原因；从教育财政分权的角度来分析我国公共教育支出结构失衡的制度原因。我国公共教育支出政策所处的制度背景决定了公共教育支出对居民收入分配差距的影响具有一定程度的路径依赖特征。

(二) 现实意义

（1）本书通过实证分析能够准确刻画公共教育支出对居民收入分配差距的影响，其研究结论有助于政府决策者深刻认识和全面理解当前我国公共教育支出政策在调节居民收入分配差距过程中所产生的真实影响，找到公共教育支出在发挥收入分配差距调节作用过程中存在的现实问题，从而更加重视公共教育支出对居民收入分配差距调节作用的有效性和精准性。同时，本书通过多维度详细阐述我国公共教育支出未能改进居民收入合理分配的原因，为我国能够有效解决居民收入分配不合理问题拓展了新的政策思路，也为能够有效破解我国公共教育支出与平抑居民收入分配差距目标之间的现实矛盾提供智力支持，以此不断纠偏我国公共教育支出对平抑居民收入分配差距的逆向影响，同时有利于遏制我国居民收入分配差距不断扩大的趋势，使居民收入分配差距重新回归至合理阶段。

（2）本书提出的公共教育支出在规模上的可持续性增长和在结构上的公平性分配的结论，能够有效协调公共教育在经济增长和收入分配上的双重正向作用，从而化解当前我国经济增长和居民收入分配之间存在的发展困境。一方面，教育通过改善人力资本结构为经济增长提供更多智力支持和人才支撑，助推经济实现高质量发展。另一方面，教育通过改进居民收入分配，为我国有效实现贫困治理以及成功跨越"中等收入陷阱"提供重要的内源动力。

第二节 主要概念界定

厘清概念是做好理论研究的重要基石，不同的概念经过一定的推理过程会得出不同的结论，因此，给予概念明确的界定是开展理论问题研究的重要环节。本书研究涉及教育支出和收入分配以及与之相关的概念。

一、教育支出

《韦伯斯特新世界词典》提出教育最经典的定义，它认为"教育是人们知识、技能、思想和品格等方面的训练和开发过程，尤其是正规的学校教育"。[①] 由此可以看出，一方面教育是获得人力资本的重要途径和渠道；另一方面教育的方式有多种，但是最重要的是学校教育。鉴于此，本书所讨论的教育问题界定在正规的学校教育范畴之内。教育支出就是投资在教育上的货币表现。根据教育投入主体的不同，教育支出一般包括公共教育支出和家庭教育支出两类。

另外还需要注意的是，教育支出有广义和狭义之分。广义的教育支出包括货币性支出（或者说金钱投入）与非货币性支出（时间、精力等的投入）两部分，但是由于非货币性支出难以量化和衡量，导致对非货币性支出的研究存在较大的困难，因此本书将教育支出限定在货币性支出的范畴之内。

（一）公共教育支出

公共教育支出最经典的定义是来自《教育大辞典》第六卷，它认为公共教育支出是"由政府财政支出的教育经费。公共教育支出的主要部分大都通过政府对国民征税来筹集。……每个社会成员不管是否上过学，也不管其子女是否上过学，都可以从教育发展中受益，因而都有义务和责任以纳税的形式来负担教育支出，并由政府或其他法律认可的机构组织实施。"[②] 该概念强调了公共教育支出的内在的公共属性和外在的收益外溢性特征，因此主张应由承担公共职能的政府负责和组织公共教育资金的支出和配置。同时也明确提出政府公共教育支出的增长有利

[①] Webb. M, "Financing Elementary and Secondary Education. Columbus," Translated in History of Political Economy 34 (1988): 23.

[②] 顾明远. 教育大辞典 [M]. 上海：上海教育出版社，1992：256.

第一章 导 言

于经济社会的健康发展。联合国教科文组织提出公共教育支出是一个国家的各级政府机构（比如教育部门、财政部门以及卫生和农业部门等政府其他部门或相似机构等）用于一个国家的公共教育的财政支出。该定义明确界定了公共教育支出作为一个国家政府公共财政支出的性质，从而强调了与其他部门尤其是来自私人部门的教育资金支出的明显的区别，[1] 比如来自家庭的教育支出，以及私营组织和非营利组织机构等用于教育的支出，等等。世界银行从教育支出的层级以及结构角度进一步拓展了公共教育支出定义的外延，它指出公共教育支出不仅包括直接的公共教育支出的总量规模，还需要考虑到政府对高等、中等以及初等教育等不同教育发展层级的财政资源配置状况。[2]

综合上述观点，我们可以这样理解公共教育支出：公共教育支出是一个国家或地区根据教育事业发展的需要，政府公共财政投入到公共教育领域中的人力、物力和财力的货币表现。公共教育支出不仅可以作为提高国民教育水平的手段，同时也可以作为一项调节居民收入分配的重要政策工具。

在具体的统计口径上，《中国统计年鉴》中能够描述公共教育支出总体情况的主要有"国家财政性教育经费"和"财政预算内教育经费"两个指标。通常情况下，我国使用的"国家财政性教育经费"指标基本与国际组织所定义的"公共教育支出"在资金的性质上基本相同。[3]同时由于国家财政性教育经费"来源于政府公共财政"，它能够全面反映政府干预教育活动的意图，并且每年的经费总体执行情况都会由国家统计局、教育部联合编制《中国教育经费统计年鉴》向社会及时公示，因此，自1990年以来我国学术界基本上都是采用财政性教育经费来作为公共教育支出的统计指标。出于上述因素，本书在公共教育支出的数

---

[1] 经合组织教育研究与革新中心. 经济合作组织与发展组织教育要览 [M]. 北京：人民教育出版社, 2000：300.
[2] 世界银行. 2000~2001年世界发展报告（第4卷）[M]. 北京：中国财政经济出版社, 2001：325.
[3] 杜兴洋. 公共教育支出绩效评价研 [M]. 武汉：湖北人民出版社, 2014：25.

7

据选取上继续沿用学界普遍的做法，即以国家财政性教育经费作为依据。

1. 公共教育支出总量

公共教育支出总量反映的是一个国家或地区在一定时期内提供公共教育资源所进行的财政资金的货币支付总额。测量公共教育支出总量规模的指标主要有如下两个：

（1）公共教育支出的绝对量指标。它反映的是公共教育支出总量的绝对规模，即在一定时期内公共教育支出的货币价值总额，因此它能最直观地反映公共教育支出总量变动的趋势，由此也成为政府编制教育支出预算和控制教育支出规模的重要指标之一。在不考虑政府组织执行效率的情形下，公共教育支出绝对规模越大，表明政府干预教育活动的能力就越大。

（2）公共教育支出的相对量指标。它反映的是公共教育支出总量的相对规模，关注的是公共教育支出绝对规模和其他经济变量变动的联动性。采用相对量指标来衡量公共教育支出总量规模，可以反映公共教育在经济和社会发展中的地位，同时便于进行公共教育支出规模的纵向和横向比较，即对同一国家或地区不同时期的公共教育支出总量规模进行比较，以及对同一时期不同国家或地区的公共教育支出总量规模进行比较。同时，公共教育支出的相对量指标能够剔除经济增长因素，从而更加准确地反映公共教育支出总量规模的变动趋势。在测量公共教育支出规模中应用最广泛的相对量指标是公共教育支出占GDP的比重。

但是，这两个指标有可能会反映不同的变化趋势，即在衡量公共教育支出规模变动趋势时有可能同时存在如下两种情况：一种情况是，绝对量指标反映出公共教育支出绝对规模不断扩大；另一种情况是，相对量指标却在不断降低，它反映出公共教育支出相对规模不断缩小。这也就意味着，虽然公共教育支出绝对规模在不断增加，但是GDP中用于公共教育支出的比重并不一定是增加的，甚至有可能会减少。比如，我国改革开放以来公共教育支出绝对规模是在逐年增加的，但是公共教育支出占GDP比重却增长缓慢甚至下降，公共教育支出占比4%的目标用了将近20年的时间。

2. 公共教育支出结构

公共教育支出结构反映的是公共教育支出在内在构成上的数量或比例配置。关于公共教育支出结构类型问题有很多的视角，本书对公共教育支出结构限定在两个角度进行分析：一是纵向层面上的公共教育支出层级结构，分析在三级教育层级上公共教育支出数量的配置；二是横向层面上的公共教育支出城乡结构，分析在二元城乡空间单元上公共教育支出数量的分布。公共教育支出结构的配置可以在一定程度上反映出教育发展的不平等性，并通过教育发展的不平等程度对居民收入分配产生深刻的影响。[1]

（1）公共教育支出层级结构。公共教育支出层级结构主要体现公共教育支出在初等教育、中等教育和高等教育等不同教育层级间经费资源配置上的调整和由此形成的特定比例关系，[2]它是衡量一个国家公共教育支出结构是否合理的重要评价指标。由于初等教育、中等教育和高等教育在公共性、外部性等属性和效益指向方面具有较大差别，这就决定了公共教育支出不能简单地对不同教育层级进行同比例配置，而是要选择一个合理的比例结构，使三个教育发展层级之间的功能能够实现有效协同，从而促进稀缺公共教育资源能够最大限度地满足社会发展对各种层级教育的需求，最终实现社会效益最大化。一个国家的公共教育支出的层级结构配置要受到本国教育发展规模、教育发展成本、教育发展阶段以及教育投资体制和教育发展政策等综合因素的影响。

（2）公共教育支出城乡结构。公共教育支出城乡结构主要体现的是公共教育经费支出在城乡空间的配置，它能够深刻影响公共教育资源配置的空间格局，也能够反映出城乡之间人力资本积累存量结构的变

---

[1] 孙百才. 测度中国改革开放30年来的教育平等 [J]. 教育研究，2009（1）：15－19.
[2] 学术界在关于教育层级划分问题上使用比较多的划分方法是：把教育层级主要分成初等教育、中等教育和高等教育三个阶段。初等教育主要包括普通小学和成人小学；中等教育主要包括普通中学、中学中等专业学校、中等技术学院、中等师范学院等；高等教育主要包括普通高等学校和成人高等学校。

化。由于空间要素的异质性，初始的教育资源在城乡之间往往是呈现非均衡性特征。异质性空间要素的客观存在使教育生产过程中的教育收益和教育成本在城乡地区之间的分布是极其不对称的，从而不断扩大城乡之间教育发展水平的差距，因此这也是造成地区教育发展水平差距的内在动力机制。在市场作用自发引导下，城乡之间的教育收益——成本结构存在着显著的不配比问题，教育投入偏向城市地区，而农村地区的教育投入质量不高、数量不足，使得城乡教育发展水平差距不断拉大。由此，政府可以利用公共教育支出手段有效弥补市场机制在教育资源空间配置上的失灵问题，通过对教育资源在城乡之间进行再配置，促进城乡教育资源分布更加合理和公平，遏制城乡教育发展水平差距不断扩大的趋势。

（二）家庭教育支出

由于教育具有公共产品属性，它能够促使社会效益和个人效益同步实现帕累托最优。因此教育资源的供给理应由政府和个人等主体共同参与，实现成本共担。经典人力资本理论认为家庭或个人所要承担的教育经费的部分往往被称为家庭教育支出。[①] 不过，目前关于家庭教育支出概念的明确界定和外部边界划分尚未形成统一的标准。部分研究将其称之为家庭人力资本投资，又有研究将其称为家庭投入。根据家庭教育支出划分方法的不同，家庭教育支出可以做如下三种分类[②]：一是根据支出必要性进行划分，可以将家庭教育支出划分为必须支出、扩展支出和选择性支出三类，这类划分方法能够充分体现出个体教育支出的个体差异。二是根据支出领域不同进行划分，可以将家庭教育支出划分为校内教育支出和校外教育支出两类，这类划分方法能够充分揭示不同家庭或个人的教育支出负担。三是根据支出成本不同进行划分，可以将家庭教育支出划分为直接成本支出、间接成本支出以及风险成本支出等。这类

[①] BECKER G. S. "Investment in Human Capital," *Journal of Political Economy* 23 (1962): 49.

[②] 谢倩, 吴亚凡. 家庭教育投入研究进展综述 [J]. 湖湘论坛, 2014 (6): 74–78.

划分方法能够充分体现家庭教育支出的回报率和经济效益。

家庭教育支出是造成未来教育机会与社会不公平的重要原因，也是影响居民收入分配差距的重要因素，因此改善家庭教育支出格局是保障社会稳定的有效途径。[①] 家庭教育支出规模受到家庭所在地区的富裕程度、家庭子女数量、家庭财务收入状况、父辈受教育程度等因素的制约，同时，政府教育政策尤其是公共教育支出政策对家庭教育支出规模也产生了很大的影响。

（三）公共教育支出与家庭教育支出的关系

公共教育支出往往通过对家庭教育支出产生挤出效应（crowd-out effect）和挤入效应（crowd-in effect）来影响家庭教育支出的变化。[②] 公共教育支出对家庭教育支出产生的影响，在不同收入群体家庭间表现出异质性效应。

1. 挤出效应

挤出效应指的是为了达到一定的教育效果，在全社会收入既定的条件约束下，公共教育支出和家庭教育支出之间存在相互替代的关系，即公共教育支出的增加带来家庭教育支出的相应减少。产生挤出效应有两个主要原因：一是公共教育支出能够克服家庭教育支出的流动性约束；二是公共教育支出可以直接通过强制供给、收入补贴和专项补贴等方式减轻个人的教育支出负担，从而对家庭教育支出起到替代作用。公共教育支出对家庭教育支出的挤出效应在不同家庭之间呈现不同的分布，这其实也体现出公共教育的公平性。对于不同收入群体的家庭来说，公共教育支出对低收入群体家庭教育支出的挤出效应要比对高收入群体家庭

---

① Lunn, A. Family Investments in Education during Periods of Economic Uncertainty. *Sociological Perspectives* 61 (2018): 145.
② 袁诚. 地方教育投入对城市家庭教育支出行为的影响 [J]. 经济学动态, 2013 (3): 29-33.

强得多。① 挤出效应越强,意味着公共教育支出的增加会减少低收入家庭子女教育的刚性成本支出,这就意味着变相增加低收入家庭的可支配收入,因此增加公共教育支出就越能够很好地实现教育公平的目标,越能起到缩小收入分配差距的效果。

2. 挤入效应

挤入效应指的是公共教育支出与家庭教育支出存在着一种相互促进的关系,即公共教育支出的增加会带动家庭教育支出的增长,公共教育支出能够对家庭教育支出起到引导作用。产生挤入效应有两个主要原因:一是收入因素。公共教育支出的增加有助于提高居民的就业水平和收入,教育的经济回报一方面刺激居民不断增加对教育的需求,另一方面也使居民有足够的支付能力来满足个人差异化的教育需求。二是教育意愿因素。政府公共教育支出决策是居民判断教育收益率的重要依据。公共教育支出的增加实际上是政府向社会释放出提高教育收益率的信号,由此居民会认为教育未来投资收益率的提高会使增加家庭教育支出变得更加有利可图。公共教育支出对家庭教育支出的挤入效应主要表现在中高收入群体家庭的教育支出上。② 挤入效应表明公共教育支出和家庭教育支出之间存在一种良性的互动关系,它有利于增加国家教育资源供给总规模,改善教育投资环境,形成良好的教育发展氛围,推动社会教育事业的长期可持续发展。

二、收入分配

收入分配是一定时期内社会不同群体之间对于社会经济活动的最终成果的占有方式及获得数量。③ 一般来讲,收入分配可以细分为要素收

---

① 吴强. 公共教育财政投入对居民教育支出的影响分析 [J]. 教育研究, 2011 (1): 55-59.

② 魏晓艳. 公共教育投入对个人教育投入的实证效应研究 [J]. 复旦教育论坛, 2018 (2): 42-46.

③ 卡尔·马克思. 资本论 (第3卷) [M]. 北京: 人民出版社, 2018: 157.

入分配和规模收入分配两类。要素收入分配和规模收入分配是研究收入分配问题的两个最重要的概念。

（一）要素收入分配

要素收入分配也被称为功能性收入分配，它主要探讨土地所有者、资本所有者和劳动力所有者等各种生产要素所有者在参与社会生产过程中所做出的贡献以及它们在社会总收入中所分配的所得份额之间的关系。其中，土地所有者所分配的收入是地租，资本所有者所分配的是利润，劳动力所有者所分配的是工资。要素收入分配对收入分配的研究主要基于两个视角：一是宏观的视角，要素收入分配是以生产要素为研究主体的分配，因此它是从国民收入来源的角度研究收入分配问题。由于在短期内地租具有垄断性，难以做出调整，因此要素收入分配格外关注的是资本和劳动的相对收入份额及其发生的变化。[①] 二是动态的视角，要素收入分配体现了收入分配的整个动态过程。要素收入分配经历了收入的形成、占有、分割、转手等内容的阶段和过程。[②] 其中，市场和政府都对要素收入分配产生积极影响。具体来说，市场在要素收入分配中的调节作用主要体现在不同的要素所有者是通过自己的市场贡献和工作能力而取得相应的收入，这一过程通常也称之为国民收入的初次分配，因为这是国民收入第一次分配到不同要素所有者手中，要素收入分配与整个社会生产直接相关，因此它并不关心是谁得到收入，以及个体到底得到多少收入，社会生产中的贡献决定了收入分配中的地位，整个分配过程充分体现了效率原则；政府在要素收入分配的调节作用主要体现在政府通过征税以及进行各种转移支付对不同要素所有者的市场收入施加影响，这一过程通常称之为国民收入的再次分配，它促使国民收入在不同要素所有者之间进行又一次流入或转移，整个分配过程充分体现了公平原则。

[①] 程恩富. 论政府在功能收入分配和规模收入分配中的作用 [J]. 马克思主义研究, 2011（6）：55 - 59.

[②] 张俊山. 关于收入分配的几个概念的讨论 [J]. 教学与研究, 2012（4）：73 - 76.

(二) 个人收入分配

个人收入分配也称之为规模收入分配,它主要探讨的是经过了初次分配和再分配环节最终形成的国民收入在各个社会成员间的分布状态。因此个人收入分配其实反映的是收入分配过程所带来的结果,它是对收入分配的静态考察,并通过揭示不同个体或者不同阶层货币收入的持有情况,来对收入分配过程进行评价和反馈。同时,由于个人收入分配是从收入所得者的规模与其所得收入规模之间的关系来研究收入分配问题,因此可以说它是微观意义上的分配。[①] 与要素收入分配不同的是,个人收入分配与人们的生活状态和生活质量有关,也是人们能够直接碰触到的经济事实,因此它更多关注的是不同社会阶层的个人或家庭与其所得的收入份额之间的关系是否合理,而对收入的来源等更为抽象的收入分配问题缺乏兴趣。个人收入分配主要讨论的是收入分配差距问题,即从个人的角度来分析收入分配差距的起源以及收入分配差距对社会经济的影响。从收入分配差距的内容来讲,收入分配差距具体包括了城乡收入分配差距、城市内部收入分配差距、乡村内部收入分配差距、地区收入分配差距等,但最终都要落脚到人与人之间的收入分配差距上。

基尼系数是衡量居民收入分配差距最常用的统计工具,它也是评价居民收入分配差距程度最好的显性指标。联合国规定的基尼系数合理性程度情况如表 1-1 所示,一般以 0.4 为国际警戒线。通常来讲,居民收入分配差距基尼系数控制在 0.2~0.4 是比较合理的。如果居民收入分配差距基尼系数过小,意味着收入分配存在着平均主义的不良倾向,这样就会伤害经济效率;而如果收入分配差距基尼系数过大,就意味着收入分配存在着两极分化的不良倾向,这样就会伤害到社会公平。因此,将收入分配差距基尼系数控制在一个合理区间是政府收入分配政策最重要的目标。

[①] 周云波,覃晏. 中国居民收入分配差距实证分析 [M]. 天津:南开大学出版社,2008:56-60.

表1-1　　　　　收入分配差距基尼系数及其代表程度

基尼系数	收入分配平等程度
0	绝对平等
小于0.2	高度平等
0.2~0.3	比较平等
0.3~0.4	基本合理
0.4~0.5	差距较大
大于0.5	差距悬殊
大于0.6	高度不平等
1	绝对不平等

资料来源：洪兴建．基尼系数理论研究［M］．北京：经济科学出版社，2008：123-127．

另外，需要正确理解收入分配差距的概念，不能把收入分配差距和收入分配不公平划等号，两个概念之间存在着联系，但是也有很大的区别。一方面，收入分配不公平对收入分配差距产生深远的影响，收入分配不公平会遏制合理的收入分配差距的产生。推行"大锅饭"式的收入分配方式带来的是绝对平均主义的收入分配结果，同时收入分配不公平也会成为推动收入分配差距不断扩大的最直接因素。另一方面，收入分配差距并不是完全由收入分配不公平所导致的，收入分配差距有其自身的演变规律，收入分配差距维持在一定的合理区间，是促进经济增长的润滑剂，也是增强社会活力的催化剂，其对经济和社会的可持续发展是有利的，从这个角度来讲，它其实也是合理收入分配的具体表现。

第三节　文献综述

一、教育对居民收入分配差距的影响

人力资本理论的理论精髓在于发现并倡导人的经济价值，而人的经

济价值的提升主要是通过教育来实现的。在人力资本经济学家看来，影响居民收入分配差距的因素有很多，但根本在于人力资本的积累。而人力资本的积累正是通过教育的途径来深刻影响着作为劳动力的个体参与社会经济生活的能力和地位，因此，社会和经济发展的任何结果都可以从教育那里去探寻事情的本源。也正因为如此，人们能否获得充分的教育成为影响居民收入分配差距的重要关系变量，教育水平差异与居民收入分配差距之间存在着高度的相关性。劳动力受教育程度越高，越容易获得较高的教育回报，而教育回报率的差异则会不断拉大居民收入分配的差距。[1] 很多学者通过利用宏观国民收入数据实证分析来不断证实这一结论，代表性文献有：舒尔茨（Schultz，1960）认为"欠发达国家落后的根本原因并不在于物质资本短缺，而是在于人力资本匮乏和长期对人力资本投资不足，……提高人力资本在治理贫困中的作用，既要加大人力资本投资的力度，也要注重人力资本投资的结构。"[2] 贝克尔和奇斯威克（Becker & Chiswick，1966）最早通过构建收入分配的人力资本模型得出美国各地区的居民收入分配差距与教育水平呈高度正相关的结论，促进教育发展有益于缩小居民收入分配差距。[3] 格雷戈菲奥（Gregofio，2002）通过对100多个国家的数据进行研究，发现教育发展能极大地影响居民收入分配差距。[4] 国内学者赖德胜（2001）研究发现地区间居民收入分配差距扩大的深层次原因在于地区间教育的差异，东部地区居民比中西部地区的居民享受了更好的教育。[5] 岳昌君（2004）利用明塞尔收入函数模型对我国城市职工的收入影响因素进行计量回归分

---

[1] Mincer, Schooling, Experience, and Earnings (New York: Columbia University Press for NBER, 1974), p13.

[2] Schultz T. W, Capital Formation by Education [J]. *Journal of Political Economy* 12 (1960): 571.

[3] Becker, Education and the Distribution of Earning [J]. *American Economic Review* 56 (1966): 369.

[4] Gregorio J D, Lee J W, Education and Income New Evidence [J]. *Review of Income and Wealth* 3 (2002): 416.

[5] 赖德胜. 教育与收入分配 [M]. 北京：北京师范大学出版社，2001：94.

析，发现教育发展水平对居民个人收入水平的影响最为显著。① 田士超等通过面板回归分析和夏普利值分解法，发现教育对于地区居民收入分配差距是最重要的影响因素。②

但是，也有观点认为，教育会直接导致收入分配不均。汉森和韦斯布德（Hansen & Weisbrod，1969）③ 声称单是教育远不能满足社会对它在居民收入分配调节作用中所寄予的厚望（Throw，1975）。④

上述文献是从总体上去讨论教育与居民收入分配差距问题，而更多的文献则是将教育细分成教育扩展和教育分布两个维度，然后选取其中的某个维度来进一步讨论教育与居民收入分配差距问题。

（一）教育扩展对居民收入分配差距的影响

教育扩展主要有两层含义：一层含义指的是受教育人数的增加，另一层含义指的是个体受教育年限的提高。教育扩展意味着人口的平均受教育年限的提高，因此一般用人口平均受教育年限来衡量教育扩展程度。⑤ 国内外研究关于平均受教育年限的评定标准存在着差异：国外研究大多采用的统计口径是15岁及以上人口教育获得情况来衡量平均受教育年限，而国内研究采用的统计口径是6岁及以上人口教育获得情况来衡量平均受教育年限。教育扩展对居民收入分配差距产生重要的影响，但是教育扩展的收入分配效应在理论上却是不确定的，国内外的实证研究并未对此问题得出一致的结论。具体来说，形成了相互并立的三种主张。

---

① 岳昌君. 教育对个人收入差异的影响 [J]. 北大教育经济研究，2004（9）：58 – 61.
② 田士超，陆铭. 教育对地区内收入分配差距的贡献 [J]. 南方经济，2007（5）：134 – 137.
③ Hansen and Weisbrod, "Education and Economic Inequality," The Public Interest 56 (1969)：66.
④ Throw, Economic Development in the Third World（New York：White Plains，1975），p387.
⑤ 李祥云，刘慧等. 中国教育扩展、教育分布与居民收入分配差距 [J]. 教育与经济，2016（3）：25 – 30.

1. 教育扩展有利于缩小居民收入分配差距

早期的人力资本理论多是认同这一结论，比如舒尔茨、贝克尔和西斯等都曾明确提出教育扩展有利于缩小居民收入分配差距。后来阿德尔曼等（Adelman et al.，1973）通过实证分析证实了教育扩展有利于缩小居民收入分配差距。[1] 克吕格尔等（Krueger et al.，1974）选取66个国家数据做面板回归分析，研究发现教育入学率的提高对居民收入分配差距具有显著的正向作用。[2] 普萨卡罗普洛斯（Psacharopoulos，1977）研究发现平均受教育年限提升1%，能够缩小居民收入分配差距方差的15%。[3] 国内学者关于这一问题主要集中在高等教育扩展方面进行讨论。于德弘等（2001）研究发现高等教育规模扩展对收入分配公平具有显著的积极影响。[4] 李祥云（2014）研究发现东部发达地区高等教育规模与质量的提高缩小了居民收入分配差距，而中西部欠发达地区高等教育总体上扩大了居民收入分配差距。[5]

2. 教育扩展不利于缩小居民收入分配差距

学术界主要通过两个维度去讨论教育扩展不利于缩小居民收入分配差距的原因：一是教育分配不平等问题。格雷戈菲奥（2002）认为一个教育机会和资源在群体间分配不平等的教育体制中，教育扩展反而成为居民收入分配差距不断拉大的推动力。[6] 孙百才（2005）认为"随着教育需求的增加，教育的成本也会不断提高，富人有足够的支付能力承

---

[1] Adelman I, Morris CT. Economic Growth and Social Equity in Developing Countries [M]. Stanford：Stanford University Press，1973：546.

[2] Krueger, Jesse Rothstein & Sarah Turner. Race, Income and College in 25 Years：The Continuing Legacy of Segregation and Discrimination [J]. NBER Working Paper, 1974：11445.

[3] Psacharopoulos, G. Return to education：A further international update and implication [J]. Journal of Human Resources，1977，20（4）：583.

[4] 于德弘，陆根书. 论我国高等教育规模的扩展对收入分配公平的影响 [J]. 教育与经济，2001（1）：6-10.

[5] 李祥云. 中国高等教育对收入分配不平等程度的影响 [J]. 高等教育研究，2014（6）：52-56.

[6] Gregorio, j. d and lee，"education and income distribution" review of income and wealth，2002：416.

担教育所需费用并维持高收入,而穷人则可能难以承担高昂的教育所需费用而无法接受教育,不能增加未来收入并继续维持贫困状态"。① 张车伟(2006)研究发现教育扩展会导致教育收益率增加,但教育收益率随收入水平的变化而变化,高收入居民的教育收益率是低收入居民的2.4倍。而且教育机会获得与收入之间也是密切相关的,高收入居民接受的教育机会是低收入居民的2倍。② 二是教育扩展导致的过度教育(Over-education)③问题,例如就业难以及已就业者收益率下降等,这些因素可能会拉大居民收入分配差距。沃尔弗利(Wolfle,1970)最先观察到过度教育现象,并将其作为反驳人力资本理论的有力证据。④ 隆伯格等(Rumberger et al.,1987)研究表明教育扩展所导致的过度教育非但不能提高劳动生产力,也不一定能增加劳动收入。⑤ 国内学者武向荣(2007)发现过度教育对个人收入产生了严重负面影响,又由于过度教育在行业和地区间分布极其不均,从而导致居民收入分配差距不断加大。⑥

3. 教育扩展与居民收入分配差距之间倒"U"型假说

教育扩展对居民收入分配差距的影响并非以线性的方式展现出来的,还要看教育扩展所对应的国家经济发展阶段。拉姆等(Ram et al.,1985)最早提出了教育扩展与居民收入分配差距之间符合倒"U"型假说的看法,⑦ 随后他进一步研究发现,教育扩展对中等收入国家居民收

---

① 孙百才. 中国教育扩展与收入分配研究 [M]. 北京:北京师范大学出版社,2005:369.
② 张车伟. 人力资本回报率变化与收入分配差距 [J]. 经济研究,2006(12):59-63.
③ 该概念最早由弗雷曼(Freeman)提出。它主要含义是指一个劳动力所接受的教育年限大于实际从事工作所需要的教育年限。
④ WOLFLED,"Overeducation" *Science* 168(1970):319.
⑤ Rumberger R,"The Impact of Surplus Schooling on Productivity and Earnings," *Journal of Human Resources* 1(1987):50.
⑥ 武向荣. 教育扩展中的过度教育现象及其收入效应 [J]. 北京师范大学学报,2007(3):132-135.
⑦ Ram R,"Exports and Economic Growth," *Economic Development and Cultural Change* 2(1985):33.

入分配差距有缩小作用,但对低收入国家居民收入分配差距有扩大作用。① 奈特（Knight,1983）认为教育扩展对居民收入分配差距的影响效应要看教育扩展的结构效应和压缩效应的相对大小。② 国内学者关于教育扩展对居民收入分配差距的影响的研究多偏向这一主张。赖德胜（1997）采用了49个国家的数据,验证了教育扩展与居民收入分配差距之间呈现倒"U"型的发展态势。③ 白雪梅（2004）利用中国1982～2000年的数据测算了贝克尔的人力资本模型,其经验研究证明了教育扩展与居民收入分配差距呈倒"U"型的结构类型,提出当前我国正处于教育扩展与居民收入分配差距呈线性正相关关系的阶段。④ 韩雪峰（2009）用数理模型推导出了高等教育扩展与居民收入分配之间呈现出倒"U"型关系的结论。⑤ 李祥云等研究证实目前我国居民平均受教育年限处于倒"U"型曲线的左侧。⑥ 魏萍等（2016）基于1995～2011年的我国24个省份的面板数据,采取逐步回归的方法考察发现教育对收入分配差距的影响尚未越过倒"U"型曲线的拐点,正处在左侧,意味着教育扩展与居民收入分配差距呈高度正相关。⑦ 但是,也有少数学者提出截然相反的观点,如许永洪等研究发展教育扩展与居民收入分配差距之间并不符合倒"U"型关系,而是正"U"型曲线关系。⑧

---

① Ram R,"Can Educational Expansion Reduce Income Inequality," *Economic of Education Review* 2 (1989): 185.

② Knight J B,"Educational Expansion and the Kuznets Effect," *The American Economic Review* 6 (1983): 1132.

③ 赖德胜. 教育扩展与收入不平等 [J]. 经济研究, 1997 (10): 46-49.

④ 白雪梅. 教育与收入不平等: 中国的经验研究 [J]. 管理世界, 2004 (6): 53-58.

⑤ 韩雪峰. 高等教育扩展对中国居民收入分配差距的影响 [J]. 生产力研究, 2009 (5): 59.

⑥ 李祥云, 刘慧等. 中国教育扩展、教育分布与居民收入分配差距 [J]. 教育与经济, 2016 (3): 23-28.

⑦ 魏萍. 教育扩展、分布与质量对收入分配差距的影响研究 [J]. 教育经济评论, 2016 (3): 4-9.

⑧ 许永洪. 教育缓解了收入分配不平衡吗 [J]. 数理统计与管理, 2019 (6): 712-715.

（二）教育分布对居民收入分配差距影响

教育分布主要探讨的是教育资源的配置问题，它以人力资本存量结构的形式影响居民收入分配差距。教育分布本质上讨论的是教育资源的平等性分配对居民收入分配差距的影响。国内外研究关于教育分布的衡量标准有所不同：国外研究衡量教育分布多采用的是受教育年限的方差、标准差等统计指标，而国内研究衡量教育分布多采用的指标是教育基尼系数。

学术界大多数的研究认同教育分布是影响居民收入分配差距的重要因素，两者之间呈负相关。奇斯威克（1971）以方差来衡量教育分布不平等程度，分析发现教育分布不平等与收入分配差距显著正相关，合理的教育分布有利于缩小居民收入分配差距。[①] 普萨卡罗普洛斯（1977）用不同教育层级入学人数的差异系数作为测量指标，分析发现教育分布不平等均与收入分配差距基尼系数呈显著负相关。[②] 格雷戈菲奥（2002）研究进一步证实了教育分布不平等会拉大居民收入分配差距。[③] 国内学者温娇秀（2011）采用固定效应变截距模型，对我国教育分布不平等与收入分配差距扩大的关系进行动态研究，发现教育分布不平等每上升1个百分点，居民收入分配差距基尼系数将会扩大0.412~0.618个百分点，同时她还提出教育分布不平等对收入分配差距的影响还会越来越大。[④] 贺青等（2015）利用实证分析方法发现教育基尼系数每增加1个百分点，收入分配差距将会上升0.22个百分点，表明我国

[①] Chiswick B. R, "Earning Inequality and Economic Developmen," *Quarterly Journal of Economics* 85（1971）：21.

[②] Psacharopoulos G, "Unequal Access to Education and In-come Distribution," *Economist* 125（1977）：382.

[③] Gregorio J D, Lee J W, "Education and Income New Evidence," *Review of Income and Wealth* 48（2002）：416.

[④] 温娇秀，王延军. 我国教育不平等与收入分配差距扩大的动态研究［J］. 成都理工大学学报，2011（11）：5-8.

居民收入分配差距扩大来自教育分布不平等。①

但是，也有学者研究认为教育分布对居民收入分配差距影响不显著，甚至成为居民收入分配差距扩大的重要因素。比如杨俊等（2008）研究发现长期内教育分布不平等的降低并没有改善收入分配差距。② 杨俊、黄潇（2010）进一步研究发现，教育不平等的减小也是可以改善收入分配差距的，但是这需要建立在一定的教育扩展水平和足够低的教育不平等程度之上。③ 龙翠红（2011）的研究进一步证实改善教育分布不平等并没有达到缩小居民收入分配差距的效果。④

二、公共教育支出对居民收入分配差距的影响

总体来看，学术界直接考察公共教育支出对居民收入分配差距影响的研究成果相对较少，大部分研究成果基本认同政府公共教育支出具有调节收入分配的功能，认为政府可以通过扩大财政教育支出规模有效缩小居民收入分配差距。

奇斯威克（1975）研究认为缩小居民收入分配差距的关键不在于经济增长，而是在于政府要积极扩大公共教育支出规模。⑤ 韦罗索（Voroso，2000）认为政府增加公共教育支出规模会促进教育机会公平分配，从而有助于缩小居民收入分配差距。⑥ 陈（Chen，2002）认为经济欠发达国家公共教育支出比私人教育支出更有利于实现收入分配的公

---

① 贺青，张虎. 教育不平等对收入分配差距扩大的动态影响分析［J］. 统计与决策，2015（7）：109 - 112.

② 杨俊、黄潇等. 教育不平等与收入分配差距［J］. 管理世界，2008（1）：38 - 43.

③ 杨俊，黄潇. 教育不平等与收入分配差距的内在作用机制［J］. 公共管理学报，2010（3）：76 - 80.

④ 龙翠红. 中国的收入分配差距、经济增长与教育不平等的相互影响［J］. 华东师范大学学报，2011（5）：138 - 142.

⑤ Chiswick B R, "Income Distribution: Analysis and Policies," *Journal of Political Economy* 6（1975）：422.

⑥ J·韦罗索. 收入分配与教育：教育经济学国际百科全书［M］. 北京：清华大学出版社，2000：85.

第一章 导　言

平性，因此大力增加公共教育支出将有助于减少居民收入分配差距。[①] 罗默尔（2004）通过考察发展中国家的政府公共教育支出状况，研究发现扩大公共教育支出规模有效缩小了居民收入分配差距。阿卜杜拉（Abdullah，2015）进一步提出增加公共教育支出不仅直接会影响居民收入分配差距，还会影响到社会层级的变化以及社会阶层的流动[②]，而这些因素会促进收入分配更加公平。国内学者持相同观点的代表性文献有：冯云等（2011）通过实证研究发现地区公共教育支出差距与居民收入分配差距呈正相关关系，缩小地区公共教育支出差距有助于阻止地区居民收入分配差距继续扩大。[③] 余靖雯等（2013）通过构建内生增长模型考察政府公共教育支出和居民收入分配差距的动态演化过程，研究认为政府增加公共教育支出能够缩小居民收入分配差距的状况。[④] 李祥云等（2018）通过构建 Tobit 模型实证研究发现，由于教育扩展的压缩效应和公共教育支出的公平分布，我国公共教育支出确实缩小了居民收入分配差距。[⑤]

但是，有学者认为通过公共教育支出来并不必然会达到平抑居民收入分配差距的政策目标，公共教育支出能够平抑居民收入分配差距应该是存在着前提条件，如果条件得不到满足，公共教育支出非但不能有效缩小居民收入分配差距，反而有可能会进一步扩大居民收入分配差距。希门尼斯（Jimenez，2000）认为政府公共教育支出所积累的教育资源可能并不会被社会充分利用，因为一方面富人偏向私人教育追求更优质的教育资源，而另一方面穷人迫于家庭经济压力选择放弃教育，从而导

---

① Chen Hisiao, ". Radom Coefficient Panel Data Models," *ZA discussion Pape* 3 (2004): 89.
② Abdullah A, "Does Education Reduce Income Inequalitys," *Journal of Economic Surveys* 2 (2015): 301.
③ 冯云. 教育投入差距与地区居民收入分配差距关系研究［J］. 教育科学，2011 (3): 11-17.
④ 余靖雯，龚六堂. 公共教育、经济增长和不平等［J］. 世界经济文汇，2013 (3): 80-87.
⑤ 李祥云，张建顺等. 公共教育支出降低了居民收入分配不平等吗？［J］. 云南财经大学学报，2018 (3): 3-7.

致公共教育资源浪费和支出效率损失，造成公共教育支出对居民收入分配差距的影响不显著。[1] 塞尔韦斯特（Sylwester，2002）指出公共教育支出能够缩小居民收入分配差距的前提条件是有教育需求的人要有足够的支付能力。如果有教育需求的人无力承担教育成本而放弃接受教育，那么增加公共教育支出则会进一步扩大居民收入分配差距，原因在于低收入阶层为教育纳税但却没有享受教育带来的好处。[2] 邱伟华（2008）研究发现公共教育支出能够平抑居民收入分配差距要以教育分布的公平性为前提，如果违背了公平原则，那么增加公共教育支出将会扩大居民收入分配差距。[3] 郭凯明等（2011）研究发现政府加大公共教育支出，对调节收入分配的作用较弱，而增加社会保障支出可以有效地降低居民收入分配差距的程度。[4] 杰瑞姆·J（Jerrim J，2015）认为在讨论政府公共教育支出对居民收入分配差距的影响之前要考虑公共教育支出对社会阶层的变动的影响。如果公共教育支出不能有序促进社会阶层的流动，那么扩大公共教育支出可能会导致社会阶层以及社会财富的固化甚至极化，进而恶化居民收入分配差距。[5] 禹文颂等（2018）通过实证研究发现，我国公共教育支出不管是在长期还是在短期都恶化了居民收入分配差距。[6] 张小芳等研究认为公共教育支出对居民收入分配的影响在不同的政府治理水平上是不同的。公共教育支出与居民收入分配差距之间通常具有非线性特征，即只有在高于政府治理的门限水平时，公共教育支出才能改善居民收入分配差距，否则公共教育支出对居民收入分配

---

[1] Jimenez, "Dependent Children and Aged Parents," *Journal of Macroeconomics* 24 (2000): 145.

[2] Sylwester K, "A Model of Public Education and Income Inequality," *SouthernEconomic Journal* 1 (2002): 58.

[3] 邱伟华. 公共教育支出调节收入差异的有效性研究 [J]. 清华大学教育研究，2008 (6): 21 - 27.

[4] 郭凯明，张全升等. 公共政策、经济增长与不平等演化 [J]. 经济研究，2011 (2): 5 - 11.

[5] Jerrim J, "Income Inequality, Intergenerational Mobility and Great Gatsby Curve," *Social Forces* 2 (2015): 505.

[6] 禹文颂，李祥云等. 公共教育支出与居民收入分配差距 [J]. 财经问题研究，2018 (8): 83 - 87.

差距的影响是负面的。①

还有部分学者主要针对高等教育支出对居民收入分配差距影响进行研究，认为高等教育支出的比例过高会扩大居民收入分配差距。比如伯索尔（Birdsall，1997）研究发现发展中国家存在较大的居民收入分配差距的原因在于高等教育支出经费占整个公共教育支出结构中的权重过高，从而给高收入阶层带来更高的收入。② 普萨卡罗普洛斯（1998）实证研究发现发展中国家的高等教育支出扩大了居民收入分配差距。③ 黄（Hwang，2005）也进一步证实高等教育支出与居民收入分配差距之间的确存在正相关关系。④ 国内学者蒋洪等（2002）研究发现我国高等教育支出的主要受益者是高收入阶层，而对低收入阶层收入的影响相当有限。⑤ 而李祥云等人研究发现，我国高等教育支出对居民收入分配差距的影响效应具有明显的地区差异。⑥

三、文献述评

经过文献梳理发现，目前学术界关于公共教育支出对居民收入分配差距影响的研究主要是以教育与收入分配差距之间关系的讨论为基础展开的，由于人们对教育与收入分配差距之间关系的认识不同，导致公共教育支出对居民收入分配差距的影响效应的研究结论也不一致，国内学者形成两种基本的理论：一种理论认为，公共教育支出与居民收入分配

---

① 张小芳，潘欣欣等．教育公共支出与收入不平等［J］．宏观经济研究，2020（1）：164-169．

② Birdsalln, Londono J L, "Asset Inequality does Matter: Lessons from Latin America," *Idb Publications* 3 (1997): 4.

③ Psacharopoulos, "Schooling and Equity," *Economics of Human Behaviour* 2 (1998): 155.

④ Hwang J, "Asset distribution and tertiary education expenditures," *Economics Of Education Review* 24 (2005): 2.

⑤ 蒋洪，马国贤等．公共高等教育利益归宿的分布及成因［J］．财经研究，2002（3）：8-12．

⑥ 李祥云．中国高等教育对收入分配不平等程度的影响［J］．高等教育研究，2014（6）：52-56．

差距呈负向相关关系，公共教育支出是平抑居民收入分配差距的重要途径，这也是国家千方百计增加公共财政预算用于教育支出的重要原因。另一种理论认为，公共教育支出与居民收入分配差距之间呈倒"U"型关系，认为公共教育支出带来的教育扩展到达一定程度后，会使居民收入分配差距自然出现一个由升转降的过程，进而得出只要确保公共教育支出不断增加，居民收入分配差距拐点迟早会到来的结论。比较两种理论最直接的区别在于：前者反映的是线性相关关系；后者反映的是非线性的相关关系。但是，其实两种理论蕴含的政策含义基本是一致的，即公共教育支出总量规模的增加最终必然会带来居民收入分配差距的缩小。不过在这一问题上两种理论也存在一定的分歧：前者认为公共教育支出不管是从长期还是短期都会起到平抑居民收入分配差距的作用，只是作用大小在不同时间表现有所差异而已。后者则认为公共教育支出对居民分配差距的影响，需要经历一个先扩大再缩小的过程。那么从长期来看，只要公共教育支出持续增加，必然会起到平抑居民收入分配差距的作用，这也就意味着公共教育支出如果扩大了居民收入分配差距，就能够推导出公共教育支出的总量规模不足的问题。

从改革开放以来我国公共教育支出与居民收入分配差距的演变历程来看，很明显后者的研究成果能够一定程度上反映出社会发展的真实情境，局部地解释了公共教育支出与居民收入分配差距同步增长的现实情况。持该理论的大部分学者所预测的当公共教育支出使劳动者平均受教育年限达到 5~10 年时，① 居民收入分配差距拐点就会到来，这也就意味着居民收入分配差距开始回落，公共教育支出开始能够起到平抑居民收入分配差距的调节作用。从官方数据来看，2015 年我国劳动年龄人口平均受教育年限达到 10.23 年，而到 2019 年我国劳动年龄人口平均受教育年限为 10.7 年。但是，收入分配差距的拐点并未到来，而且居民收入分配差距基尼系数在高位上形成一个相对稳定的发展态势。这就

---

① 比如白雪梅研究认为劳动年龄人口平均受教育年限为 9.3 年，参见：白雪梅. 教育与收入不平等：中国的经验研究 [J]. 管理世界，2004 (6).

充分说明该理论存在着一定的局限性。本书认为,以往研究的局限性主要体现在:

(1) 成果多是基于这样的一个前提:教育扩展回避了教育分布的不平等趋势,或者,即使承认教育扩展导致了教育分布发生了不平等,但是教育分布的不平等也会随着教育扩展而自动消解。从现实来看,教育分布与教育扩展其实是政府公共教育支出政策的两个相互联系但又相互独立的环节。本质上,教育分布和教育扩展代表了政府公共教育支出政策的两种不同的价值取向,因此教育分布有其自身的演变轨迹,并不会随着公共教育支出增加而自然趋向平等。很遗憾的是,从目前的研究来看,关于教育分布对居民收入分配差距的研究基本上都是在教育扩展对居民收入分配差距影响问题的大理论框架中进行的,是从教育扩展导致的教育分布的结果的角度来进行分析的,往往只通过教育基尼系数等一些量化指标来展示其结果,而缺乏从公共教育支出结构等角度对导致教育分布结果的过程的研究。

(2) 成果多是基于总量的视角展开讨论的。不管是教育扩展还是教育分布都是公共教育支出总量的结果。推导出的结论为:把公共教育支出恶化居民收入分配差距的结果归因于公共教育支出总量不足。但是很明显,总量的视角不足以有效解释复杂的社会发展现状,公共教育支出总量只能是长期以来公共教育支出恶化居民收入分配差距的一个原因,而真正更重要的原因应该来自结构性因素。

(3) 成果多是限于公共教育支出对居民收入分配差距影响具体形态的研究,而关于公共教育支出与居民收入分配差距关系的背后的深层次因素即政府行为逻辑却鲜有涉猎。公共教育支出作为政府履行收入分配调节职能的重要政策类型,它的演变过程一定隐藏着政府特定的行为动机与意图。因此,考察公共教育支出对居民收入分配差距的影响背后的政策因素和制度背景,是研究公共教育支出对居民收入分配差距影响背后深层次原因的重要问题,它有助于更加全面深刻地理解公共教育支出对居民收入分配差距影响效应。

鉴于此,公共教育支出对居民收入分配差距影响效应的研究还可以做以下拓展：

（1）从总量研究转向结构研究。公共教育支出结构及其调整能够清晰地展现教育分配的整个过程以及教育分配差距的变化，因此分析公共教育支出对居民收入分配差距影响效应取决于公共教育支出结构，判断公共教育支出对居民收入分配差距的影响效应如何，主要看公共教育支出结构是否有利于居民收入合理分配。

（2）引入制度的视角深入分析公共教育支出对居民收入分配差距产生影响背后的政府行为逻辑。特定的财政公共教育支出的结构性配置本质上是政府在多重利益调节过程中的取舍过程，也就意味着特定的公共教育支出结构反映了特定的政府利益偏好。开展公共教育支出运行的政府行为逻辑的研究，对更加深刻理解公共教育支出结构的演变及特征大有裨益，从而有助于进一步推进公共教育支出对居民收入分配差距的影响效应研究。

第四节　研究方法和内容

一、研究方法

（一）文献研究法

文献研究主要体现在两个方面：一方面，深入学习和掌握收入分配理论以及人力资本理论的理论精髓以及理论进路，为本书研究提供坚实的理论基础，为本书的问题论证提供更加深刻翔实的理论支撑和更加深厚的学理依据；另一方面，准确把握学界关于公共教育支出对居民收入分配差距影响问题的研究进展和研究趋势，为本书开展创新性的研究提供方向，并为本书的问题论证提供重要的参考和分析思路。

（二）跨学科分析法

本书的选题是一个跨学科的命题，涉及教育学、财政学、政治学和经济学等多学科领域。具体来讲，本书所依据的人力资本理论和收入分配理论分别来自教育经济学、劳动经济学等学科；教育财政分权和政府间关系等问题属于财政学和政治学等领域的重要内容。因此，本书研究借助和整合了多学科资源，并发挥多学科资源的研究优势，借鉴多学科分析方法，综合利用多学科的成果，以进一步拓展本书研究的思路和视野。

（三）比较分析法

本书在讨论我国公共教育支出和居民收入分配差距问题时，积极对比其他国家的发展过程。一方面能够在比较中客观准确地分析我国公共教育支出和居民收入分配差距存在的问题，另一方面也能够进一步拓展公共教育支出对居民收入分配差距影响的现实认知，并能够吸取经验和总结教训，从而为实现公共教育支出对平抑居民收入分配差距产生正向影响提供合理化的思路。

（四）计量分析法

本书基于我国宏观统计数据以及相关专业类数据库等提供的有关数据为基础，分别构建相关的计量模型来实证分析公共教育支出对居民收入分配差距的影响。计量分析一方面会为本书理论研究提供大量的事实数据；另一方面也为本书研究的问题提供了充分且有说服力的论证过程，进一步增强了本书理论研究的解释力，也为本书研究问题的有效解决提供了清晰的思路。

（五）制度分析法

本书就公共教育支出对居民收入分配差距影响的深层次原因做了制度分析。利用制度分析方法，探寻在财政分权体制大变革背景下中央政府和地方政府之间在教育财权、事权和责任划分等方面的博弈过程,诠释政府公共教育支出政策背后的激励来源,以及公共教育支出行为背后的动力基础,有助于我们更清晰地观察政府公共教育支出行为的运行过程,了解政府公共教育支出行动的全貌。

二、研究内容

(一) 逻辑思路

本书研究的主要任务是真实揭示政府公共教育支出对居民收入分配差距的现实影响,深刻诠释公共教育支出对居民收入分配差距影响的运行逻辑。基于这一研究主题,本书的主体思路主要遵循"现象描述—事实论证—政策响应"的研究路径来展开分析。具体来讲,本书首先揭示了一个重要经济现象,即公共教育支出并未起到平抑我国居民收入分配差距持续扩大的作用,甚至成为助推居民收入分配差距进一步扩大的因素。接着,围绕公共教育支出对居民收入分配差距影响的背后运行逻辑展开详细论证。一是基于结构的维度,关注公共教育支出对居民收入分配差距影响的结构性原因;二是基于制度的维度,关注财政分权对公共教育支出运行的背后逻辑,分析公共教育支出对居民收入分配差距影响的制度性原因。三是从机制和政策等角度提出对策方案以有效发挥公共教育支出对平抑居民收入分配差距的正向调节效应。研究技术路线如图1-1所示。

(二) 内容结构

根据选题研究的逻辑思路,本书的内容结构安排分六个章节来完成。

第一章是导言。这部分内容的主要任务是完成对本书选题设计的论证。具体内容包括选题的发生背景和研究意义的论证、基础概念的界定、文献综述梳理、研究内容的框定、研究方法的选定以及研究创新点的论证等。这部分内容是开展本书研究的重要准备工作。

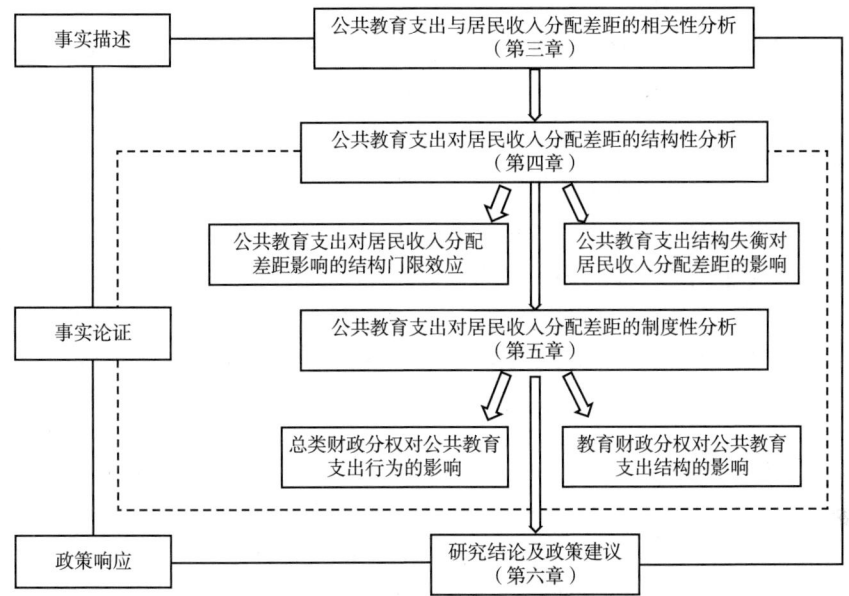

图 1-1 研究技术路线

第二章是理论分析工具。这部分内容的主要任务是为本书构建一个合理有效的理论解释框架提供理论支撑。具体内容包括梳理收入分配理论和人力资本理论，做好本书研究的理论分析工具准备。

第三章是讨论我国公共教育支出和居民收入分配差距的变化。这部分内容的主要任务是揭示本书研究的核心议题：很长时间以来，我国公共教育支出的持续增加，并未带来居民收入分配差距基尼系数的下降，它一定程度上反映出公共教育支出并未起到平抑居民收入分配差距的作用，反而有可能成为居民收入分配差距扩大的重要因素。一是分别讨论我国公共教育支出和居民收入分配差距的发展变化，从数量上直观判断我国公共教育支出和居民收入分配差距之间的关系。二是从统计上推断我国公共教育支出和居民收入分配差距之间的关系。

第四章是基于结构维度讨论公共教育支出对居民收入分配差距影响的结构性原因。这部分内容的主要任务是研究公共教育支出结构在公共教育支出对居民收入分配差距影响的作用。一是公共教育支出结构在公共教育支出对居民收入分配差距产生影响时具有门限效应；二是公共教育支出结构本身对居民收入分配差距产生的影响，具体从公共教育支出层级结构和公共教育支出城乡结构两个方面来展开。

第五章是基于制度维度讨论公共教育支出对居民收入分配差距影响的制度性原因。这部分内容的主要任务是分析公共教育支出对居民收入分配差距影响背后运行逻辑的制度因素，主要讨论财政分权对公共教育支出及结构的影响。研究具体将从两个方面展开：一是讨论总类财政分权对政府公共教育支出行为的影响；二是讨论教育细类财政分权对公共教育支出结构的影响。

第六章是主要结论和政策建议。这部分内容的主要任务是在梳理本书每个章节的研究成果基础上进一步提炼和整合，为本书最终形成一系列层次分明、逻辑互洽的综合性的研究结论。同时，根据研究结论并结合现实发展实践，提出有利于化解公共教育支出对平抑居民收入分配差距产生逆向影响的具有建设性的政策主张。

第五节　研究创新与不足

一、研究创新

本书研究的创新点主要体现在如下三个方面：

第一，在公共教育支出与居民收入分配差距关系问题上，学术界长期关注的是公共教育支出如何实现劳动力素质水平的提高，落脚点在居民收入增长之上，而对居民收入分配差距问题的关注不多。这也表明在这一研究议题上长期存在着一个误区，即认为公共教育者支出带来居民收入增长的同时必然也会自动平抑居民收入分配差距。本书对这一观点提出了质疑，认为近些年公共教育支出的增长并未能自动有效

第一章 导言

地平抑居民收入分配差距，反而助推了居民收入分配差距的进一步扩大。研究发现公共教育支出与居民收入分配差距其实存在着一定的传导机制，如果要使公共教育支出对平抑居民收入分配差距发挥正向调节作用，那么就需要搭建起一定的制度条件，使这些内在联系机制和传导机制能够运行通畅，否则，公共教育支出的增加可能会进一步恶化居民收入分配格局，不断拉大居民收入分配差距。本书在既有文献研究的基础上，全面系统阐述公共教育支出对居民收入分配差距影响的传导机制，深入分析公共教育支出不能发挥平抑居民收入分配差距作用的梗阻所在。

第二，在理论界少有的关于公共教育支出对居民收入分配差距的影响的理论研究中，大部分的成果多是聚焦在政策层面，分析得出当前公共教育支出并未平抑居民收入分配差距的主要原因在于公共教育支出的总量问题。本书认为该结论难以解释公共教育支出对平抑居民收入分配差距产生逆向影响这一复杂的经济事实。本书首次将研究的重点关注到公共教育支出结构上，提出公共教育支出结构才是公共教育支出对居民收入分配差距产生何种影响的关键因素，即判断公共教育支出对居民收入分配差距的影响如何，主要看公共教育支出结构是否有利于居民收入合理分配。长期以来我国公共教育支出的结构性失衡是导致我国公共教育支出没有有效遏制居民收入分配差距扩大趋势的重要原因。

第三，本书认为由于政策存在短期性以及效用递减效应，公共教育支出及结构的长期性趋势的调整存在着制度性阻隔。因此，本书认为有必要进一步分析政策运行的制度框架，探寻政府公共教育支出行为背后的行动逻辑，这一研究有助于真正找到公共教育支出问题的根源所在。鉴于此，本书选取了财政分权制度这一重大经济制度变革对政府公共教育支出的影响，并较早地将财政分权细化为总体财政分权与细类财政分权两类情况，分别从总体财政分权角度论证我国公共教育支出总量不足的制度原因，从教育财政分权的角度论证我国公共教育支出结构失衡的制度原因。

二、研究不足

由于个人研究时间和研究能力等方面的限制，本书研究仍存在一些不足，具体表现在如下两个方面：

第一，研究内容上的不足之处。限于研究时间有限，在讨论公共教育支出结构对居民收入分配差距的影响时，只是将公共教育支出结构限定在公共教育支出层级结构和城乡结构两个层面，而把公共教育支出地区结构排斥在研究领域之外，其实公共教育支出地区结构差异也是影响居民收入分配差距的重要因素，也是这一选题未来研究的重要问题之一。

第二，研究方法上的不足之处。由于涉及大量的数据，因此在实证分析方法的选择上一定程度受到了数据可获得性等因素的约束。比如在缺乏省级面板数据的情况下，只能选取时间序列模型来进行分析，这就会影响研究结论的准确性。另外，由于个人对计量分析方法的学习基础不够扎实，在实证分析过程中可能会忽略一些重要因素导致研究结论存在一定的偏差。

第二章

理论分析工具

任何社会问题在社会上引起广泛关注和讨论之后，且在找到解决社会问题路径之前，往往需要及时进入研究层面将社会问题转化成理论问题，这是科学研究的第一步。社会问题转变为理论问题，本质上是由感性认识上升为理性认识，为构建分析社会问题的解释框架提供知识储备基础。而社会问题转变为理论问题的过程，就是把具体化、分散化的个体事件进行不断的组合化和抽象化，再通过去伪存真、去粗取精的提炼过程形成一整套科学的理论，这些理论具有强烈的问题意识，它们在分析同类社会问题本源时具有较强的解释力、在判断同类社会问题趋势时具有较强的前瞻性，这也就为解决同类社会问题提供了明确的方向。本书主要讨论的是公共教育支出对居民收入分配差距影响的问题，其背后的基础理论主要涉及收入分配理论和人力资本理论，它们将会为本书问题的研究提供重要的理论视角和分析思路。

第一节 收入分配理论

收入分配理论研究的是国民收入在社会成员之间的分配问题，它不仅事关每个社会成员的个体利益以及所有社会成员的共同福利，也影响着国家的发展和兴衰，因此，它在经济学体系里具有十分重要的地位，并且其研究贯穿了整个经济思想史的发展历程，大卫·李嘉图（David Ricardo）甚至认为"经济学更应该被称作是对决定那些在工业产品形成过程中共同发挥作用的各阶层之间的分配规律的一种研究"。[①] 同时，收入分配问题也是历来经济学家们争论最为激烈的研究领域。但是，这并不意味着不同的收入分配理论之间是不可调和的。[②] 不同的收入分配理论不过是经济学家及其学派对收入分配问题从不同角度或侧面的诠释而已，它们对于准确理解现实收入分配过程都是不可或缺的重要组成部分。从这个角度讲，收入分配理论的不断发展构筑了最具完整意义的理论谱系，也使其在整个经济学说思想史中闪烁着耀眼的理论光芒。

回顾收入分配理论的发展历史和演变过程，我们会发现不同时期收入分配问题研究的重点有所不同，收入分配问题的研究总体上经历了一个从要素收入分配到个人收入分配再到个人—要素收入分配综合分析的过程。鉴于此，我们可以根据不同时期的收入分配问题研究的主题，将收入分配理论进一步细化为要素收入分配理论、个人收入分配理论和个人—要素收入分配综合理论，以便对收入分配理论做进一步的梳理。

一、要素收入分配理论

经济学对收入分配问题的研究最早就是从讨论要素收入分配问题开始的，古典经济学、新古典经济学等都通过提出自己的要素收入分配理论和主张来解释收入分配过程及其背后的运行机制。

（一）古典经济学的要素收入分配理论

古典经济学肇始于英国，源自工业革命。英国工业革命不仅推动了生产技术的革新和组织方式的变革，也激起了社会利益格局的变化以及社会阶层的分化。在此背景下，新的生产方式的出现和既有的利益格局的调整是古典经济学家所关注的时代命题。古典经济学的收入分配理论是以劳动价值论为基础，以大卫·李嘉图和卡尔·马克思（Karl Hein-

---

[①] 马丁·布朗芬布伦纳. 收入分配理论 [M]. 北京：华夏出版社，2009：3.
[②] 张凤林. 分配理论的比较分析：一种新综合 [J]. 学术月刊，2012（2）：71 – 75.

rich Marx）的收入分配理论为代表。

1. 李嘉图的要素收入分配理论

李嘉图作为英国古典经济学的集大成者，他所提出的收入分配学说成为经济学思想史上第一个完整且系统的理论体系，也是李嘉图全部学说中最重要、最具创造性的一部分。李嘉图的收入分配理论主要体现在他于1817年发表的《政治经济学及赋税原理》一书之中。与以往古典经济学家关注国民财富增长不同，李嘉图认为国民财富增长早晚会由于自然资源的稀缺而终止，因此他开始把研究重心转向了收入分配，更是将要素收入分配的支配法则视为"政治经济学的主要问题"。归纳李嘉图的收入分配理论的核心要点主要表现在以下两个方面：

（1）在讨论社会生产总产出分配对象上。李嘉图认为劳动在生产过程中创造的价值是各项收入的源泉，但由于资本与土地是劳动参加生产过程的必要条件，因此产品价值是由工资、资本和地租三部分组成，社会生产总产出需要在劳动、资本和土地这三个生产要素之间进行分配。工资是劳动的收入，工资的数量标准确定在社会必要生活费用的水平上，这种工资水平通常被称为"生存工资"。社会生产总产出中扣除工资的那部分剩余分别被资本家和地主以利润和地租的收入形式获取。在经典的李嘉图模型中，李嘉图用一个分析框架对社会生产总产出在三大要素间的分配关系进行了精彩的解读。他的模型分析用了一种假设来实现，即整个经济由一个巨大的从事小麦生产的农场组成，生产活动服从报酬递减规律，并且土地在短期是固定不变的，使用同质性的"资本—劳动"组合，这也就意味着小麦的生产产出已被决定了。李嘉图模型可以通过图2–1直观表现出来，Y轴表示经济产出，X轴表示生产过程中的劳动投入，曲线 PA_p 和 PM_p 分别表示平均劳动产出和边际劳动产出，受到边际报酬递减规律的作用，它们会随劳动投入的增加而不断下降。由于社会生产总产出是由劳动投入决定的，社会生产总产出的总规模为矩形面积 $OMDC$。依据土地收益递减规律，增加劳动投入将获得它的边际劳动产出，固定的土地将获得劳动的由变动投入的平均劳动产出和边际劳动产出的缺口所产生的"剩余"。由此，地租份额大小是

37

由平均劳动产出和边际劳动产出的缺口以及构成报酬递减规律作用强度这两个因素共同来决定的,即($PAp - PMp$)·1,为矩形面积 $BADC$。由于劳动力工资为生存工资水平,而且它在短期内是不会被轻易改变的,因此 W 是刚性的,那么工资所得的份额为 $W·1$,即矩形面积 $OMWK$,而生产产出剩余部分为资本利润,即矩形面积 $WKBA$。图表中三个矩形面积大小是有差异的,反映出地租、利润和工资在社会生存总产出的比例是不同的。"地租、利润和工资所占社会生存总产出的比例,取决于土壤的丰度、资本的蓄积、人口的多寡,以及农业上的熟练、精巧和器具等。"①

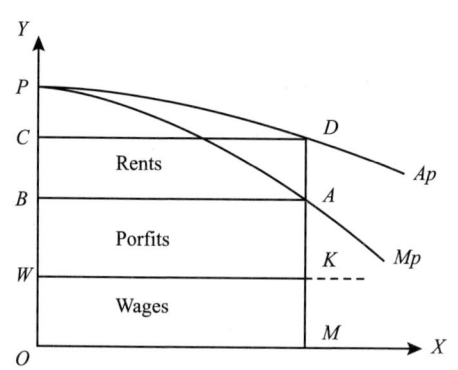

图 2-1 经济产出在三大要素之间的分配框架

(2) 在讨论社会生产总产出在各生产要素之间分配比例关系的趋势上。从长期看,随着经济社会的发展,工资和利润在国民收入中所占的份额比例将逐渐下降,而地租所占的份额将逐渐上升,但地租越高将会成为经济增长的障碍。从短期来看,由于地租是刚性供给的,因此主要讨论的是工资与利润的比例关系问题,李嘉图认为两者之间存在着此消彼长的关系,工资越高,利润就会越少。

---

① 大卫·李嘉图. 政治经济学及赋税原理 [M]. 上海:上海三联书店,2014:1.

2. 马克思的要素收入分配理论

马克思在收入分配问题上最重要的理论贡献在于他科学地揭示了资本主义生产方式下的收入分配不公平问题的起源。具体来说，资本主义生产方式收入分配不公平起源于两个方面：

（1）要素所有者的经济地位与收入分配。以往古典经济学关于收入分配的研究往往嵌入到生产力发展背景下进行，他们认为收入分配是遵循自然法则的市场过程，都应该是合理的、公平的，因此他们未能明确且一致地提出收入分配在个人生活中的存在与意义，收入分配不公平问题看上去似乎也是生活中的一个简单事实。① 而马克思并不这样认为，他把生产力因素完全排除在分配机制之外，对收入分配问题研究主要是基于生产要素所有者在社会总产出中的经济地位，而不再是经济贡献。他利用资本主义制度的财产权关系来解释收入分配过程，认为财产关系形成的生产方式决定了不同生产要素所有者之间根本的经济地位差异，进而决定他们在收入分配中的地位和份额。② 在马克思看来，收入分配不公平是劳资双方经济地位不平等的结果。在资本主义生产关系中，由于资本家占有生产资料，不仅对工人的劳动活动和劳动价值都具有支配权，而且工人只能是处于被支配和被剥削的地位，从而造成在收入分配中工资获得较少的份额，而"不劳而获的利润"却获得较大的份额。除了马克思，从未有经济学家从社会关系的视角来关注哪些人富裕、哪些人贫穷这一简单事实背后的复杂原因。

（2）资本积累与收入分配。马克思认为在资本主义制度下资本积累的发生具有两个强大的动力机制。一是来自生产中的利润诱惑。资本家会通过追加投资进行扩大再生产，实现资本的不断集聚，从而达到剩余价值无限制地扩张和最大化的目标。二是来自市场中的竞争压力。资本主义生产方式蕴含的竞争机制使得每个资本家都会面临着生存和发展

---

① 米凯莱·阿拉塞维奇等. 不平等简史 [M]. 上海：上海社会科学院出版社，2018：39.
② 刘文超. 马克思经济学与西方经济学的收入分配理论比较 [J]. 经济问题探索，2015 (10)：169-174.

的巨大压力,因此他们往往会通过资本的集中和合并来试图摆脱市场竞争的约束,以此在市场竞争中取胜。而在资本积累过程中,资本家生产规模会迅速扩大,并伴随着机器使用的普及、生产专业化的提高,这意味着资本的有机构成和劳动生产率也会不断提高。这样一来,势必带来两个结果:一方面随着资本规模的扩大,资本会不断集中到少数资本家手中,从而导致财富在资本家那里积累;另一方面随着以机器设备为组成部分的不变资本比例的提高和支付工人工资的可变资本比例的减小,工资所占社会生产总产出的份额会被利润挤占而导致不断下降,使越来越多的工人处于贫困状态,从而导致贫困在工人阶级那里积累。因此,在马克思看来,当存在允许资本积累的时候,私有财产与收入分配不公平之间必然会密切关联,收入分配不公平问题的根源就在于资本积累,且在资本积累过程中,分配问题会日趋严重。①

(二)新古典经济学的要素收入分配理论

新古典经济学的要素收入分配理论沿袭了李嘉图等古典经济学的研究传统,继续关注要素收入的分配法则,而与古典经济学要素收入分配理论相比,它的创新之处主要在于拓展了新的研究方法以及改造了要素收入的分配法则。同时它反对马克思收入分配理论建构在阶级的概念之上,而是认为各生产要素价格的形成以及要素收入份额的比例其实只是市场价格机制实现资源有效配置过程的结果而已。新古典经济学分配理论的主要贡献在于通过利用边际生产力和生产函数这两种理论分析工具进一步拓展了要素收入分配理论的研究。

1. 边际生产力理论

边际生产力理论的代表人物是约翰·贝茨·克拉克(John Butes Clark)。克拉克不仅最早提出了边际生产力的概念,而且还提供了当时关于收入分配的边际生产力理论最清晰、最完美的分析。② 边际生产力

---

① 卡尔·马克思. 资本论(第1卷) [M]. 人民出版社, 2004: 742.
② 斯坦利·L. 布鲁. 经济思想史 [M]. 北京大学出版社, 2014: 237.

理论在两个方面实现了对古典经济学的超越。一是认为劳动、资本、土地①等生产要素同样具有生产力,都是创造价值的源泉,把要素收入所有者在生产过程中放到同样的地位,"每个生产要素在参加生产过程中,都有其独特的贡献,也都有相应的报酬,这就是分配的自然规律。"②这就颠覆了古典经济学劳动价值论的基本主张。但是这并不意味着每一个生产要素所有者对生产的贡献是一样的,收入在不同要素所有者之间不应实行平均分配主义。二是在完全竞争市场的前提下,生产只有在边际成本与边际收益相等处,才能获得最大化的产出水平,因而生产要素所有者都将根据他们做出的边际贡献获得各自的收入,生产要素价格就取决于自身的边际贡献。因此从这个角度上看,该理论认为要素的收入分配其实是市场定价流程的副产品,生产要素收入的分配法则一定程度上是由市场定价程序来决定的。因此,边际生产力理论认为在共同生产过程中由边际生产力来决定生产要素收入份额不仅是有效的,而且也是公平的。后来菲利普威克斯蒂德(Philip Henry Wicksteed)等依此进一步提出了"耗尽原理":当生产规模报酬不变时,按照边际生产力进行分配,恰好可以将全部产出分配干净,没有剩余,也就没有剥削关系。

2. 生产函数

在新古典经济学的分析框架下,分配是由生产来决定的,且每个生产要素收入的分配比例是可以在技术上通过生产函数来确定的。生产函数的运用成为新古典经济学要素收入分配理论的一大"商标",至今仍是经济学家的重要分析工具。③ 1894 年,A. W. 弗勒克斯(A. W. Flecks)提出了线性齐次生产函数,其函数形式为 $f(\lambda L, \lambda K) = \lambda f(L, K)$,来刻画固定报酬不变情况下生产要素的投入和产出关系,论证了威克斯蒂德的"耗尽原理"的正确性。20 世纪 20 年代美国数学

---

① 在边际生产力理论中土地被视为一种特殊的资本来看待,土地与资本获得的收入都被称为利息。
② 约翰·贝茨·克拉克. 财富的分配 [M]. 北京:商务印书馆,2014:3.
③ Douglas and Charles W, "Cobb as A Theory of Production," *Journal of public economics* 18 (1928):139.

家 C. W. 柯布（C. W. Cobb）和经济学家保罗·H. 道格拉斯（Paul H. Douglas）共同提出柯布-道格拉斯生产函数，其函数形式为 $Y = AK^{\alpha}L^{1-\alpha}$，索洛（Robert Metton Solaw，1956）等借助于柯布-道格拉斯生产函数提出了新古典增长模型，论证了在完全竞争市场模型里资本的收入份额和劳动的收入份额能够总体保持稳定的结论，驳斥了古典经济学认为利润率和工资水平会持续下降的论断。

二、个人收入分配理论

自尼古拉斯卡尔多（Nicholas Kaldor，1961）将劳动收入份额的稳定性认定为宏观经济增长六大典型事实之一后，这一结论被经济学界广为接受并形成共识，这也预示着要素收入分配理论的研究暂时告一段落，而此时对收入分配平等和公正的诉求越来越强烈，[1] 收入分配差距日益成为急需解决的社会问题。在此背景下，20世纪60年代以后，经济学家将收入分配理论研究的重心开始转向个人收入分配理论领域，更加关注个人能力的自然分布、理性选择理论以及不确定性和风险，以此来解释收入分配数据的离散和不对称等特性。个人收入分配研究主要围绕两个主线展开：一是从实证上关注收入分配差距程度度量指标的改善；二是从理论上探讨个人收入分配与经济增长的相互影响。

（一）收入分配差距的度量

由于个人收入分配以收入分配差距为研究对象，需要通过对个人或群体的收入来源以及收入分配差距的分布状况等进行细致考察，因此对度量的可测性和数据的可获得性要求比较高。繁盛于20世纪50年代的实证与统计研究，成为个人收入分配理论兴起和发展的主要驱动力，并

---

[1] Keynes, J. M, "Relative Movements of Real Wages and Output," *Economic Journal* 49 (1959): 34.

涌现出很多度量收入分配差距的指标工具。每一种度量指标都有其自身的特点，因此在使用的广泛性程度方面有着明显不同。其中，基尼系数和泰尔指数的运用较为普及和广泛。

1. 基尼系数和洛伦兹曲线

在收入分配领域，基尼系数不管是在现实生活的使用频度方面还是在学术研究的活跃度方面，都具有其他指标难以企及的影响力，再加上具有综合性和简易性的特点，它成为最著名的不平等指数。[1] 基尼系数是由意大利经济学家科拉多·基尼（Corrado Giui）最早提出，可以通过代数过程计算获得，但用图形表达更具有推广意义。基尼系数的图形是在洛伦兹曲线的基础上描绘出来的。洛伦兹曲线能够直观地反映社会收入分配的集中程度。洛伦兹曲线的一条轴线描绘的是最贫困人口到最富裕人口的累积百分比，另一条轴线描绘的是这些对应百分比人口的财富占总财富的百分比。由于100%是两个轴线上的最大值，因此该图形是一个正方形，以正方形45度对角线表示收入平等分配，对角线上的每一点都有一个相同的累计值相对应，这意味着每个人拥有相同的财富。在分配不平等的情况下，曲线的起点和终点将如同平等分配的一样，会在中间弯曲。曲线越弯，说明财富的集中程度越高。在洛伦兹曲线的基础上，基尼系数对收入分配不均等程度进行赋值，从而实现了对不同情况下的收入分配不均等程度的量化比较。基尼系数即是洛伦兹曲线与45度对角线之间的面积与由两轴与45度对角线所形成的三角形的整个面积的比值，即：$G = A/(A + B)$。因此，基尼系数其实就是洛伦兹曲线的几何表达。基尼系数便于理解和比较，利用它可以对一个国家不同时期的基尼系数进行比较，也可以对不同国家的基尼系数进行比较。但基尼系数也存在两个明显的缺陷：一是无法提供关于分配不对称的任何信息，这就意味着大相径庭的分配方式可能有相同的基尼系数；二是在可分解性方面存在不足，若按群组分解会造成存在余项的结果，这就限制了它在经验研究的广泛应用。

---

[1] 米凯莱·索奇. 不平等简史［M］. 上海：上海社会科学院出版社，2018：66.

2. 泰尔指数和广义熵

泰尔指数是由亨利·泰尔借用信息理论中熵的概念来测算居民收入分配差距问题而提出来的，并经加工一般化为"广义熵指数"。泰尔指数在应对收入分配差距中分组数据的可分解问题时具有优良的性质，因此在收入分配领域的经验研究中应用越来越广泛并逐渐占据主导地位。[①] 具体来说，它有两个优势：一是它可以将总体差距分解成若干个组，可以考察收入分配差距中有多少部分是来自观察组组间的相互关系和存在的差异，以及有多少部分是来自观察组组内存在的差异；二是它通过计算人们的收入份额与人口份额之比来测度收入分配差距的偏度，而其他指标测度的主要是收入的份额。

（二）收入分配差距与经济增长的关系

要素收入分配理论认为要素收入可以根据要素所有者在经济增长所产生的贡献或功能中获得自己应有的份额，因此它是从经济效率的角度来看待收入分配的。而个人收入分配理论把研究视角转向了经济公平，它是从收入分配差距的角度来观察经济增长过程中收入分配的公平性，它更加关注收入分配差距与经济增长的互动关系。

1. 经济增长对收入分配差距的影响

美国经济学家西蒙·库兹涅茨（Simon Smith Kuzents，1955）发现资本主义经济增长与个体收入分配差距之间存在密切的关系，从而在理论上确立了个人收入分配的重要性。[②] 随后库兹涅茨通过对美国、英国等国家的有关统计资料分析，利用基尼系数工具针对经济增长中收入分配的长期变动趋势提出了倒"U"型曲线假说。他认为，一国在经济现代化发展的起步阶段，收入分配差距会不断扩大，而扩大到一定程度以后会出现由升转降的拐点，收入分配差距逐渐会随着经济的进一步发展

[①] Shorrocks A, "Inequality Decomposition by Factor Components," *Econometrical* 50 (1982): 212.

[②] 周明海，姚先国等. 功能性与规模性收入分配：研究进展和未来方向 [J]. 世界经济文汇，2012 (3)：56-60.

和国家的有效调控得到改善。随着经济增长,上述国家的个人收入分配不平等的变动都曾经呈现出先恶化后改进的倒"U"型的轨迹。① 鲍克特(Paukert)、阿鲁瓦莉娅(Ahluwalia)利用多个国家的国民收入数据进一步证实了倒"U"型曲线假说。② 但是倒"U"型曲线假说毕竟只是通过少数发达国家的经验获得,在发展中国家并没有得到有效证实,经济增长并非是完美解释居民收入分配差距变化的单一变量。更多的情况可能是收入分配差距的扩大和缓和只是一种周期性现象。因此该假说虽引起了广泛的讨论并产生了持久的影响,但仍需要进行深入的理论解释,并对其合理性和适用性做进一步的讨论。

2. 收入分配差距对经济增长的影响

20世纪90年代中期以后,收入分配差距如何影响经济增长成为研究的重点。收入分配差距可以通过三大机制对经济增长产生影响。一是政治——经济机制。收入分配差距悬殊的情形下,纳税人会通过投票支持政府通过增加税收的方式来促进收入再分配,而税收则会侵蚀经济增长的潜力(Perroti, 1993; Benhabib & Rustichini, 1996)。二是教育——生育决策机制。由于低收入家庭往往倾向于较高的生育率和较低的人力资本投资水平,当发生严重的收入分配差距时,意味着低收入人口比例的增加和全社会受教育程度的降低,以及经济增长水平的下降(DelaCroix & Doepke, 2004)。三是社会稳定机制。收入分配差距扩大会引起社会和政治动荡,导致经济发展环境恶化,这就迫使更多资源投入社会治安等方面(Keefer and Knack, 1995; Benhabib and Rustichini, 1996)。上述研究的基本结论都认为收入分配差距扩大会将对经济增长产生不利的影响。

---

① Kuznets, S, "Economic Growth and Income Inequality," *The American Economic Review* 45 (1955): 12.

② Paukert, F, Income Distribution at Different Levels of Development-Survey of Evidence [J]. *International Labour Review*, 1973, 108 (2-3): 97; Ahluwalia, M. S, Inequality, Poverty and Development [J]. *Journal of Development Economics*, 1976, 3 (04): 307.

三、两个理论的融合

在人们关注收入分配差距问题的同时,要素收入分配的研究并未完全消失匿迹,弗里德曼(M. Friedman)和阿特金森(E. Daudey)等经济学家最早就注意到要素收入分配和个人收入分配存在着某种关联,呼吁两者之间的理论融合。弗里德曼甚至提出没有将收入的要素分配与个人分配联系起来的理论桥梁是现代经济理论中的一个重大缺陷。[①] 从20世纪七八十年代开始,要素收入分配逐渐向资本倾斜,导致了劳动收入份额占比在全世界范围内出现了持续下降的趋势性变化,由此劳动份额乃至要素收入分配问题重新引发人们的普遍关注,同时进入政府政策议程。这样一来,要素收入分配和个人收入分配成为人们认识和理解一个国家收入分配状况的两种并行的角度,人们不仅关心收入在劳动和资本之间的分配,同时也关心收入在富人和穷人之间的差别。再加上随着收入分配的跨国数据变得越来越容易可获得,从而推动了要素收入分配和个人收入分配理论研究的融合。由于要素收入分配的关注点是劳动份额的问题,而个人收入分配的关注点是收入分配差距的问题,因此劳动份额和收入分配差距之间关系的讨论成为要素收入分配和个人收入分配理论融合的重要切入点。

1. 从理论上讨论劳动份额和收入分配差距之间的内在联系

一方面,由于劳动报酬往往是构成低收入阶层的最大收入来源,因此要素收入分配中劳动份额的占比情况是影响收入分配差距水平或低收入阶层生活质量水平的最重要因素。劳动份额的下降意味着要素收入分配的不公将会传递到个人收入分配的不均上。因此提高要素收入分配中的劳动份额将会显著改善个人收入分配格局。[②] 另一方面,政府收入分

[①] Friedman, "Choice, Chance, the Personal Distribution of Income," *Journal of Political Economy* 6 (1953): 2.

[②] E. Daudey, "The Personal and the Factor Distributions of Income," *Journal of Development Studies* 43 (2007): 819.

配政策可以成为要素收入分配与个人收入分配之间一种连接纽带或某种缓冲机制。① 政府可以通过调整税率和优化税种结构等税收政策来调节要素收入分配，对资本收入和劳动收入开征不同的税种和设置相应的税率来调节资本收入和劳动收入之间的关系。如果劳资要素失衡导致了居民收入分配差距扩大，政府就可以通过提高资本所得税的税率或降低劳动所得税的税率，缩小居民收入分配的差距。② 另外，政府可以通过变动财政支出规模和支出结构等财政支出政策来影响个人收入分配。通过对经济合作与发展组织（OECD）国家居民收入分配状况的研究发现，政府转移性支出对缩小个人收入分配差距的贡献率高达80%。而在部分发展中国家的转移性支出也表现出明显能够缩小个人收入分配差距的作用。③

2. 从实证上讨论劳动收入份额与基尼系数的计量关系

得出的一致结论认为劳动收入份额是影响收入分配差距基尼系数的重要变量。④ 当前中国收入分配格局表现出的劳动收入份额快速下降和收入分配差距基尼系数不断上升的经济事实，进一步证实了这一结论。

第二节 人力资本理论

人力资本的研究是经济思想史里较为古老的主题，只是到了20世纪60年代美国经济学家西奥多·舒尔茨等（Theodore W. Schultz et al.）

---

① 胡怀国. 功能性收入分配与规模性收入分配：一种解说 [J]. 经济学动态，2013 (8)：52 - 56.

② 郭庆旺. 论要素收入分配对居民收入分配的影响 [J]. 中国社会科学，2012 (12)：69 - 75.

③ Milanovic. B, "Do More Unequal Countries Redistribute More? Does the Median Voter Hypothesis Hold," *World Bank Policy Research Working Paper.* 1999, No. 224.

④ 国内研究代表性文献：张车伟. 赵文. 功能性分配与规模性分配的内在逻辑 [J]. 社会科学辑刊，2017 (3)；范从来，张中锦. 功能性与规模性收入结构：思想演进、内在联系与研究趋向 [J]. 经济学家，2014 (9)；等等.

对人力资本研究进一步完善并使之系统化,从而形成了一个较为独立和系统的人力资本理论体系。人力资本理论发展有两个历史发展阶段。

一、人力资本思想的萌芽

对人的经济价值的发现是人力资本思想的本源。人力资本思想最早可以追溯到古希腊哲学家柏拉图。他在其《理想国》中就论述了教育和培训的经济意义。后来,他的学生亚里士多德也认为教育具有重要的经济价值,进一步提出教育作为一项基本社会福利应该由国家来提供。弗朗斯瓦·魁奈(Francois Quesnay)最早明确提及了人的经济价值,他认为人是创造国民财富的第一生产要素:"创造国家财富的是人"。[1] 威廉·配第(William Petty)在其《政治算术》中提出"土地是财富之母,劳动是财富之父",最先论证了劳动决定价值的思想,更加充分肯定了人的经济价值。配第又在国家实力的比较研究中,发现由于战争、瘟疫所造成的人口死亡和迁移给英国国家实力造成了很大的影响,进而建议政府有必要采取干预措施来提高人口规模和素质。[2] 亚当·斯密(Adam Smith)在其《国富论》中明确将"社会全体居民或成员所具有的有用的能力"作为一种固定资本来看待,他认为劳动者数量的增加和质量的提高是促进国民财富积累和经济增长的重要条件之一,并提出劳动能力与水平受制于劳动技巧的熟练程度和判断能力的强弱,而劳动能力与水平要经过教育和培训才能得以提高,[3] 第一次论证了人的劳动技能投资如何影响个人收入和工资结构。让·萨伊(Jean-Baptiste Say)特别强调人才,尤其是企业家才能,同时他还提出教育培训支出是一种资本,因为它能够促进生产力的发展。[4] 弗里德里希·李斯特

---

[1] 弗朗索瓦·魁奈. 魁奈经济表及著作选 [M]. 北京:华夏出版社,2017:21.
[2] 威廉·配第. 政治算术 [M]. 北京:中国社会科学出版社,2010:261.
[3] 亚当·斯密. 论国民财富的性质及其原因之研究(上卷)[M]. 北京:商务印书馆,2014:231.
[4] 让·巴蒂斯特·萨伊. 政治经济学概论 [M]. 北京:华夏出版社,2017:26.

(Friedrich List)甚至认为"一个国家的最大部分的投资是应该用于下一代的教育,应该用于国家未来生产力的促进和培养上"。[1] 阿尔弗雷德·马歇尔(Alfred Marshall)在其《经济学原理》中认为对人的投资是最有意义的资本投资,他主张要加强对人的投资,并详细论证了人的投资的长期性和家庭从事这种投资的重要影响。[2]

在这一阶段,人力资本研究的主要特点是发现人的经济价值,虽然并未明确提出人力资本的概念,但经济学家们已经开始对人力资本概念进行了初步的探索,已经有意识地将人力资本与物质资本并列起来,同时发现了教育作为一种人力资本投资手段的重要地位,从而为人力资本理论的产生奠定了理论基础。

二、人力资本理论的产生与发展

西奥多·舒尔茨(1960)在美国经济学年会演说中第一次系统阐述了人力资本理论,创立了人力资本理论的科学概念体系,正式宣告了人力资本理论的诞生。他详细分析了传统的经济学理论和方法解释经济增长局限性的原因,并进而指出教育的发展即对人力资本的投资是推动经济增长的主要原因。[3] 加里·贝克尔(Gary S Becker,1964)开始从微观的经济视角研究人力资本理论的分析框架,并将人力资本理论的研究疆域拓展到婚姻和犯罪等非经济学领域,因此,贝克尔的人力资本理论被学界称为人力资本理论最终确立的标志。在这一阶段,人力资本研究以劳动力要素为中心,实现了从宏观到微观、从具体到抽象的理论提升过程,在此基础上形成了人力资本理论,并将其不断融入主流经济学体系之中,为劳动经济学、教育经济学等诸多学科的发展提供了理论基础。

---

[1] 弗里德里希·李斯特. 政治经济学的国民体系 [M]. 北京:商务印书馆,2008:451.
[2] 阿尔弗雷德·马歇尔. 经济学原理 [M]. 北京:商务印书馆,2019:541.
[3] Schultz, T. W. Education and economic growth [M]. Chicago: University of Chicago Press, 1961:46.

人力资本理论对经济学的主要贡献并不在于重构经济理论，而是不断向外拓展经济学的边界，为很多难以解释的现实问题提供理论分析框架。这一贡献在对经济增长和收入分配等问题的持续关注上表现得格外明显。一方面，在宏观经济水平上，社会的人力资本存量及其增长是经济增长过程的中心；另一方面，在微观经济水平上，单个人在人力资本存量及其增长上的差别能够解释很多我们所观察到的个人收入分配的差别上。[1]

1. 宏观经济领域

人力资本与经济增长：本领域的研究试图将人力资本纳入经济模型中探究"经济增长之谜"。[2]

西奥多舒尔茨最早开始探讨人力资本在经济增长中的作用以及两者之间的联系，提出了人力资本的积累是经济增长的重要源泉的理论观点，他认为人力资本是经济增长源泉的原因在于两个方面：一是人力资本投资高于物质资本投资收益率；二是人力资本在各个生产要素之间发挥着相互替代和补充作用。同时他也在计量上估计测算了美国1929～1957年期间由教育形成的人力资本在经济增长的贡献率为33%。宇泽弘文（1965）在拓展索洛经济增长模型的基础上形成了人力资本内生增长模型。该模型假定一定的社会资源被配置到教育部门，教育部门可以通过提高生产部门的技术水平实现对经济的影响。

自20世纪80年代以来，人力资本理论与经济增长理论得到进一步融合，通过将人力资本投入加到古典生产函数之中，形成了以构建技术内生化增长模型为中心的人力资本理论，经济学界也称之为新增长理论。[3] 保罗·罗默（Panl M. Romer）认为人力资本是通过技术创新对经

---

[1] 雅各布·明塞尔. 人力资本研究 [M]. 北京：中国经济出版社，2001：254.

[2] 古典经济学的增长理论和资本理论是建立在苛刻的资本同质、劳动力同质假设基础之上的，而基于这种假设的理论对一些新出现的经济问题很难解释，甚至出现矛盾，一时经济学出现了很多难解的"经济之谜"。直接的表现是国民经济产出的增长率大于国民经济资源投入的增长率。

[3] 宁先圣. 论人力资本理论的演进及当代进展 [J]. 社会科学辑刊，2006（3）：115-119.

济增长产生显著作用，人力资本所带来的技术创新能使资本和劳动等生产要素投入的收益持续保持递增的发展态势。因此，他认为经济增长最终取决于这个国家的人力资本数量和质量。① 罗伯特·卢卡斯（Robert E. Lucas, Jr., 1988）基于人力资本积累与溢出理论提出了人力资本溢出经济增长模型（又称为人力资本外部性模型），进一步拓展了宇泽弘文的人力资本内生增长模型。在卢卡斯模型中，罗伯特·卢卡斯区分了人力资本的两种效应——内部效应和外溢效应，成功而有效地将原来的外生变量的技术进步转变为内生的人力资本，并用来解释经济增长的原因，有力地证实了人力资本是经济增长的原动力，是保持经济长期增长的决定性因素，② 因此该理论成为新增长理论重要的基石。

2. 微观经济领域

人力资本与收入分配关系：雅各布·明塞尔（Jacob Mincer）最早对人力资本与收入分配之间的关系做了全面系统的研究。

雅各布·明塞尔首次用人力资本投资的方法来研究个人收入分配问题。后来他又用收益函数来诠释劳动者收入差别与接受教育和获得工作经验年限之间的关系，"个人收入的差别归因于接受正规教育、在职培训和工作中经验积累形成的人力资本的差别，并把受教育年限作为衡量人力资本投资的最重要标准"。③

加里·贝克尔对人力资本形成、学校教育、在职培训等人力资本投资的收入与支出等问题进行了深入分析，他强调要重视教育和培训的重要作用。他进一步指出如果人力资本投入是等量资本的话，那么收入分配就应该是均等化的。④ 这一观点诠释了20世纪中期一些国家收入存在趋向均等化现象背后的人力资本投资因素。

---

① Romer, P. M, "Increasing returns and long-run grow," *Journal of Political Economy* 94 (1986): 94.
② Lucas, R, "On the mechanics of economic development," *Journal of Monetary Economics* 22 (1998): 33.
③ Mincer, Schooling, Experience, and Earnings (New York: Columbia University Press for NBER, 1974), p13.
④ 加里·贝克尔. 人力资本（第三版）[M]. 北京：机械工业出版社，2018：27.

西奥多·舒尔茨认为人力资本是社会反贫困的重要路径，他明确提出"教育和人口素质的落后才是穷人贫困的根本原因"，因此，他强调改进穷人福利的关键因素不是空间、能源和耕地，而是要提高人口质量以及人的知识和技能水平。① 他又在《改造传统农业》中进一步明确提出，对农民进行人力资本投资是改变传统农业的唯一出路。马努埃利（Manuelli, 2014）也进一步证实人力资本对跨国收入差距影响的重要性要远高于来自全要素生产率（TFP）等经济要素的影响。②

托马斯·皮凯蒂（Thomas Piketty）认为收入分配差距主要表现在劳动工资领域的差异，而工资的差异主要在于人力资本的差异。因此，他认为纯粹的收入再分配其实就是以由高工资向低工资转移的形式来表现的，而实现收入再分配的目标需要对人力资本构成过程实施有效的干预。③

三、总结

人力资本理论的建立和发展是经济学发展史上一次深刻的思想革命。它揭示了人是一切资源中最重要的资源，发现了人力资本的重要价值，有力地拓展了传统经济学的经济增长理论。同时，人力资本理论深刻揭示了教育在经济和社会发展中的作用，拓展了人们对教育功能的传统认知和理解。在此理论的影响下，通过教育发展来提高人力资本在促进经济增长和社会发展中的决定性作用，已经成为世界各国的普遍共识和共同性趋势，增加人力资本投资也成为世界各国政府的基本政策取向。④ 鉴于此，2019年世界银行在发布的《世界发展报告》中将人力资

---

① Schultz, "NobelLecture: The Economics of Being Poor," *Journal of Political Economy* 4 (1980): 247.
② Manuelli, " Human Capital and the Wealth of Nations," *American Economic Review* 9 (2014): 639.
③ 托马斯·皮凯蒂. 不平等经济学（第七版）[M]. 北京：中国人民大学出版社，2016：356.
④ 闵维方. 人力资本理论的形成、发展及其现实意义 [J]. 北京大学教育评论，2020 (1)：18 - 21.

本投资作为世界发展基础的核心要点。①

同时，人力资本理论认为教育可以促进社会经济收入分配的均等化。在竞争性的劳动力市场并具有与此相关的制度化环境保障的条件下，这一观点具有积极意义，但是现实的情况是，人力资本理论很明显是把教育与收入分配结构的关系简单化了。人力资本理论虽然论证了教育对收入分配格局的调节作用，但并没有充分地注意到复杂的社会和制度因素，以及不同地区、不同社会群体教育资源获得的不对称性对收入分配格局的影响。

第三节　公共教育支出和收入分配关系的理论分析

约翰·洛克（John Locke）认为收入和财产的权利是自然法授予的，因此一个完整的经济体制是可以在没有政府的自然状态下运行的。深受其哲学思想的影响，很长一段时期里经济学家都认为政府不应该干预收入分配问题。如亚当·斯密虽然最早提出公共产品理论，依此提出了政府应该具有保护国家安全、维护市场秩序、提供公共工程等职能，但是却把收入分配问题排除在政府职能之外。直到20世纪60年代现代财政学之父理查德·马斯格雷夫提出了新的经典的政府三职能论，首次明确将收入分配问题纳入政府职能范畴。他认为政府的收入分配职能就是试图通过财政收支手段来重新调整由市场决定的收入和财富分配格局，使之能够趋向于符合社会所认可的公平的收入分配状态。② 自此以后，经济学界开始大量关注居民收入分配过程中的政府行为，并且收入分配问题也不断地被广泛纳入现代国家政府政策议程，解决收入分配问题成为政府重要的职能体现和政策目标。

---

① World Bank, World Development Report [M]. Oxford: Oxford Unversity Press, 2019, p487.

② 理查德·马斯格雷夫. 财政理论中的国家职能 [J]. 财政研究, 1995 (11): 36-40.

现代国家的任何一项政策都会在一定程度上影响居民收入分配的水平及其差距。[①] 在居民收入的初次分配过程中，市场力量决定了整个分配过程，但是政府往往会通过税收和支出等政策手段来干预市场分配的程度和方向。居民收入经历了初次分配之后，政府更是会通过财政支出手段直接干预居民最终收入的状态。因此，政府政策影响了居民收入分配的整个过程，其作用也贯穿了居民收入分配的每个流程。在此之中，由于教育是构成有效收入分配的一个有力工具，它能够对收入分配不平等进行结构上的修正，[②] 因此，公共教育支出一直被认为是政府能够有效发挥收入分配职能的重要支出政策类型。政府通过增加公共教育支出希望能够提供更加充裕完备的公共教育资源，改善社会不同阶层的人力成长条件，改变刚性代际贫富传递，从而为社会收入分配的公平均等创造条件。

公共教育支出对居民收入分配的影响是通过分别对要素收入分配和个人收入分配施加影响来实现的。一方面，公共教育支出影响要素收入分配主要体现在公共教育支出通过增加劳动者的人力资本投资提高劳动者的要素禀赋水平和劳动能力，进而提高劳动者收入占要素收入格局中的比重，其影响发生在市场生产过程中，因此这是一种具有长期性的影响。另一方面，公共教育支出对个人收入分配的影响主要体现在公共教育支出对个人可支配收入水平的影响，具有再分配功能特性，因此这是一种短期性的影响。

一、公共教育支出影响要素收入分配

要素收入分配本质上就是劳动和资本等生产要素在从事生产过程中因为参与了价值的创造而取得相应收入的过程，并最终形成居民收入初

[①] 蔡萌，岳希明. 我国居民收入不平等的主要原因：市场还是政府政策？[J]. 财经研究，2016（4）：5-10.

[②] 托马斯·皮凯蒂. 不平等经济学（第七版）[M]. 北京：中国人民大学出版社，2016：116.

第二章　理论分析工具

次分配的格局。由于在创造价值过程中劳动是最重要的生产要素,而且劳动收入也是大多数居民最主要的收入来源,因此一般认为,要素收入分配中劳动收入占比是影响居民收入分配差距的重要因素,即劳动收入在生产要素总收入中所占比例越高,居民收入越趋向于合理公平分配,也就越有利于缩小居民收入分配差距。[1] 而劳动收入占比的下降则成为居民收入分配差距扩大的主要来源。基于此,要素收入分配理论认为缩小居民收入分配差距的关键在于提高劳动收入在要素收入分配中的比例。[2] 从这个角度上讲,要素收入分配是居民收入分配差距发生的宏观背景,我们能够从要素收入分配中找到收入分配差距产生的源头。

劳动收入占比问题一直是要素收入分配理论研究的主线,也是探究居民收入分配差距来源的重要线索,学术界对劳动收入占比问题提供了很多的解释,而从人力资本的角度则是解释劳动收入占比问题的全新视角。人力资本理论认为公共教育支出会对劳动收入占比产生重要影响。但是公共教育支出对劳动收入占比产生影响的方向并不是确定的,这要看具体的影响方式或影响机制。发达国家和发展中国家公共教育支出对劳动收入占比有着不同的影响方式,这就使得不同国家公共教育支出对劳动收入占比的影响是不同的。[3] 公共教育支出对劳动收入占比的影响有两种方式:一种是通过发挥教育的收入效应对劳动收入占比施加正向影响;另一种是通过发挥教育的生产率效应对劳动收入占比施加负向影响。公共教育支出对劳动收入占比的最终影响效果要综合权衡教育的收入效应和劳动生产率效应的大小,因此,公共教育支出对劳动收入占比的影响是一个长期的、持续的过程。而劳动收入占比的变化率可表示为收入变化率及企业劳动生产率变化率之差,即收入—生产率差

---

[1] 耿晋梅,赵璇. 初次分配下居民收入不平等的原因 [J]. 经济问题,2018 (6):26 - 30.
[2] 杜玉申,张屹山等. 要素禀赋和分配机制对初次分配的影响 [J]. 学术月刊,2018 (8):65 - 69.
[3] Diwan, I, "Labor Shares and Globalization," World Bank working paper 11 (2000):151.

距（income-productivity gap）。① 如果劳动收入占比的收入变化率大于劳动生产率变化率，则意味着公共教育支出对劳动收入占比的收入效应的增长速度快于劳动生产率效应的增长速度，也就表明公共教育支出对劳动收入占比的综合影响为正，劳动收入占比则会上升，反之亦然。

教育对劳动收入占比影响的研究可以追溯至约翰克拉克的边际生产力理论。假设在生产过程中只使用资本和劳动这两种生产要素，且在短期内劳动是可变的而资本是不变的。正如图2-2所示，在此假设条件下的劳动力市场的均衡工资水平和均衡就业水平分别为 W_E 和 L_E，生产要素总收入为 S_{ROL_EE}，劳动收入为 $S_{W_EOL_EE}$，利润收入为 S_{RW_EE}，进而得出劳动收入占比 = $S_{W_EOL_EE}/S_{ROL_EE}$。由图形推导可知，影响劳动收入占比发生变化的因素主要有两个：一是劳动供给曲线的左右移动；二是劳动需求曲线的斜率变动。教育对劳动收入占比的收入效应能够影响劳动供给曲线的左右移动，而教育对劳动收入占比的劳动生产率效应则能够影响劳动需求曲线的斜率变动。

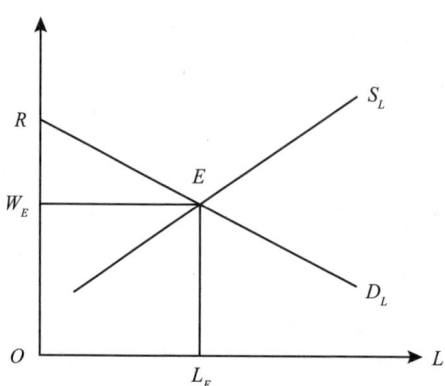

图2-2　克拉克的边际生产力理论模型

---

① 此公式参考董和张等（Dong & Zhang, et al.）文献的研究成果。劳动收入占比 = 平均工资 × 员工规模/工业增加值 = 平均工资/劳动生产率。对公式两端同时取自然对数，得到：ln(劳动收入占比) = ln(平均工资) − ln(劳动生产率)。进一步推导得出：Δln(劳动收入占比) = Δln(平均工资) − Δln(劳动生产率)。

第二章 理论分析工具

(一) 收入效应

教育的收入效应指的是教育能够提高劳动者的劳动收入水平，因此它会对劳动收入占比产生直接影响。明塞尔最早就精确地分析了个人受教育程度与提高收入水平之间的正向关系，他认为受教育程度是决定个人收入水平的关键因素。[1] 教育之所以能够提高劳动收入，主要是基于教育具有如下两个重要的生产性功能：一是教育能够提高劳动者素质。教育作为一种重要的人力资本投资手段，它能够通过不断增加人力资本的数量和优化人力资本的质量来实现人力资本积累，进而贡献于社会生产过程。劳动者通过接受更多的教育来拥有更多的人力资本，其结果会改善社会劳动者的人力成长条件，提高劳动者的劳动技能和知识水平，进而提高劳动者的收入能力。因此更高水平和更加稀缺的人力资本一定程度上就意味着能获得更为可观的经济收入。也正因为如此，人力资本理论认为教育是一项能够得到高经济收入回报的人力资本投资。[2] 二是教育能够进行劳动者素质高低筛选。在劳动力市场中普遍存在着信息不对称的情形，劳动者生产能力的确定需要一定的识别机制。在一般情况下，生产能力高的人往往具有高学历的教育背景，这就意味着教育能够向外界提供和显示劳动者是否具有生产能力或可培训能力的有效信息，教育证书从而成为一种识别性很强的信号工具。这样一来，教育就发挥了区分高生产能力者与低生产能力者的筛选功能。[3] 劳动者教育水平的提高，不仅能够使劳动者有希望获得更高的收入水平，而且还能在劳动力市场分割的情况下为劳动者进入更高层次的劳动力市场提供更多流动机会，从而促进社会人力资源的合理配置。

上述教育的两大生产性功能会使教育产生收入效应，收入效应具体可以表现在两个方面：一是当下给自己带来实际支付能力的提高；二是未来对自己的收入水平有了一个更高的预期。在这两种收入效应影响

---

[1] 雅各布·明赛尔. 人力资本研究 [M]. 北京：中国经济出版社，2001：89.
[2] 伯顿·克拉克. 高等教育新论——多学科的研究 [M]. 杭州：浙江教育出版社，1999：106.
[3] KERCKHOFF A C, "The status attainment process: socialization or allocation," *Social Forces* 2 (1976): 368.

下，接受了更高水平教育的劳动者有了进入更高层次劳动力市场的竞争优势，劳动者有能力进入更高一级的劳动力市场，处于次要劳动力市场上的劳动力会进入主要劳动力市场，而已经处于主要劳动力市场上的劳动者会进入更高端的劳动力市场，这就大大地提高了劳动力市场的流动性。而在劳动力市场流动的过程中，各个层次的劳动力市场会不可避免地发生一定程度的劳动力供给短缺现象。[①] 同时劳动力市场的流动性也不断推高劳动者对高收入的预期，为了追求与教育程度相匹配的收入水平，以及搜寻成本的存在使得劳动者会容忍短期的自愿性失业存在，而这一问题会进一步加剧劳动力供给的短缺。因此从总体上说，教育的收入效应会使劳动力供给曲线发生左移，如图2-3所示，劳动力供给曲线S_L会左移至劳动力供给曲线S_{L1}。劳动力供给曲线S_{L1}情形下的工资水平和均衡就业水平分别变成为W_F和L_F，生产要素总收入为S_{ROL_FF}，劳动收入为$S_{W_FOL_FF}$，利润收入为S_{RW_FF}，进而得出劳动收入占比=$S_{W_FOL_FF}/S_{ROL_FF}$。经过图形和实际计算比较可知，劳动力供给曲线S_L情形下的劳动收入占比=S_{ROL_EE}/S_{ROL_EE}小于劳动力供给曲线S_{L1}情形下的劳动收入占比=$S_{W_FOL_FF}/S_{ROL_FF}$。由此可见，劳动收入占比得到提高。

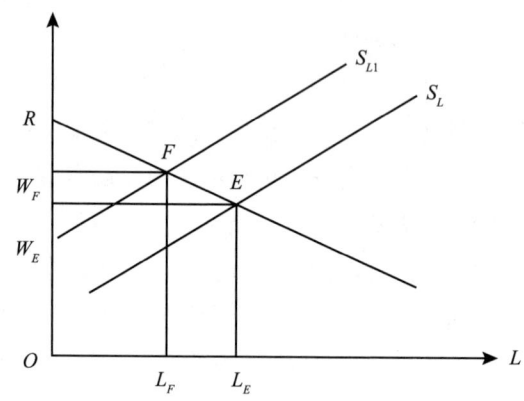

图2-3　教育的收入效应示意

---

① 王晓芳，高榴. 教育提升了劳动收入占比吗——基于中国省级面板数据的分析[J]. 财经科学，2011 (9)：60-64.

(二) 生产率效应

教育的生产率效应指的是教育能够提高企业的劳动生产效率，它作用的对象是企业。由于企业是资本要素拥有者，因此教育的生产率效应直接影响的是资本收入占比，进而对劳动收入占比产生影响。教育之所以能够提高企业劳动生产率，主要在于它有两个实现路径：一是通过人力资本的累加效应来实现。具有较高教育程度的个人能有效提高自身的劳动生产率，原因在于两个方面：一方面，从静态上看，具有较高教育程度的个人意味着自身拥有较多的人力资本存量，且具有更多的专业知识和业务技能以及较强的学习能力，个人会很快胜任某项工作并有效率地完成。另一方面，从动态上看，具有较高教育程度的个人意味着自身很容易实现人力资本增量过程，在工作中通过"干中学"不断累积新的知识和能力，使劳动生产效率得到进一步的提高。因此，教育不仅会加快知识和能力的运用，还会推动新知识和能力的产生，进而加快劳动生产效率的提升速度。企业中受教育程度越高的员工越多，企业拥有的人力资本积累就越多，这也意味着企业的劳动生产效率就越高。二是通过人力资本的外部效应来实现。[1] 教育通过发挥人力资本的外部效应来提高企业的劳动生产率体现在两个方面：一方面，人力资本投资的增加会推动企业新知识的产生和运用，从而有利于加快企业的技术进步，使企业资本要素的边际产出增加、单位产出的投入成本下降，从而提高资本要素的生产效率以及整个生产过程的全要素生产效率。[2] 另一方面知识和技能会以企业为空间载体在员工之间进行扩散，形成知识溢出。企业拥有较多的人力资本，容易培育创新和学习氛围，为企业全部员工提供良好的学习机会和沟通渠道，最终有助于提高企业的劳动生产率。

教育通过发挥人力资本的累加效应和外部效应来提高企业的劳动生产率。教育提高劳动生产率使得企业对工资率水平敏感度降低，这也就

---

[1] Brewer D. J, Economics and Education (New York: NY. Academic Press, 2010): 80.
[2] 李建民. 人力资本与经济持续增长 [J]. 南开经济研究, 1999 (4): 56-60.

意味着劳动力需求弹性变小，劳动需求曲线变得更加陡峭，正如图2-4所示，劳动需求曲线从D_L移动到D_{L1}。劳动力需求曲线D_{L1}情形下的生产要素总收入为$S_{R_1OL_EE}$，劳动收入为$S_{W_EOL_EE}$，利润收入为$S_{R_1W_EE}$，进而得出劳动收入占比$=S_{W_EOL_EE}/S_{R_1OL_EE}$。由图形推理和计算得知，劳动力需求曲线$D_L$情形下的劳动收入占比$=S_{ROL_EE}/S_{ROL_EE}$，大于劳动力需求曲线$D_{L1}$情形下的劳动收入占比$=S_{W_EOL_E}/S_{R_1OL_E}$，由此可得，劳动收入占比下降。究其原因在于人力资本的积累在提高企业劳动生产率的同时，也会促进技术进步，技术进步会进一步提高稳定状态下的资本存量，形成所谓的资本——技术互补效应，进而提高资本收入比，造成利润收入增加幅度超过劳动收入增加幅度，最终在一定程度上拉低了劳动收入占比。

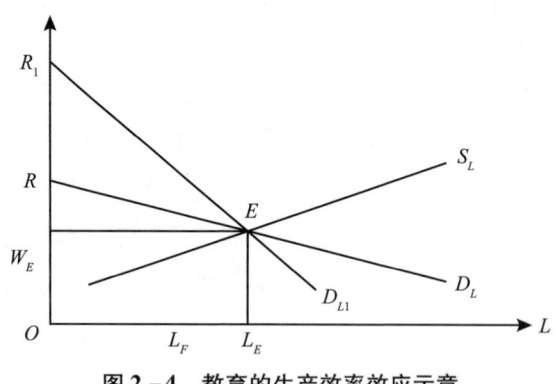

图2-4 教育的生产效率效应示意

二、公共教育支出影响个人收入分配

与要素收入分配不同，个人收入分配重点关注的是国民收入在不同个体之间以及不同家庭之间的分布，它是收入再分配的结果。① 要素收入分配所形成的收入分配差距问题会通过市场作用自发传导至个人收入分配领域，又由于受到个人收入来源渠道不同以及能力禀赋差异等因素影响，使收入分配差距被固化甚至被进一步拉大。因此，收入分配差距

---

① 刘扬，梁峰. 居民收入比重为何下降 [J]. 经济学动态，2013 (5)：35-40.

问题在个人收入分配环节彻底发酵甚至被完全暴露出来。此时市场难以有效发挥对收入分配的配置作用，但政府可以通过采取一系列收入再分配政策，发挥对居民收入分配差距的调节作用，以弥补市场在收入分配领域的失灵。公共教育支出作为政府一项重要的收入再分配政策，对促进收入公平分配和确保收入分配差距维持在合理区间产生了深远的影响，具有明显的收入分配效应。

公共教育支出之所以能够对个人收入分配施加影响，主要在于公共教育支出能够直接作用于居民的财务收支格局，通过优化财务收支状态使收入分配趋向合理。具体来说，公共教育支出具有两个作用渠道来改变居民财务收支格局：一是改变居民个人可支配收入状况；二是改变代际收入流动。公共教育支出对个人收入分配施加影响的效果如何直接取决于这两个作用渠道是否有效畅通。

（一）横向维度：公共教育支出与居民个人可支配收入

个人可支配收入与市场收入是一对相对而言的概念，个人可支配收入是市场收入在经历了政府一系列再分配政策作用之后所形成的最终收入形态。一般情况下，个人可支配收入的差距往往比市场收入的差距要小一些，而两个收入分配差距之间的差别反映出政府公共教育支出对收入再分配的作用力度。公共教育支出可以通过以下两个途径来改变居民的个人可支配收入。

1. 提高收入增量

根据收入来源来划分，个人可支配收入主要包括工资性收入、经营性收入、财产性收入和转移性收入。[1] 其中，公共教育支出通过提高个

---

[1] 根据《中国统计年鉴》的解释，居民可支配收入指居民可用于最终消费支出和储蓄的总和，即居民可用于自由支配的收入。可支配收入可分为工资性收入、经营性收入、财产性收入和转移性收入。工资性收入指就业人员通过各种途径得到的全部劳动报酬和各种福利。经营性收入指住户或住户成员从事生产经营活动所获得的收入。财产性收入是指住户或住户成员将其所拥有的金融资产、住房等非金融资产和自然资源交由其他机构单位、住户或个人支配而获得的收入。转移性收入是指国家、单位、社会团体对住户的各种经常性转移支付和住户之间的经常性收入转移。

人人力资本积累对工资性收入和财产性收入会产生直接而且十分重要的影响。而生产和分配活动中财产性收入和工资性收入是形成居民收入分配差距的直接原因。[①] 公共教育支出能够通过影响工资性收入和财产性收入进而深刻改变个人可支配收入的水平。

（1）公共教育支出对工资性收入的影响。工资性收入一直是居民可支配收入最主要的来源，因此个人可支配收入的变化一定程度上就能体现在工资性收入的变化上。工资性收入的差距对居民收入分配差距的贡献最大，工资性收入分配差距直接关系到居民收入分配差距。而在所有影响工资性收入的因素中，受教育程度是最重要的特征变量。[②] 由于工资性收入最能从总体上体现劳动力的市场价值，因此在市场经济体制下，教育投资回报将主要体现在工资性收入中。受教育程度高的人往往比受教育程度低的人具有获得更高工资性收入水平的优势：一是因为较高的教育学历能够获得更多具有高工资性收入水平的就业机会；二是专业知识和丰富经验容易形成对知识和技术的独占，使自己能够很快成为熟练劳动工人和业务技术骨干，从而获得更高的工资性收入水平。由此得知，工资性收入的差距与教育投入程度的差异显著相关。公共教育支出通过提供丰富充裕的公共教育资源，目的就在于能够有效提高全体社会成员的受教育水平，实现全社会人力资本积累的增加，并通过缩小社会成员受教育程度的差距，来缩小工资性收入分配的差距。

（2）公共教育支出对财产性收入的影响。财产性收入包括了家庭拥有的动产（如银行存款、有价证券）以及不动产（如房屋、土地等）所产生的收入。这部分收入虽然总量较低，但是增速快，不平等的程度很高。多项实证研究表明居民财产性收入差距程度在所有居民收入类型中是最大的，其基尼系数达到0.5以上，同时，对总体居民收入分配差

---

① 邵红伟，靳涛. 收入分配的库兹涅茨倒U曲线 [J]. 中国工业经济，2016（4）：24-29.
② 陈宗胜，陈岑. 城市居民收入差异及其若干关联因素 [J]. 改革，2014（5）：94-99.

距的贡献度也变得越来高。① 由于财产性收入是一种衍生性收入，它的获得必须以事前占有财产为前提，因此，财产性收入会受到财富多寡的影响，很容易形成马太效应：高收入阶层因为占有较多的财富更有能力获得财产性收入，而低收入阶层却很难获得财产性收入，由此财产性收入分配差距将会逐渐扩大。财产性收入分配差距无疑会是加剧居民收入分配差距的重要力量。而收入分配差距的不断扩大会累积更大的贫富差距，贫富差距又将成为拉动新一轮财产性收入分配差距的重要因素。财产性收入和收入分配差距之间存在着互为因果的反馈循环的关系。因此，缩小财产性收入分配差距将会对缩小居民收入分配差距起到事半功倍的效果。

由于财产性收入的获得主要是从金融市场和房地产市场中实现的，这就意味着财产性收入需要特定的金融知识和投资理财技能，而高学历者在财产性收入获得方面具有明显的优势。② 在一个稳定的经济系统中，财产性收入的收益率随着教育年限的增加而增加，也反映出人力资本及受教育程度是决定其财产性收入的主要因素。③ 公共教育支出一方面可以通过提高个人的教育人力资本，提升个人的理财能力和投资能力，使闲置的财产增值成为财产性收入；另一方面公共教育支出可以使更多人享受到平等的教育机会，尤其对于低收入家庭来说，通过受教育进入金融市场投资的概率加大从而提高了获得财产性收入的可能性。因此，公共教育支出对居民财产性收入具有显著正向的促进作用。④

2. 影响收入扣减项

由于教育具有公共产品属性，它能够促使社会效益和个人效益同步实现帕累托最优。因此教育资源的供给理应由政府和个人等主体共同参

---

① 高晶晶，闫晶晶等. 财产性收入差距及其影响的国际比较 [J]. 劳动经济研究，2015 (4)：110 – 115.
② 宁光杰. 居民财产性收入分配差距：能力差异还是制度阻碍 [J]. 经济研究，2014 (S1)：23 – 27.
③ 杨新铭. 城市居民财产性收入的影响因素 [J]. 经济学动态，2010 (8)：66 – 70.
④ 周安华，颜梓鸿. 公共教育支出对居民财产性收入影响的作用机制分析 [J]. 湖南社会科学，2018 (4)：145 – 148.

与，实现成本共担。在面临日益增长的教育需求的情况下，人力资本投资成为家庭效用最大化决策中最受重视的支出去向。根据新浪教育发布的《2017中国家庭教育消费白皮书》显示，我国平均每个家庭教育支出已经占到家庭总支出规模的20%以上，教育支出俨然已经成为居民个人可支配收入中最重要的减项之一。又由于教育支出成本负担能力在高收入阶层和低收入阶层之间差异很大，这将会进一步影响收入分配差距。公共教育支出往往通过对个人教育支出产生挤出效应（crowd-out effect）和挤入效应（crowd-in effect）来影响个人教育支出的变化。两个效应孰大孰小取决于当前的家庭收入与经济发展阶段。

（二）纵向维度：公共教育支出与代际收入流动

机会公平是探寻收入分配差距原因的重要线索，而代际收入流动是一种机会公平的测度方法。代际收入流动性大小对收入分配差距的社会影响产生重要的调节效应。代际收入流动性高能够消减收入分配差距两极分化对社会稳定的破坏。而如果收入流动性很低，即使收入分配差距很小也可能会造成严重的社会问题。代际收入流动代表的是父代收入对子代收入的影响程度。由于子代收入主要受制于个人努力和家庭背景两个因素，因此代际收入流动性的高低主要取决于这两个因素作用的大小。如果家庭背景对子代收入影响较大，这就意味着子代收入主要依靠父代收入和经济地位而无须个人努力，这就说明代际收入流动性较低，居民收入分配存在着机会不公平问题。[1] 较低的代际收入流动反映出社会财富和阶层的固化，使得居民收入分配差距呈现跨代的传递性，最终造成收入分配差距的代际固化，使收入分配更加不合理。因此，代际收入流动的高低会直接影响居民收入分配差距的长期变化趋势。打破固化的代际收入流动，促进社会机会公平，是促进收入公平分配和缩小收入分配差距的重要途径。

---

[1] Roemer, J. E, Theories of Distributive Justice (Cambridge: Harvard University Press, 1996): 251.

第二章　理论分析工具

　　教育传递是代际收入流动的重要机制。教育作为一种最重要的人力资本投资方式，它不仅直接影响到子代的收入水平，还会深刻影响到代际之间的收入传递关系。教育传递影响代际收入流动主要有两个路径：一是通过父代的收入影响子代的受教育程度。高的父代收入水平往往有足够的支付能力来满足子代更多差异化的教育需求，使子代能够获得高质量的教育机会，从而提高子代获得高收入的能力。二是通过父代的受教育水平影响子代的受教育水平。受教育水平较高的父代一般收入水平较高，比较重视教育功能，会在家庭财务资源配置上更加偏重子代的教育问题，并利用自己的教育储备积极参与子代的整个教育过程。一般来说，父代教育程度越高，对子代的教育要求相应也会更高，对子女在教育方面的指导作用也更有效，子代的受教育程度因而也会更高。这种关联性和传承性，即皮埃尔·布迪厄（Pierre Bourdieu）所说的"再生产"和"继承人"关系，深刻地体现出家庭背景对子女的影响及代际传递。同时，父代对子代的耳濡目染和言传身教本身也是一种教育方式，能够有效实现教育的代际传递。

　　公共教育支出可以通过教育传递机制来影响代际收入的流动性。公共教育支出如果能够注重教育发展的公平性，它就能够通过缩小来自不同收入水平家庭的子女人力资本投资水平的差距，来消除高收入家庭在代际收入流动之间的教育优势，弥补低收入家庭在代际收入流动中的教育劣势，合理发挥教育在代际收入流动中的传递作用，从而提高代际收入流动性。有研究显示，公共教育支出高的国家比公共教育支低的国家有更高的代际收入流动性。[1]

---

[1] Mayer ES, "Government spending and intergenerational mobilitys," *Journal of Public ecomics* 92（2008）：139.

第三章

我国公共教育支出和居民收入分配差距

公共教育支出是影响居民收入分配差距的重要变量。因此，世界很多国家政府都把公共教育支出作为调节收入分配差距的重要政策工具。但是从已有的研究成果来看，公共教育支出是否能够有效调节居民收入分配差距还存在着很多的争议，同时，从主要发达国家的现实发展实践来看，公共教育支出的增加未必会对平抑居民收入分配差距产生正向影响。本章基于我国的现实国情，通过梳理改革开放以来我国公共教育支出和居民收入分配差距的演变过程，总结公共教育支出和居民收入分配差距的数量关系变化，从而进一步直观推断我国公共教育支出对居民收入分配差距的现实影响。

第一节 我国公共教育支出的变化

本节将从统计的角度探讨公共教育支出与居民收入分配差距的量化关系，即以一个较长的历史区间来测量公共教育支出与居民收入分配差距的趋势性变化，以此从直观上来初步推测公共教育支出对居民收入分配差距影响。

一、公共教育支出的总量

（一）公共教育支出总量的变化

根据教育投资主体不同，国家教育经费可以分成国家公共教育支出和非公共教育支出两部分。① 国家公共教育支出来源于政府公共财政，它能够全面反映政府干预教育活动的意图，并且每年的经费总体执行情况都会由国家统计局、教育部联合编制的《中国教育经费统计年鉴》向社会及时公示。因此出于经费的性质和数据的可获得性等因素的考虑，在做公共教育支出的数据选取上以国家财政性教育经费作为依据。

测量公共教育支出规模的总体变化的指标主要有绝对量指标和相对量指标两大类。

1. 绝对量指标：公共教育支出绝对规模的变化

公共教育支出的绝对量指标是指在一定时期内公共教育支出的货币总额，因此它能最直观地反映公共教育支出变动的趋势。

如图3-1所示，从绝对量指标上看，近30年来我国公共教育支出变化的基本特征就是支出规模逐年增加。根据数据显示，我国公共教育支出1991年不到千亿元（617.83亿元），而到了2018年公共教育支出

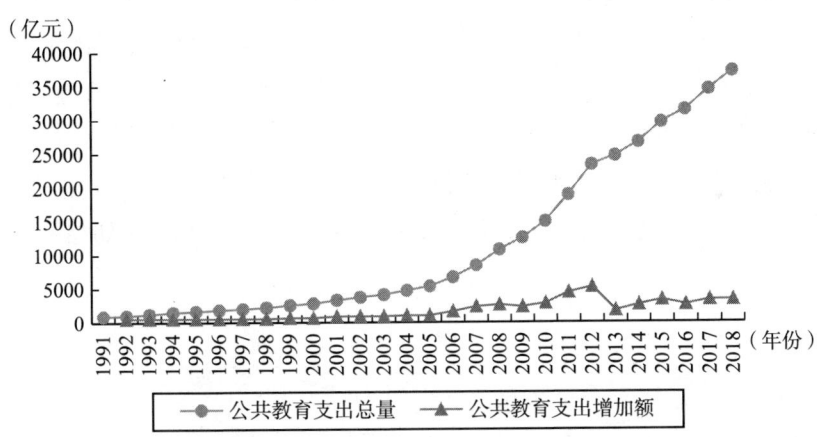

图3-1 我国公共教育支出总量及公共教育支出增加额变化趋势

资料来源：根据1991~2018年《全国教育经费执行情况统计公告》计算得出。

---

① 国家公共教育支出主要包括一般公共预算安排的教育经费，政府性基金预算安排的教育经费，企业办学中的企业拨款，校办产业和社会服务收入用于教育的经费，其他属于国家公共教育支出等；非公共教育支出主要包括民办学校中举办者投入，捐赠收入，事业收入以及其他教育经费等。

已经达到了36995.77亿元，增长近60倍。在此期间公共教育支出的年增长额总体上呈加速递增趋势，2012年之前平均每5年增加1倍，2012年公共教育支出增加额达到4560.86亿元，达到历史最高点，2013年开始回落，随后几年公共教育支出增加额一直保持在一个相对稳定的水平。与此同时，公共教育支出增长率总体处于高位水平，年均增长率达到17%左右，远超同期国内生产总值的年均增长率水平。

我国公共教育支出规模不断增加反映出经济和社会的发展对教育需求越来越大，体现出政府财政对教育发展诉求的积极回应。由此也可以判断出，影响公共教育支出规模变动的因素主要有两个：一是政府因素。政府在长期的教育投入活动中不断摸索出了一套促进公共教育支出增长的机制安排，确保了公共教育支出能够实现持续稳定增长。而一些个别年份出台的旨在促进教育发展的重大政策文件更是会刺激公共教育支出出现骤增的情况，例如：国务院1993年颁布的《中国教育改革和发展纲要》和2010年《国家中长期教育改革与发展规划纲要（2010－2020年）》都大大刺激了公共教育支出的大幅度增加。二是经济社会发展因素。如图3－2所示，公共教育支出增长的趋势几乎是和经济增长的轨迹同步，期间有个别年份的增长额出现减少的情况也和当时的经济增长大背景有关，例如：1997年和2008年分别出现了公共教育支出增长大幅度下降的情况，这和当时我国宏观经济增长受到世界性经济危机影响密切相关。

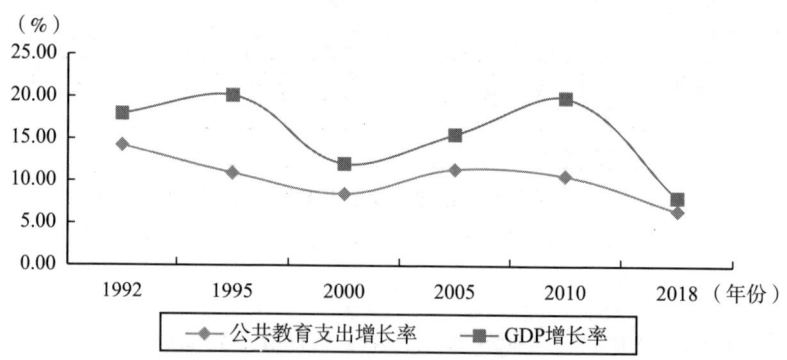

图3－2 我国公共教育支出增长率及GDP增长率变化趋势

资料来源：根据1992~2018年《中国统计年鉴》《全国教育经费执行情况统计公告》计算得出。

2. 相对量指标：公共教育支出相对规模的变化

公共教育支出的相对量指标反映的是公共教育支出的相对规模，关注的是公共教育支出绝对规模和其他经济变量变动的联动性。测量公共教育支出规模时有两个相对量指标使用比较广泛：一个是公共教育支出占GDP的比重；另一个是公共教育支出占教育经费总投入的比重。

（1）公共教育支出占GDP的比重。该指标以当期的公共教育支出总量与GDP的比值来测算公共教育支出的变化趋势。该指标能够揭示一国或地区在一定时期内公共教育支出的充足性程度，也能够较好地反映出公共教育支出对经济和社会产生影响的程度。因此，该指标成为世界各国编制国家财政教育预算以及调整教育支出规模的通用指标。从这一指标的数据来看，我国公共教育支出增长总体上呈现螺旋式上升的态势，但是增长幅度较为平缓，在个别年份偶尔也会出现反弹和波动，如图3-3所示。20世纪90年代初我国开始提出把公共教育支出占GDP比重的4%作为教育投入的目标，旨在保障公共教育支出水平能够与经济社会发展水平基本相匹配。在很长一段时间内（1991~2006年）公共教育支出占GDP比重一直在2%~3%左右低

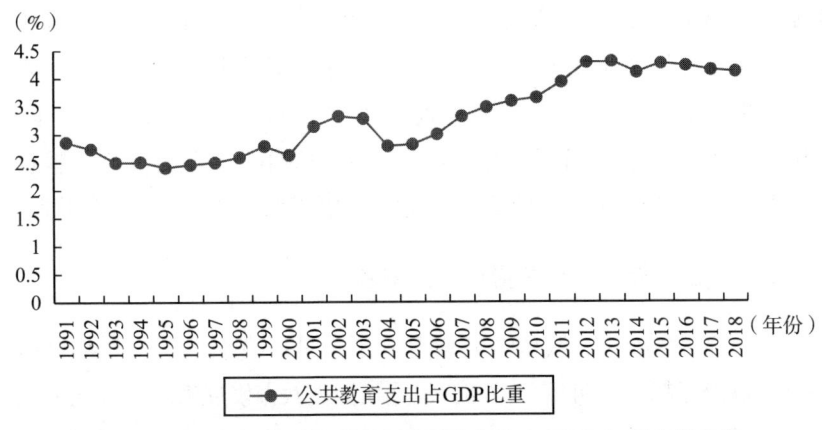

图3-3　1991~2018年我国公共教育支出占GDP权重变化趋势

资料来源：由历年《中国统计年鉴》《全国教育经费执行情况统计公告》整理得出。

位水平徘徊，2007年之后开始出现比较明显的持续性增长，到2012年我国公共教育支出占GDP的比重达到4.28%，首次实现预定目标。截至2018年，我国公共教育支出占GDP比重为4.11%，已经连续7年超过4%的目标，这表明近些年该指标在4%以上的水平保持着相对稳定的发展态势。

从对比中可知，公共教育支出的绝对规模指标和相对规模指标所反映的经济意义并非完全吻合：两个指标虽然都反映出公共教育支出规模在不断扩大，但是公共教育支出相对规模的增长趋势要比公共教育支出绝对规模的增长趋势弱得多，这一定程度上说明了公共教育支出对经济和社会的影响程度还比较弱，公共教育供给仍有很大的改善空间。

（2）公共教育支出占教育经费总投入的比重。该指标以当期的公共教育支出总量与教育经费总投入的比值来测算公共教育支出在教育经费总投入中的重要性，它能反映出一个国家教育经费支出的稳定性程度。公共教育支出占教育经费总投入比重越大，越能反映出政府公共财政对教育经费开支的重要性越大，越能够保障国家教育投入长期的稳定性。从该指标的数据来看，公共教育支出一直以来都是我国教育发展最主要的经费来源，因为公共教育支出占教育总经费比重都在60%以上。但是从时间趋势来判断，如图3-4所示，我国公共教育支出在教育经费总投入比重的演变呈"U"形曲线形态，经历了一个先下降后上升的过程。具体来说，公共教育支出占教育经费总投入比重由1995年的75.16%下降到2005年的61.3%，而后开始逐渐上升，到2012年公共教育支出占教育经费总投入比重达到80%，随后几年该指标均维持在80%左右的水平。

（二）公共教育支出总量存在的问题

从上面可以看出，我国公共教育支出总量规模水平不管是绝对指标还是相对指标都有了明显的提高，但是从国内教育发展需求以及同期国外教育发展状态来看，我国公共教育支出总量仍然存在供给不足的问题。

第三章 我国公共教育支出和居民收入分配差距

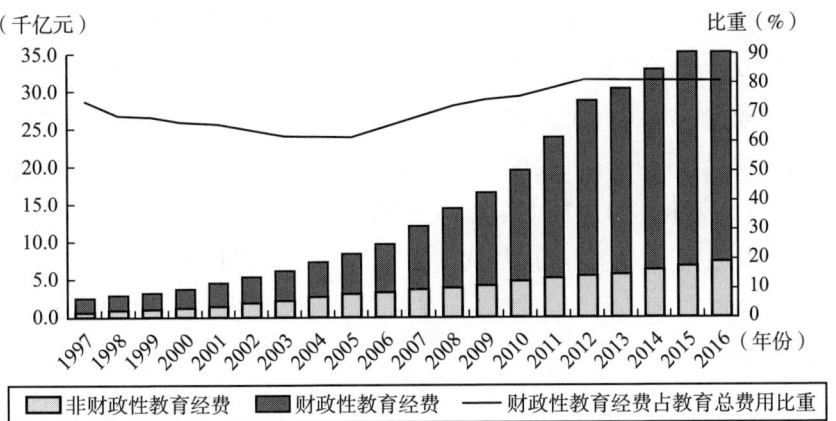

图 3-4　1997~2016 年我国公共教育支出和非公共教育支出变化趋势

资料来源：李迅. 我国财政性教育经费的收入分配效应研究——基于不同教育层次的实证分析 [D]. 暨南大学，硕士学位论文，2018：24.

1. 公共教育支出占比相对较低

自 20 世纪 90 年代初我国提出把公共教育支出占 GDP 比重 4% 作为教育支出目标以来，在很长一段时间内我国公共教育支出占 GDP 比重一直未达到 4% 的增长目标，直到 2012 年才首次实现这一目标，我国为实现 4% 的目标用了 20 年的时间。截至 2018 年，我国公共教育支出占 GDP 比例为 4.11%，虽然我国连续 7 年超过 4% 的目标，但伴随着公共教育支出占比 4% 的"政策红利"的释放，公共教育支出随即出现增速放缓的迹象。① 2014 年我国公共教育支出同比增长 7.89%，远低于 2012 年 19.64% 的增长水平，而且自 2015 年以后公共教育支出占比已经出现了连续 4 年的下滑，这表明公共教育支出占比维持在 4% 的压力越来越大，公共教育支出占比 4% 的"政策红利"已开始逐步消失。从当前全世界范围内来看，公共教育支出占 GDP 比重的世界平均水平为 4.9%，发达国家平均水平为 5.1%，欠发达国家平均水平则为 4.1%，

---

① 汪栋. 我国教育财政投入充足指数设计与标准化测算 [J]. 华东师范大学学报，2017 (3)：116-120.

这表明我国公共教育资源供给能力相对较低，公共教育支出占比仅相当于欠发达国家平均水平，尚未达到世界平均水平，而与发达国家水平还有较大的差距。而从较长历史时段来看，与不同时期的美国等个别教育发展大国相比，我国公共教育支出占比增长也存在较大差距，如表3－1所示。如果把人口基数考虑进去进行统计分析，当前我国人均公共教育支出仅占人均GDP的0.82%，而同时期美国该比例为6.10%，巴西该比例为2.29%，在发展水平大致相当的金砖五国中，位列最后。①

表3－1　　　　1995~2017年我国公共教育支出占比
与世界主要教育发展大国比较　　　　　　单位：%

年份	美国	英国	法国	德国	澳大利亚	中国
1995	6.5	4.9	6.6	5.1	5.2	2.4
2000	6.8	5.1	6.3	4.8	5.1	2.6
2005	7.1	5.8	5.9	4.6	5.2	2.8
2010	6.3	6.2	5.7	4.6	5.4	3.7
2017	7.2	5.5	5.0	4.5	4.7	4.1

资料来源：陈纯槿，郅庭瑾. 世界主要国家教育经费投入规模与配置结构［J］. 中国高教研究，2017（11）77－82.

从不同的教育层级支出来看，初等教育、中等教育和高等教育的支出占GDP比重较低，与世界教育发展大国之间存在较大的差距，如表3－2所示。从与经济合作与发展组织（OECD）国家的比较可以看出，由于我国公共教育支出规模不断增加，初等教育、中等教育和高等教育等教育层级的公共教育占比总体上呈现上升的发展态势，与OECD国家的公共教育支出占比数值的差距不断缩小，但是我国三个教育层级的公共教育支出占比均未超过OECD国家相应教育层级的平均水

---

① 朱文辉，殷志美. 城乡义务教育一体化发展中政府职能的三重梗阻与疏通［J］. 现代教育管理，2018（10）：24－29.

平。2005年我国初等教育支出占比为0.89，OECD国家初等教育支出平均水平为1.29，到2015年我国初等教育支出占比为1.37，OECD国家初等教育支出平均水平为1.38；2005年我国中等教育支出占比为0.95，OECD国家中等教育支出平均水平为1.78，到2015年我国中等教育支出占比为1.52，OECD国家中等教育支出平均水平为1.77；2005年我国高等教育支出占比为0.60，OECD国家高等教育支出平均水平为0.94，到2015年我国高等教育支出占比为0.86，OECD国家高等教育支出平均水平为1.01，体现出我国初等教育、中等教育和高等教育的支出都存在着总量不足的情况。

表3-2　2005~2015年我国各公共教育层级支出占比增长趋势与OECD国家平均水平比较　单位：美元

		2005年	2008年	2009年	2010年	2011年	2012年	2013年	2014年	2015年
初等教育	OECD国家	1.29	1.42	1.59	1.46	1.42	1.39	1.39	1.37	1.38
	中国	0.89	1.03	1.14	1.13	1.18	1.29	1.29	1.3	1.37
中等教育	OECD国家	1.78	1.71	1.77	1.84	1.72	1.89	1.85	1.85	1.77
	中国	0.95	1.22	1.33	1.32	1.43	1.59	1.54	1.47	1.52
高等教育	OECD国家	0.94	0.97	1.05	1.07	1.09	1.03	1.07	1.04	1.01
	中国	0.60	0.65	0.67	0.72	0.84	0.93	0.83	0.82	0.86

资料来源：余杰，胡臣瑶等．教育经费投入强度、结构、体制的宏观分析［J］．会计之友，2020（1）：103-111.

同时，从各国公共教育支出的比较中也可以看出，实现4%的目标意味着公共教育支出规模只是达到了国际公认的公共教育支出占比的基本标准水平，但是离公共教育支出规模的充足性目标还有一段距离。

结合陈良焜、岳昌君和刘泽云等多组研究团队成果发现，如表3-3所示，当人均收入在1万美元左右时，公共教育教育占比平均在5.13时才应该是充足的。由此可以推断，我国在未来一段时间公共教育支出需求与供给之间还将存在一定程度的缺口。我国公共教育支出的总量性短缺已经成为一个公认的事实。

表3-3　　　不同人均收入水平下公共教育占比适度性研究比较

人均收入水平（元）	陈良焜等研究结论 公共教育支出占比（%）	岳昌君等研究结论 公共教育支出占比（%）	刘泽云等研究结论 公共教育支出占比（%）	公共教育支出占比均值（%）
1000	3.85	4.13	3.89	3.96
2000	4.43	4.37	4.13	4.31
3000	4.78	4.50	4.26	4.51
4000	5.02	4.60	4.36	4.66
5000	5.20	4.67	4.44	4.77
10000	5.79	4.91	4.68	5.13
20000	6.37	5.15	4.91	5.48
30000	6.71	5.28	5.05	5.68

资料来源：陈良焜，喻嘤等．教育投资比例的国际比较［M］．北京：北京大学出版社，1992：56．
岳昌君．我国公共教育经费的供给与需求预测［J］．北京大学教育评论，2008（2）：125-130．
刘泽云，袁连生．公共教育投资比例国际比较研究［J］．比较教育研究，2007（2）：36-40．

2. 公共教育支出权重过大

公共教育支出一直以来都是我国教育发展最主要的经费来源，以公共教育经费为主导的国家教育经费来源结构能有效保障国家教育经费支出增长的总体稳定性和持续性。与此同时，非公共教育支出也是国家教育经费的重要组成部分，是公共教育支出的必要补充，因此保持非公共教育支出的适度增长对于缓解公共教育支出的总量供给压力有着十分重要的作用。但是长期以来，公共教育支出占教育支出比重过大，对非公共教育支出产生了不利的影响，具体表现在两个方面：一是非财政教育经费增长水平受抑制。如表3-4所示，1995~2005年期间我国非公共教育支出增长率水平较快，但是自2005年以后非公共教育支出增长率骤减，年均增长率水平不到5%。二是非公共教育支出所占权重下降。[1]

---

[1] 杨蓉，刘婷婷，中国教育经费配置结构分析［J］．全球教育展望，2019，（6）：4-9．

我国非公共教育支出占教育经费比重由起先的40%下降到现在的不到20%。其中，事业收入所占比例已由峰值2005年的27.79%下降到2016年的16.14%；捐赠收入所占比例由峰值1995年的8.67%，逐年下降到2016年的0.21%；而其他教育经费支出所占比重一直微乎其微。2016年我国公共教育支出与非公共教育支出的比重为4.18，远高于同时期美国（2.05）、韩国（2.71）、澳大利亚（2.17）、加拿大（2.81）等国家的相应数值。这种教育经费的来源结构反映出了教育经费来源的单一性，这就使得国家教育事业的发展过于依赖公共教育支出，从而造成公共教育支出出现总量性短缺的局面。

表3-4　我国公共教育支出与非公共教育支出年均增长率趋势　　单位：%

年份	教育经费支出	公共教育支出	非公共教育支出
1995~2000	14.04	10.85	23.47
2000~2005	15.52	13.64	18.98
年均增长率	14.71	12.12	21.43
2006~2010	14.52	19.27	4.95
2011~2016	9.66	11.13	4.88
年均增长率	11.87	14.83	4.91

二、公共教育支出的结构

（一）公共教育支出结构的变化

在理论研究中，关于公共教育支出结构类型的问题有很多视角，本书主要选取公共教育支出层级结构和公共教育支出城乡结构来体现公共教育支出结构的变化。

1. 我国公共教育支出层级结构的变化

公共教育支出层级结构反映的是初等教育、中等教育和高等教育三个不同教育层级的扩展,可以具体表现在两个方面:一是从绝对额上,公共教育支出分别在初等教育、中等教育和高等教育三个教育层级中绝对额度的变化,它反映的是每一个教育层级经费配置的总体情况;二是从相对额上,公共教育支出在初等教育、中等教育和高等教育三个教育层级中相对比例的调整,它展示的是不同教育层级在整个公共教育资源经费配置中的权重。公共教育支出层级结构必须要考虑不同教育发展层级的在校人数规模的大小,通过计算三级教育发展层级的生均支出,对这三级教育发展层级公共教育支出配置状况进行更加科学的比较,因此,生均支出是衡量公共教育支出层级结构最常见的指标,它不仅能够有效衡量三级教育发展层级在校学生的教育成本,同时也能够反映出政府公共教育支出对三级教育发展层级的重视程度。生均支出可以分成生均支出的绝对量指标和生均支出的相对量指标。从图3-5中可以直观地看出,2000~2018年我国公共教育支出在初等教育、中等教育和高等教育这三个不同教育发展层级之间配置的总体演变过程。

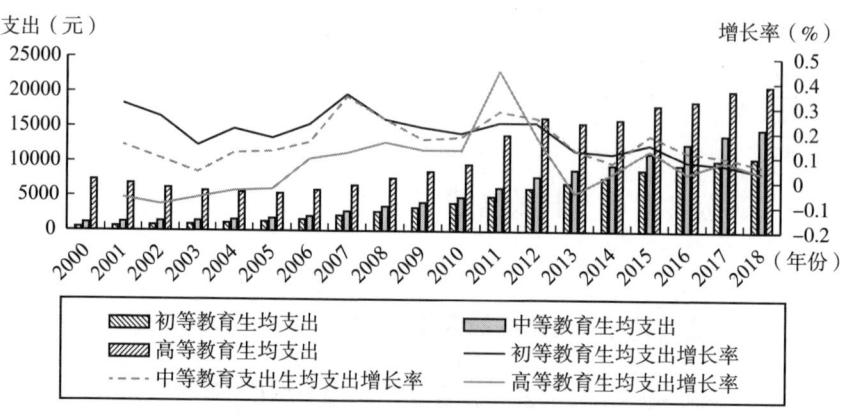

图3-5　2000~2018年我国不同教育层级的公共教育支出配置

注:教育事业费支出作为公共教育支出;初等教育主要指的是普通小学教育;中等教育包括了普通初中教育、普通高中教育和中等职业学校教育等;高等教育主要指的是普通高等学校教育。

资料来源:由历年《中国统计年鉴》《全国教育经费执行情况统计公告》整理得出。

(1) 我国初等教育的生均支出情况。从生均支出的绝对值来看，初等教育生均支出金额逐年保持增长的上升过程，生均支出金额由 2000 年的 491.58 元增加到 2018 年的 10566.29 元，近 20 年的时间增加了约 22 倍。从生均支出的增长率来看，初等教育生均支出总体年均增长率水平为 19%，表明这 20 年初等教育生均支出水平总体上有了大幅度的增长。但从每年的年均增长率水平来看，初等教育生均支出增长率期初（2000~2003 年）一直下降，2004 年开始恢复并逐渐反弹，2007 年达到峰值 35.11% 的水平，随后 10 年时间基本保持下降的势头，2018 年初等教育生均支出年均增长率是 3.60%，为历史最低水平。

（2）我国中等教育的生均支出情况。从生均支出的绝对值来看，中等教育生均支出金额也是保持逐年增长的上升过程，生均支出金额由 2000 年的 1114.75 元增加到 2018 年的 14785.14 元，近 20 年间增加了约 13 倍。从生均支出的增长率来看，中等教育生均支出总体年均增长率水平为 16%，表明这 20 年中等教育生均支出水平总体上有了大幅度的增长。但从每年年均增长率水平上看，中等教育生均支出增长率期初（2000~2003 年）一直下降，2003 年达到历史最低值 3.66% 水平，2004 年开始恢复并逐渐反弹，2007 年达到峰值 34.13% 的水平，随后的 10 年时间基本保持下降的势头，2018 年中等教育生均支出年均增长率为 6.41%。

（3）我国高等教育的生均支出情况。从生均支出的绝对值来看，我国高等教育生均支出金额虽然从总体上是保持一个增长的上升过程，但是在期初的 2000~2005 年出现过连续下降过程。我国高等教育生均支出金额由 2000 年的 7309.58 元增加到 2018 年的 20973.62 元，近 20 年间高等教育生均支出的绝对值增加了约 3 倍。从生均支出的增长率来看，高等教育生均支出总体年均增长率水平为 6.7%，表明这 20 年我国高等教育生均支出水平总体上有了大幅度的增长，但是增长幅度没有初等教育和中等教育大。从每年年均增长率水平上看，我国高等教育生均支出增长率期初（2000~2005 年）一直为负值，2006 年高等教育生均支出年增长率开始转为正值,此后逐年上升并逐渐反弹,到2011年达到峰值44.71%的水平,随后逐渐回落到低位水平,2018年中等教育生均支出年均增长率为3.33%。

从以上对我国初等教育、中等教育和高等教育的发展变化中可以得出两点结论:一是从生均支出增长金额变化趋势上来看,我国初等教育、中等教育和高等教育的生均支出水平总体保持平稳的增长过程,三级教育发展层级的生均支出大小的排序一直为:高等教育＞中等教育＞初等教育。二是从生均支出增长率变化趋势上来看,我国初等教育、中等教育和高等教育的生均支出年均增长率涨跌呈现明显波动。具体来说,初等教育和中等教育的生均支出年均增长率水平总体相差不大,两者的演变轨迹基本相同;我国高等教育生均支出增长率水平除个别年份之外(2011年和2017年)均低于初等教育和中等教育的生均支出年均增长率水平,其演变轨迹在2011年之前基本与初等教育和中等教育生均支出增长率水平的演变轨迹相反,而在2011年之后与初等教育和中等教育生均支出增长率水平的演变轨迹基本相同。从趋势上看,三个教育层级之间的增长率水平逐渐趋向一致。

2. 我国公共教育支出城乡结构的变化

由于我国长期存在典型的城乡二元结构特征,由此形成了城乡分治的教育经费供给机制,这就决定了我国公共教育支出形成了不同的城乡配置结构。我国公共教育支出的城乡分配结构主要体现在义务教育层级的公共教育支出方面。由于统计年鉴仅提供了全国小学和初中生均公共教育经费和乡村小学和初中生均经费状况,而没有直接给出城市的相关数据,因此需要利用乡村小学和初中生均教育经费与全国小学和初中生均教育经费的数据通过公式计算得出城市小学和初中生均教育经费。① 从总体上来看,我国城乡义务教育生均支出水平都有了明

---

① 具体计算步骤为:城市生均教育经费=生均教育经费支出×在校学生数-乡村生均教育经费支出×乡村在校学生数/(在校学生数-乡村在校数),然后直接去除乡村生均教育经费的加权平均数。

显的提高。

(1) 我国乡村义务教育生均支出变动情况。如图3-6 (a) 所示，从公共教育支出绝对额来看，2000~2018年我国乡村义务教育生均支出保持逐年增长的态势。数据显示，乡村小学教育生均支出由2000年的412.97元增加到2018年的10102.94元，增加了将近25倍，初中教育生均支出由最初的533.54元增加到2018年的13912.37元，增加了将近26倍，表明乡村小学教育和中学教育生均支出都有了大幅的增加，增加幅度大致相同。从生均支出年均增长率来看，我国乡村义务教育生均支出增长率水平总体上呈螺旋式下降趋势，2007年出现增长率水平的峰值，乡村小学教育和初中教育生均支出增长率水平分别达到38.44%和41.70%，2018年乡村小学教育和初中教育生均支出增长率水平分别回落至3.42%和3.46%。总体而言，乡村小学教育和初中教育生均支出水平的演变轨迹大致相同。

(2) 我国城市义务教育生均支出变动情况。如图3-6 (b) 所示，从公共教育支出绝对额来看，2000~2018年我国城市义务教育生均支出保持逐年增长的态势。数据显示，城市小学教育生均支出由2000年的570.19元增加到2018年的11029.64元，增加了将近20倍，初中教育生均支出由最初的826.08元增加到2018年的16485.85元，增加了将近20倍，表明城市小学教育和初中教育生均支出也有了大幅的增加，增加幅度大致相同。从公共教育支出年均增长率来看，我国城市义务教育生均支出增长率水平总体上都是呈现螺旋式下降趋势，2007年出现增长率水平的峰值，城市小学教育和初中教育生均支出增长率水平分别达到32.26%和40.93%，而到2018年城市小学教育和初中教育生均支出增长率水平分别回落至3.76%和4.11%。总体而言，城市小学教育和初中教育生均支出水平的演变轨迹大致相同，并且与乡村小学教育和初中教育生均支出水平的演变轨迹也大致相同。城乡小学教育和初等教育生均支出水平的演变轨迹反映出我国公共财政对城乡公共教育支出的水平是在严格的政府规划下进行的，体现了明确的政府意图。

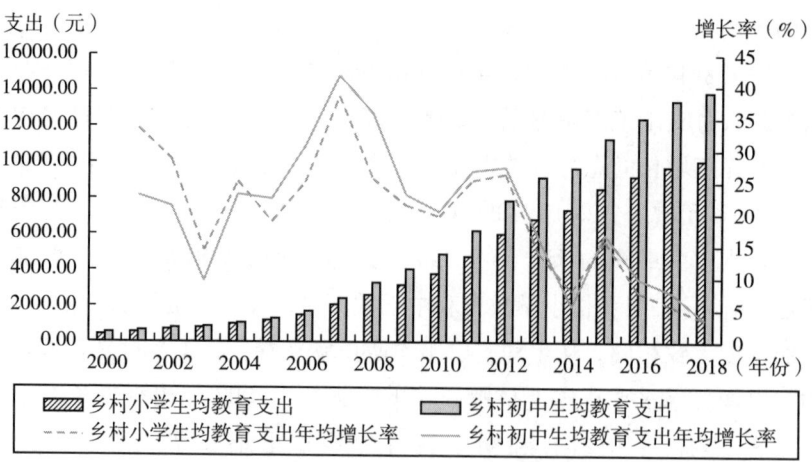

（a）乡村义务教育生均教育支出变动情况

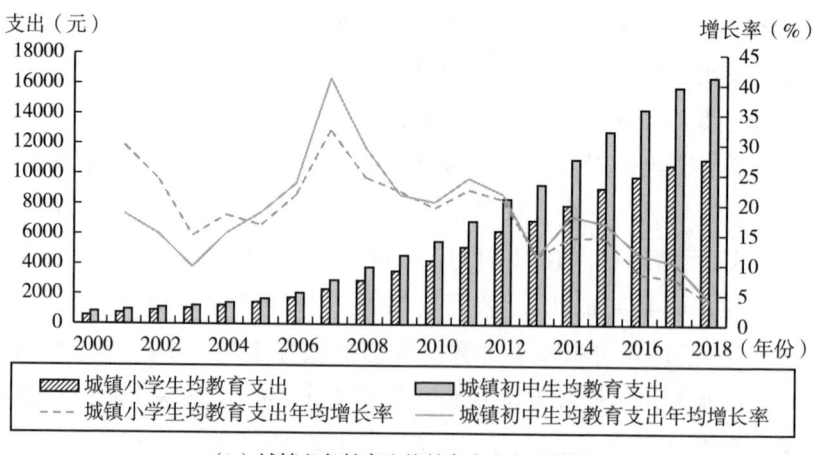

（b）城镇义务教育生均教育支出变动情况

图 3-6　2000~2018 年我国城乡义务教育生均支出变动情况

资料来源：由《全国教育经费执行情况统计公告》计算得出。

（二）公共教育支出结构存在的问题

从上面的分析可以看出，我国公共教育支出结构内在构成的发展并不是同步和均衡的，不管是公共教育支出层级结构还是从公共教育支出城乡结构都呈现明显的偏向性特征，而且公共教育支出结构在现有利益格局支配下的演变轨迹具有一定的路径依赖,虽然期间有所调整,但是从长期趋势来看公共教育支出结构缺乏突变性的调整。

1. 公共教育支出层级结构失衡

高等教育支出优先,初等教育支出和中等教育支出发展相对滞后。

(1) 从生均支出绝对指标来看。虽然三个公共教育发展层级之间的差距在逐渐下降,如表3-5所示。但是我国公共教育支出偏向高等教育,初等教育和中等教育支出增长相对滞后等教育资源配置不合理现象并没有得到改变。

表3-5　　2000~2018年我国初等教育、中等教育和高等教育等
支出之间的比值变化趋势

层级	2000年	2002年	2004年	2006年	2008年	2010年	2012年	2014年	2016年	2018年
初等教育	1	1	1	1	1	1	1	1	1	1
中等教育	2.27	1.72	1.43	1.29	1.28	1.21	1.28	1.24	1.32	1.40
高等教育	14.87	7.60	4.92	3.59	2.75	2.39	2.67	2.40	2.32	2.31

资料来源:由《全国教育经费执行情况统计公告》计算得出。

随着我国公共教育支出规模的不断增加,我国初等教育、中等教育和高教育的生均支出逐年增加,生均支出水平有了明显的提高,但是我国公共教育支出在初等教育、中等教育和高等教育等教育层级阶段的总量配置与世界教育发展大国之间存在较大的差距,如表3-6所示。从增长趋势上来看,我国初等教育、中等教育和高等教育的生均支出与OECD国家的相应教育层级生均支出水平的差距不断缩小,尤其是在初等教育和中等教育的生均支出上表现尤其明显,比值分别由2005年的20.9倍和22.09倍下降到2015年的5.07倍和4.16倍,说明我国初等教育和中等教育的发展取得了很大的进步。我国高等教育生均支出与OECD国家生均支出差距变化较为温和,比值由2005年的5.37倍下降到2015年的3.26倍,呈现差距不断缩小的发展态势。但不能无视的现实是,这种趋势变化也显示出我国三级教育层级生均支出与OECD国家

相应教育层级生均支出水平差距仍然较大。根据世界银行《世界发展报告》的数据显示,世界各类型国家和地区三个教育层级的人均支出之比的共同特征是逐级提高,但极差则与经济发达程度呈反向关系,高收入国家初等教育支出与高等教育支出之比1:2.9,低收入国家则高达1:12.2,而我国初等教育支出与高等教育支出之比长期都高于世界平均水平。[①] 这说明我国公共教育支出层级结构长期偏向高等教育领域,反映了公共教育支出层级结构配置的失衡。

表3-6　　2005~2015年我国各教育层级生均支出增长趋势与OECD国家比较　　单位:美元

		2005年	2008年	2009年	2010年	2011年	2012年	2013年	2014年	2015年
初等教育	中国	220.21	470.79	719.8	924.59	924.59	1182.13	1350.41	1536.34	1680.37
	OECD	4602.09	6384.34	6207.81	6221.55	6221.55	8152.27	8296.93	8434.49	8512.06
	比值	20.90	13.56	8.62	6.73	6.73	6.90	6.14	5.49	5.07
中等教育	中国	350.21	701.73	1029.49	1323.05	1323.05	1715.11	1938.24	2127.38	2359.05
	OECD	7736.00	8852.00	9312.00	9014.00	9280.00	9309.76	9410.00	9882.36	9812.00
	比值	22.09	12.61	9.05	6.81	7.01	5.43	4.85	4.65	4.16
高等教育	中国	1814.67	2853.76	3606.77	3739.15	3739.15	4261.95	5137.58	4363.29	4730.44
	OECD	9749.48	12258.11	12882.43	13417.65	13417.65	13752.93	14019.23	15179.57	15421.75
	比值	5.37	4.30	3.57	3.59	3.59	3.23	2.73	3.48	3.26

注:"比值"表示同一教育层级下同年份OECD平均比上我国生均支出。
资料来源:余杰,胡臣瑶等.教育经费投入强度、结构、体制的宏观分析[J].会计之友,2020(1):103-111.

(2)从生均支出相对指标来看。生均支出指数是测度生均支出的相对指标,它反映的是三级教育层级生均支出与人均GDP的比值。由于该指标排除了经济发展程度对生均支出的影响,因此生均支出可以进行国际比较,从而成为判断生均支出的合理性水平的重要标准。

从生均支出指数的发展趋势来看,如表3-7所示,我国初等教育和中等教育生均支出指数有了明显的提高,由1998年的6.1%和8.1%

---

① 陈共.财政学[M].北京:中国人民大学出版社,2017:90.

分别提高到 2018 年的 16.3% 和 22.8%，而高等教育生均支出指数由 1998 年的 142.8% 下降到 2018 年的 36.4%，这说明我国三级教育层级的公共教育支出结构有了一定程度的优化，但是从数据中可以看出，我国高等教育生均支出指数显著高于初等教育和中等教育的基本态势仍然没有改变。从教育发展大国的生均支出指数来看，大多数国家的初等教育、中等教育和高等教育的生均支出指数大致处于 15%～20% 之间，[1] 三级教育发展层级的公共教育支出相对比较均衡。这也说明在当前经济发展水平下，我国公共财政对高等教育的支出远高于对初等和中等教育的支出。这种倒挂的公共教育支出格局难以满足我国日益增长的教育发展需求，也破坏了公共教育发展的公平性，制约了我国教育在社会经济生活中所应发挥的作用。

表 3-7　　我国各教育层级生均支出指数的发展趋势　　单位：%

年份	初等教育	中等教育	高等教育
1998	6.1	8.1	142.8
2008	15.2	15.2	40.6
2018	16.3	22.8	36.4

2. 公共教育支出城乡结构失衡

城乡公共教育支出差距长期存在。城乡义务教育生均支出之比是用来衡量政府财政对城乡公共教育支出差异的重要指标。[2] 当城乡义务教育生均支出的比值等于 1 时，表明政府在城乡公共教育支出上实现了均等化，而大于 1 则表明政府财政在公共教育支出上偏向城市，反之，如果在 0 与 1 之间，则表明政府财政在公共教育支出上偏向乡村。[3]

---

[1] 李德显，师婕. 三级教育公共支出分配结构的合理性分析 [J]. 辽宁师范大学学报，2014（1）：72-76.

[2] 吕炜，杨沫等. 城乡收入差距、城乡教育不平等与政府教育投入 [J]. 经济社会体制比较，2015（3）：21-25.

[3] 郭磊磊. 人力资本投资二元性对城乡收入差距的影响 [J]. 技术经济与管理研究，2017（1）：96-100.

从城乡小学教育生均支出差距来看，由表 3-8 可知，我国城乡小学教育生均教育支出在很长一段时间内保持较大的差距，峰值发生在 2001 年，城乡小学教育生均教育支出差距达到 1.7。自 2007 年以后城乡小学教育生均教育支出差距出现了持续性下降，但是 2014 年以后城乡小学教育生均教育支出差距出现了小幅扩大，2018 年城乡小学教育生均教育支出差距为 1.25。从城乡初中教育生均支出差距来看，与城乡小学教育生均支出差距演变轨迹类似，我国城乡初中教育生均支出在很长一段时间内保持较大的差距，峰值发生在 2000 年，城乡初中教育生均支出差距达到 1.83。2007 年城乡初中教育生均支出差距呈现总体下降的趋势，但是自 2015 年以后城乡初中教育生均支出差距出现一定的反弹，2018 年城乡初中教育生均支出差距为 1.25。由此可以看出，我国公共教育支出在城乡之间的配置总体上呈现城市偏向的格局，虽然在此期间政府公共财政在努力缩小城乡公共教育支出的差距，但是这种城市偏向的公共教育支出分配格局并没有得到彻底的改变。

表 3-8　1994~2018 年我国义务教育生均支出城乡比的变化趋势

小学生均教育经费城乡比				初中生均教育经费城乡比			
年份	比率	年份	比率	年份	比率	年份	比率
1994	1.62	2007	1.38	1994	1.52	2007	1.45
1995	1.62	2008	1.32	1995	1.48	2008	1.43
1996	1.59	2009	1.22	1996	1.47	2009	1.33
1997	1.58	2010	1.20	1997	1.52	2010	1.27
1998	1.63	2011	1.15	1998	1.66	2011	1.26
1999	1.67	2012	1.16	1999	1.74	2012	1.25
2000	1.65	2013	1.14	2000	1.83	2013	1.25
2001	1.70	2014	1.17	2001	1.69	2014	1.22
2002	1.64	2015	1.26	2002	1.68	2015	1.23
2003	1.66	2016	1.27	2003	1.79	2016	1.25
2004	1.52	2017	1.25	2004	1.72	2017	1.24
2005	1.44	2018	1.25	2005	1.58	2018	1.25
2006	1.40			2006	1.46		

资料来源：由《全国教育经费执行情况统计公告》计算得出。

三、公共教育支出总量与结构的关系

公共教育支出总量和公共教育支出结构是公共教育支出政策实施的两个重要工具。公共教育支出的总量供给和结构配置都是要服务于特定的政策目标。公共教育支出总量和公共教育支出结构之间相互独立而又相互关联。

1. **公共教育支出结构决定着公共教育支出对居民收入分配差距的影响**

公共教育支出对居民收入分配差距的影响是通过公共教育支出结构的内在配置的调整和变化对居民收入分配差距的影响体现出来的。而且，公共教育支出对居民收入分配差距的影响总是在特定的公共教育支出结构下实现的，因此分析公共教育支出对居民收入分配差距的影响问题总是要以某一时期特定的公共教育支出结构为前提。具体来说，公共教育支出结构在公共教育支出对居民收入分配差距的影响过程中会发挥门限效应，即在不同的公共教育支出结构下，公共教育支出对居民收入分配差距的影响性质和程度大小都有可能存在不同，这也就意味着由于公共教育支出结构的差异，使得公共教育支出与居民收入分配差距之间并非是简单的线性相关关系，而是复杂的多幂次非线性相关关系。这一问题会在下一章重点论述。

2. **公共教育支出结构受制于公共教育支出总量的约束**

公共教育支出结构的配置其实就是对既有的公共教育支出总量进行有目的的组合，因此公共教育支出总量是形成公共教育支出结构的前提条件。同时，公共教育支出总量的充足性程度也会决定公共教育支出结构的具体形态。在公共教育支出总量充足性的情况下，公共教育支出内部的各个组成要素的数量配置都能根据自己的发展需要得以满足，公共教育支出结构往往不会存在严重的问题。而在公共教育支出总量不足的情况下，公共教育支出内部的各个组成要素的数量配置既要考虑自己的发展需要，更要配合整个支出政策目标的需要，由此公共教育支出内部

85

的各个组成要素的数量配置必须要根据价值判断进行先后排序，形成一定比例配置的公共教育支出结构。如果公共教育支出的数量配置从长期来看明显向某一组成要素倾斜，这就说明公共教育支出结构出现了偏向，尤其是公共教育支出支持经济优先发展战略时，公共教育支出结构必然会出现失衡。因此可以说，公共教育支出总量的不足是公共教育支出结构出现偏向甚至是失衡的重要原因。

第二节　我国居民收入分配差距的变化

我国居民收入绝对水平正在不断提高，同时居民收入分配差距也在不断扩大，这是对改革开放以来我国居民收入分配问题的基本判断。

一、居民收入分配差距的现状

自改革开放以来，我国持续渐进式的经济转型和社会变革使我国经济和社会取得了巨大的发展成就。其中一个重要表现是，40多年间我国居民收入有了明显的增加，生活水平也随之有了显著的提高。根据《中国统计年鉴》从居民总体收入水平来看，1978年我国人均GDP只有385元，而到2019年人均GDP已经达到7.1万元，由一个贫穷落后的国家逐渐跻身至中等偏上收入国家行列。从居民可支配收入水平来看，全国居民人均可支配收入由1978年的171元增加到2018年的30733元，年均增长率在8.4%左右。其中，城市居民人均可支配收入由1978年的343.4元，增加到2018年的39251元，年均增长7.2%左右；农村居民人均可支配收入由1978年的134元，增加到2018年的14617元，年均增长7.7%左右。我国居民收入增长水平与经济增长水平逐渐实现了同步。我国GDP增长率与城乡居民收入增长率的变化趋势如图3-7所示。

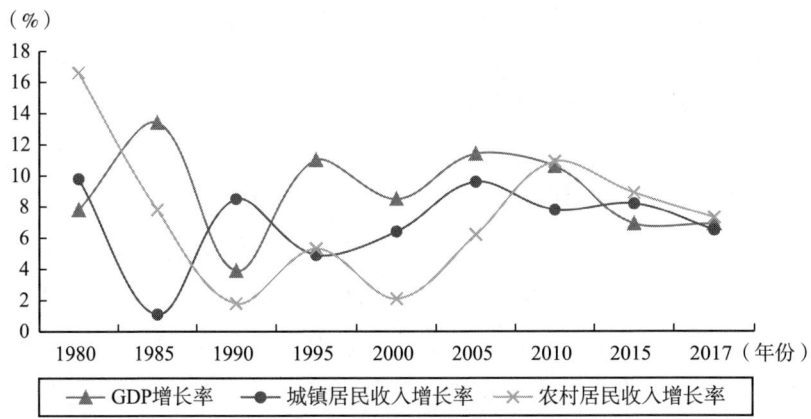

图3-7　1980~2017年我国GDP增长率及城乡居民收入增长率变化趋势

资料来源：历年《中国统计年鉴》。

与此同时，改革开放打破了长期推行的计划经济体制和平均主义的分配方式，大大激发了劳动者工作的积极性、主动性和创造性，有利于促进市场公平竞争，在促进收入增长的同时，也必然会拉开收入分配差距。从反映收入分配差距程度的基尼系数的变化趋势来看，我国居民收入分配差距总体上呈现不断扩大的趋势。可以根据联合国制定的基尼系数0.4的警戒线标准，把我国1978~2017年的收入分配差距的演变过程分成两个阶段：

第一阶段（1978~1994年）：收入分配差距扩大的相对合理阶段。自改革开放以来一直到1993年，我国居民收入分配差距基尼系数虽有波动，但一直在0.4国际警戒线水平以下，这表明居民收入分配差距处于一个可以接受的区间。这一阶段，我国经济变革不仅促进了经济增长，同时也提高了居民收入水平，尤其是乡村居民的收入水平有了最为显著的提高，与此同时，并没有造成全国居民收入分配差距的明显扩大，基尼系数一直维持在0.25~0.38区间的相对低位水平。从这个意义上来说，这一阶段我国的经济变革是相对成功的，是一种典型的帕累托改进过程。

第二阶段（1995~2017年）：收入分配差距扩大的不合理阶段。如

图3-8所示，1994年我国居民收入分配差距基尼系数达到了0.436，首次超过0.4的国际警戒线水平，自此以后我国居民收入分配差距基尼系数一直维持在0.4国际警戒线以上的水平，这表明收入分配差距呈现两极分化的趋势，收入分配差距的不合理扩大越来越成为影响社会稳定以及经济高质量发展的重要因素。1994~2001年期间，我国居民收入分配差距基尼系数波动较大，2001年收入分配差距基尼系数达到了峰值0.49，表明收入分配差距已经处于悬殊状态。2002年收入分配差距基尼系数开始有所回落，但是在2002~2018年间，我国居民收入分配差距基尼系数一直在0.45~0.49区间的高位徘徊。这一时期经济改革已经进入不断深化的阶段，市场化改革的导向日益明确，政府发展战略和政策快速变化，[①] 尤其是分税制改革等重大财政领域的制度调整深深地影响到我国居民收入的分配格局。但收入分配制度的调整明显滞后于其他经济制度的变革，使得收入分配不合理问题日益突出，造成我国居民收入分配面临着越来越严峻的结构性矛盾。

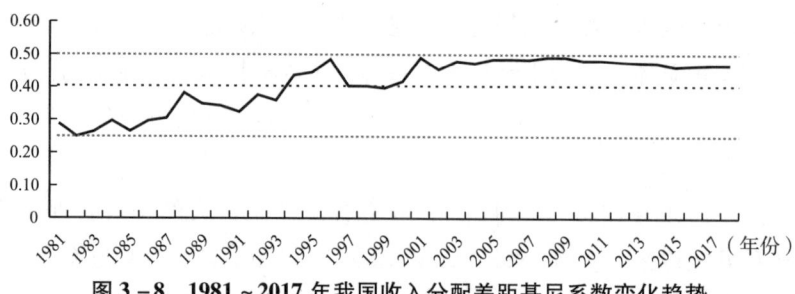

图3-8　1981~2017年我国收入分配差距基尼系数变化趋势

资料来源：根据1981~2018年《中国住户调查年鉴》整理得出。

总之，我们要在收入分配问题上避免两个极端：一是避免收入分配的平均主义。平均主义只能导致共同贫穷，损害经济效率和社会公平，因此，合理拉开收入分配差距，促进社会公平竞争，有利于实现经济增

---

① 李实，朱梦冰. 中国经济转型40年中居民收入分配差距的变动 [J]. 管理世界，2018 (12)：19-23.

长和共同富裕。二是避免收入分配差距的两极分化。如果任由居民收入分配差距无节制的扩大,最终会导致收入分配差距过分悬殊,造成社会收入分配两极分化,这是与我国社会主义基本原则相背而行的。但是从趋势上来看,我国改革开放以来40多年的居民收入分配已从绝对的平均主义不断朝着两极分化的方向发展,这是必须高度关注的问题。由于市场在居民收入分配中注重的是经济效率,而在调节收入分配差距时往往是失灵的,因此需要政府实施收入分配政策对收入分配差距进行有效调节,把居民收入分配差距控制在一个合理的区间内,在不损害市场经济效率的同时更加关注社会公平的实现。

二、居民收入分配差距的趋势

基于对我国居民收入分配差距变动过程的判断,学术界对我国居民收入分配差距变动趋势的认识和理解存在着分歧,对当前以缩小居民收入分配差距为指向的收入分配政策产生了不同的评价,因此对居民收入分配差距趋势进行科学预测是十分必要的。

(一) 对居民收入分配差距变动过程的判断

学者对居民收入分配差距趋势的评价总体上存在着两类不同的观点:一类观点是我国居民收入分配差距的变动过程基本符合库兹涅茨倒"U"型曲线假说。改革开放以来,我国居民收入分配差距基尼系数总体在不断上升,到了2008年达到历史最高值0.491,2008年至2018年基尼系数有所回落,居民收入分配差距的矛盾有所缓和,因此总体上呈现先上升后下降的变动轨迹。基于此,他们认为我国政府收入分配政策在调节收入分配差距过程中基本上是有效的,进而推断我国居民收入分配差距最终将会收敛于特定合理的区间。另一类观点认为,自2008年以来虽然基尼系数在下降,但是总体都是在高位运行,而且基尼系数波动幅度很小,显示出较强的黏性,这反映出我国现有的政府收入分配政策的边际效应在递减,难以对收入分配差距进行持续有效的调节,因此他们认为如果不对既有的政府收入分配政策做重大调整，居民收入分配差距极有可能长期滞留在高位状态，甚至出现两极分化。由此可以看出，居民收入分配差距趋势的判断会对未来政府收入分配政策产生重要影响。本书将采用计量模型对居民收入分配差距未来趋势进行实证测算，旨在能够对我国居民收入分配差距未来走势做出一个合理的判断。

（二）对居民收入分配差距发展趋势的预测

居民收入分配差距基尼系数变动过程所生成的数据是典型的时间序列数据。通过构建相应的时间序列 ARIMA 模型能够对居民收入分配差距基尼系数变动趋势做出合理的推测。具体的实证步骤如下：

1. 平稳性检验

由于非平稳时间序列直接构建经济模型会导致伪回归问题，而时间序列数据建模分析方法是建立在平稳时间序列的基础之上，因此平稳性检验是时间序列建模的第一步。从上面所述我国居民收入分配差距基尼系数图的观察中能够初步判定该基尼系数时间序列是一个非平稳时间序列。但是，我们还需要基尼系数时间序列平稳性的统计性检验。利用 EViews8.0 软件得出基尼系数序列 G 的平稳性结论，如表 3-9 所示。

表 3-9　　　　　序列 G 及差分序列 G 的 ADF 检验

变量	ADF 统计量	5% 临界值	P 值	结论
G	-2.1837	-3.5484	0.4837	非平稳
ΔG	-3.3308	1.5578	0.0007	平稳

由表 3-9 显示的结果可知，ADF 检验 P 值 0.4837 大于 0.05 的显著性水平，不能拒绝原假设，存在单位根趋势，表明基尼系数 G 序列是非平稳时间序列。需要继续对基尼系数 G 的一阶差分序列 ΔG 的平稳性进行检验，得到 ΔG 序列的 ADF 检验 P 值 0.0007 小于 0.05 的显著性水平，因此可以拒绝原假设，表明 ΔG 序列不存在单位根趋势，又根据

AIC、SC、HQ 信息最小化准则判断，可知 ΔG 序列是含截距项和时间趋势项的平稳时间序列，G 序列则为一阶单整序列，即 I(1)。

2. 模型识别

对 ΔG 序列进行相关性分析，用自相关函数（ACF）、偏相关函数（PACF）的图形的分布特征选择模式类型。由图 3-9 可知，样本 ACF 图和样本 PACF 图都不会在任何特定的时间间隔出现截尾的情况，根据模型识别原则可判断，该序列适合 ARMA 模型分析，在 ARMA 过程中包含自回归滞后项和移动平均滞后项。由于 ΔG 序列是 G 序列一阶差分转换的结果，因此 G 序列对应于适合 ARIMA 过程，可以构建 ARIMA（p，1，q）模型。

Autocorrelation	Partial Correlation		AC	PAC	Q-Stat	Prob
		1	-0.333	-0.333	4.4332	0.035
		2	0.220	0.123	6.4318	0.040
		3	-0.417	-0.356	13.803	0.003
		4	0.098	-0.167	14.226	0.007
		5	-0.106	-0.046	14.732	0.012
		6	0.071	-0.139	14.966	0.021
		7	0.125	0.121	15.715	0.028
		8	0.166	0.276	17.092	0.029
		9	-0.069	0.010	17.339	0.044
		10	-0.124	-0.081	18.164	0.052
		11	-0.054	0.071	18.326	0.074
		12	-0.032	-0.056	18.386	0.104
		13	0.133	0.065	19.451	0.110
		14	-0.152	-0.175	20.895	0.104
		15	0.155	-0.094	22.479	0.096
		16	-0.116	-0.034	23.397	0.104

图 3-9　ΔG 序列的自相关图判定结果

3. 滞后项判定

根据最大滞后阶数的 t 检验和 AIC、SC、HQ 信息最小化准则综合判断最优滞后阶数。分别对 G 序列的 ARIMA（1，1，1），ARMA（1，1，2），ARMA（2，1，1），ARMA（2，1，2）模型进行回归，根据综合每个模型最大滞后变量对应的系数的显著性以及最小的 AIC，SC，

HQ 信息准则值，判断选自回归滞后项阶数 p 为 1，移动平均滞后项阶数 q 为 1，因此 ARIMA 模型最终确定为 ARIMA（1，1，1）模型，判定结果如表 3-10 所示。

表 3-10　　　　　　　模型的滞后阶数判定结果

滞后阶数判定	AIC	SC	HQ
ARIMA（1，1，1）	-4.156	-4.024	-4.11
ARIMA（1，1，2）	-4.06	-3.88	-3.99
ARIMA（2，1，1）	-4.119	-3.94	-4.058
ARIMA（2，1，2）	-4.113	-3.89	-4.036

4. 模型参数估计及诊断

首先对残差序列相关检验。根据 AIC、SC、HQ 信息最小化准则，残差序列相关 LM 检验选取滞后 3 阶进行残差相关检验，LM 检验统计量 Obs×R-squared 对应的 P 值是 0.057，在 5% 的显著性水平下，不拒绝原假设，检验结果表明残差无序列相关。表明变量无遗落变量，即滞后项阶数的选取是合理的。然后对异方差检验（ARCH 检验）。根据残差平方滞后项系数的显著性以及 AIC、SC、HQ 等信息综合判断 ARCH 检验的最佳滞后项为 1 阶，如表 3-11 所示。ARCH（1）检验中 Obs× R-squared 统计量对应的 P 值是 0.9861，在 5% 的显著性水平下，不拒绝原假设，检验结果无 ARCH 效应，即无 ARCH 形式的方差。最后对参数进行显著性检验。在 5% 的显著性水平下模型待估参数的 t 检验统计量的 P 值均小于 0.05，因此所有待估参数均是显著的。

表 3-11　　　　　残差序列相关检验及 ARCH 检验结果

残差序列相关检验	AIC	SC	HQ
滞后 3 阶	-4.23	-3.96	-4.13
滞后 2 阶	-4.1	-3.88	-4.02
滞后 1 阶	-4.15	-3.97	-4.08

第三章　我国公共教育支出和居民收入分配差距

续表

ARCH 检验	AIC	SC	HQ
滞后 3 阶	-4.23	-3.96	-4.13
滞后 2 阶	-4.1	-3.88	-4.02
滞后 1 阶	-4.15	-3.97	-4.08

综上可得，ARIMA（1，1，1）模型的表达式为：

$$\Delta G = 0.005010 \times (1 + 0.910617) - 0.910617 \Delta G_{t-1} + \hat{u}_t + 0.976788 \hat{u}_{t-1}$$
$$t(0.996222)\ (-17.25285)\ (16.47291)$$
$$R^2 = 0.896261 \quad AdjR^2 = 0.847 \quad D.W. = 2.35$$

5. 基尼系数预测值求解

由于预测区间的长短与预测的精度是反比关系，因此我们在这里仅预测未来 10 年左右的居民收入分配差距基尼系数值。利用 EViews8.0 软件，结合建立的 ARIMA（1，1，1）模型对我国 2021~2030 年的居民收入分配差距基尼系数进行预测。结论如表 3-12 所示，通过模型预测可知我国居民收入分配差距基尼系数变化趋势总体上仍然在高位继续保持一个相对稳定的状态。

表 3-12　2021~2030 年我国居民收入分配差距基尼系数变化趋势

年份	基尼系数预测值	年份	基尼系数预测值
2021	0.472	2026	0.478
2022	0.478	2027	0.479
2023	0.482	2028	0.478
2024	0.479	2029	0.479
2025	0.481	2030	0.476

（三）总结

从改革开放以来我国居民收入分配差距的发展历程及趋势上来看，

居民收入分配差距实际上并未呈现库兹涅茨倒"U"型曲线的发展走势，而表现出的是居民收入分配差距不断扩大，到一定程度以后，总体处于高位区间徘徊，在调整上处于一种黏性状态。

针对这种情况，有必要对政府居民收入分配政策的有效性进行动态评估和及时调整，这是打破当前居民收入分配差距调节困境的第一步。

第三节　我国公共教育支出对居民收入分配的影响

公共教育支出政策是政府履行政府收入分配职能和发挥收入分配作用的重要工具，但是作为政府最重要的支出政策之一，公共教育支出政策目标具有多元性，这就有可能导致政策目标和政策手段出现错配，使公共教育支出的某一政策目标难以实现甚至是适得其反。

一、公共教育支出政策的收入目标

实现收入（效率）和分配（公平）的统一是人类的一个古老挑战。政府总是试图通过一系列的公共政策努力在收入水平和收入分配之间寻找到一个平衡。公共教育支出政策成为各国重要的政策工具选项。在经典人力资本理论看来，由于教育对居民收入产生深刻的影响，教育被承载了更多的经济和社会调节功能，公共教育支出政策带有了明显的收入导向的烙印。

（一）教育功能与收入目标

教育之所以能够对居民收入产生影响主要在于教育具有生产性功能和配置性功能。一种情况是教育的生产性功能能够使教育对居民绝对收入水平产生重要的影响。具体来说，教育的发展能够提升更多劳动者的受教育程度，而劳动者的受教育程度越高，就会带来劳动生产能力的提高，因此受教育程度越高的劳动者就越容易获得较高的教育回报，从而促进劳动收入水平的增长。另一种情况是教育的配置性功能能够使教育资源在不同劳动者之间分布不同，从而对居民相对收入产生重要的影响。从个体劳动者来看，教育是能够带来居民绝对收入水平的增加，但是从不同个体的劳动者之间的比较来看，由于劳动者之间的教育程度存在差异，获得教育回报也就必然存在着不同，这就会带来劳动者之间相对收入水平的差距。

总体来说，教育的生产性功能是对异质型人力资本的刻画，它使受教育程度较高的劳动力易于获取较高的教育收益；而教育的配置性功能则有利于缓解收入分布不均、促进社会各阶层的流动。[1] 因此从这个角度来说，公共教育支出具有促进收入增长和调节收入分配的双重作用，那么，促进收入增长和调节收入分配也理应成为政府公共教育支出的两个重要政策目标。但是，在不同的经济社会发展阶段，公共教育支出政策在两个收入目标之间具有不同的取舍和偏向。公共教育支出政策是更加关注收入增长目标还是收入分配目标，这要看当时经济社会发展阶段所面临的主要问题和任务。

（二）公共教育支出政策收入目标的矛盾与统一

作为公共教育支出的两个重要的收入目标，收入增长和收入分配是两个具有不同属性的问题。收入增长属于经济增长范畴的问题，它体现的是如何实现把蛋糕做大的过程；而收入分配属于社会发展范畴的问题，它体现的是如何实现把蛋糕切好的过程。收入增长和收入分配是一对具有对立统一关系的矛盾体。收入增长是收入分配的基础，没有收入的增长，讨论收入的分配就失去了现实意义，收入分配差距问题就成为了一个伪命题；反过来，收入分配的合理性与否也会直接影响到收入的增长，合理拉开收入分配差距是收入得以可持续性增长的重要动力来

---

[1] 方超，黄斌. 教育人力资本投资能够缩小乡村居民的工资性收入分配差距吗 [J]. 教育与经济，2017（4）：33-36.

源，而收入分配平均主义和两极化趋势都会最终伤害到收入增长质量及未来的增长潜力。由此我们会发现，收入分配存在平均主义和两极化趋势的两种不良倾向，所以公共教育支出的收入增长目标和收入分配目标就会发生冲突甚至是对立。一般来讲，政府政策目标主要就是促进社会整体性福利的增加，而公共教育支出政策两大收入目标如果发生了冲突就意味着社会整体性福利遭受损失，最终影响到经济和社会的均衡发展。社会整体性福利的改善并不一定意味着只是追求收入水平的一味快速增长，而是要兼顾收入分配目标的收入可持续性增长。即使收入保持高速增长，但收入分配差距存在过分拉大甚至是两极分化问题也必然会吞噬社会整体性福利，人们的生活幸福感不升反降。由此可以看出，公共教育支出的收入增长和收入分配两大目标统一于社会整体性福利的改善之上，收入增长和收入分配均属于达到增进社会整体性福利目标的基本途径和手段。[①]

要解决两大目标之间的冲突，实现两大目标之间的协同，促进社会整体性福利的改善，关键在于如何有效发挥公共教育支出对平抑居民收入分配差距的正向调节效应，把居民收入分配差距控制在一个合理的区间。可以说，把收入分配差距控制在合理区间是公共教育支出政策的收入目标能否实现的根本遵循。

（三）公共教育支出政策两大收入目标的实现

分别以人均 GDP 作为衡量收入增长的指标，以收入基尼系数作为衡量收入分配合理性的指标，可以分析两大目标的发展走势。从两者所反映的数据中我们会发现，我国收入水平和收入分配差距总体上呈现一个增长过程。但是，在两大目标的增长过程中，有时目标是一致的，有时目标是冲突的。我们可以根据收入增长和收入分配两大目标之间存在的关系，将公共教育支出对居民收入的影响划分成两个阶段，如图 3-10 所示。

---

① 闵维方，马莉萍. 教育经济学 [M]. 北京：北京大学出版社，2020：366.

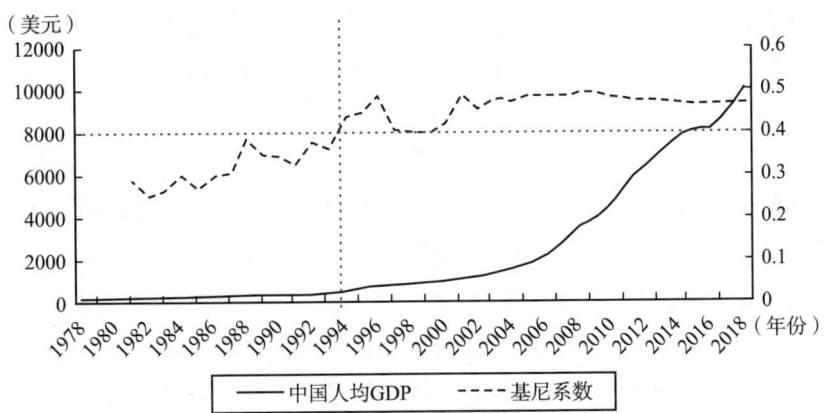

图3-10 1978~2018年改革开放以来收入增长和收入分配的总体情况及趋势

资料来源：根据1978~2018年《中国住户调查年鉴》《中国统计年鉴》计算而得。

1. 第一阶段：1978~1994年。这一阶段的总体特征是收入增长和收入分配差距两大收入目标是一致的，一方面居民收入水平呈现稳定的可持续增长，另一方面虽然收入分配差距拉开，但是收入分配差距基尼系数都在0.4的水平以下，这就意味着收入分配差距运行在一个合理的区间内。由于改革开放以前我国长期采取的计划经济体制和平均主义的分配方式导致生产效率低下，在此背景下我国启动经济改革的主要任务是解决总量的问题，政府公共政策关注的是收入增长，是如何把蛋糕做大。此时公共教育支出对收入的影响主要体现在收入增长效应上，即通过发挥教育的生产性功能促进全体社会成员收入的增加。与此同时，收入的增长需要拉开收入分配差距，而且收入的增长也必然会拉开居民收入分配差距，这一阶段的收入分配差距是不可避免的，是经济规律，①实现收入可持续增长需要合理的收入分配与之相配合，它有利于全社会劳动者收入实现快速增长。只要居民收入分配差距控制在合理区间，居民收入分配差距的存在对于整个社会公共福利来讲是一个积极的因素，

---

① 陈宗胜. 中国城市居民收入分配差别现状、趋势及影响因素 [J]. 经济研究, 1997 (3): 87-92.

公共教育支出增加对收入分配差距扩大的影响效果也是积极的。此阶段收入分配差距的扩大一方面是市场资源配置自发调节的结果,另一方面也是政府政策主动调节、有意而为之的结果。

在此阶段,公共教育支出的问题主要在于总量不足,因此不断扩大公共教育支出的总量规模应该是这一阶段政府公共教育支出政策最重要的政策趋向。同时,在公共教育支出总量约束的情况下,为配合收入增长的目标,公共教育支出结构采用了明显的偏向性支出策略,比如公共教育支出层级结构偏向于高等教育,而在公共教育支出城乡结构中偏向于城市地区。政府扩大公共教育支出的总量,不仅会带来居民收入的增加,而且由于此阶段教育的结构效应占主导地位,也会带来居民收入分配差距的合理拉开。因此从这个角度来说,此阶段政府扩大公共教育支出是一个持续的帕累托改进的过程。

2. 第二阶段:1994年至今。这一阶段的总体特征是收入增长和收入分配差距两大收入目标发生了偏离,一方面居民收入水平呈现出加速增长,另一方面收入分配差距进一步拉开,期间虽进行着持续的动态调整,但是收入分配差距基尼系数却一直在0.4以上的水平运行,2008年前后的收入分配差距基尼系数一度逼近0.5,这就意味着收入分配差距已经严重脱离合理的区间,已存在着收入分配差距悬殊风险甚至是两极分化的不良趋势,收入分配不合理问题日益突出。由此可以看出,这一阶段的居民收入的高速增长是以收入分配差距不断恶化为代价的,如果任由收入分配差距继续扩大,最终会导致居民收入分配两极分化,收入的增加只会造成越来越多的财富被不公平地输送到少数人手中,从而严重损害社会整体性福利,收入增长也会逐渐丢失稳定的社会基础。因此,此阶段政府政策目标应该开始由收入增长转向收入分配,公共教育支出对收入的影响主要体现在收入分配效应上。鉴于此,公共教育支出政策应该在重视公共教育支出总量可持续增长的同时,凸显公共教育资源配置的均衡性和公平性。

但是,通过对公共教育支出与居民收入分配差距发展趋势的初步判断,此阶段公共教育支出的增加有可能并未起到平抑居民收入分配差距的作用。这一阶段的主要问题很可能出现在，当收入分配差距扩大到不合理区间以后，出现了收入增长目标和收入分配目标的偏离，公共教育支出所要关注的收入目标没有及时调整到收入分配上去，而是一如既往保持着关注收入增长忽视收入合理分配的行为惯性，导致了收入分配差距继续扩大以至于不断恶化，一个明显的表现就是收入分配差距基尼系数始终徘徊在高位区间却很难自发回落至合理区间，从而陷入了政策调节的困境。收入分配差距的悬殊问题主要出在盲目追求收入高速增长而无视了收入合理分配，从而导致收入分配失序，并由此造成了收入分配的不公平。

（四）进一步分析

从上述可知，公共教育支出政策两大收入目标存在矛盾和统一的关系。实现和协调好公共教育支出政策不同的收入目标，需要运用不同的政策工具组合，如表 3-13 所示。第一阶段，公共教育支出政策有效地实现了收入增长和收入分配两个目标，通过提高社会劳动者受教育水平，提升了劳动者收入获取能力，促进劳动者收入水平的整体性提高；通过合理拉开收入分配差距，促进了收入分配公平，从而有效兼顾经济效率和社会公平，实现了社会整体性福利的不断改善，因此这是一个帕累托改进过程。第二阶段，随着居民收入分配差距的扩大，居民收入分配差距已经超出了合理的区间，这就意味着公共教育支出的两大收入目标开始发生矛盾和对立，一方面收入增长速度不断加快，另一方面收入分配差距不断扩大，甚至出现差距悬殊及两极分化的趋势。这在一定程度上反映出收入增长的背后可能来自不合理的收入分配，这对矛盾长期存在必然会导致经济增长和社会发展的失衡，经济增长将失去稳定的社会发展基础，经济增长的质量和可持续性将受到严重的损害。究其根本原因就在于公共教育支出收入目标和政策工具的错位，长期以来形成的服务于收入增长目标的公共教育支出方式及结构，不仅无法承担收入分配的调节功能，还对居民收入分配差距产生了逆向调节，使公共教育支出成为收入分配差距不断恶化的重要推手。

表 3-13　　　　　公共教育支出政策目标及工具

	收入目标	价值取向	公共教育支出政策工具	
			支出总量	支出结构
公共教育支出	促进收入增长	效率	增加	1. 高等教育支出为主导的层级结构 2. 城市偏向的城乡结构
	收入合理分配	公平	增加	1. 均衡的公共教育支出层级结构 2. 一体化的公共教育支出城乡结构

因此，及时调整和优化公共教育支出结构，是公共教育支出发挥调节收入分配功能的重要思路。

二、公共教育支出对居民收入分配差距的影响

从上面的分析我们可以进一步得出一个推论，很长时间以来公共教育支出的增加并未有效平抑居民收入分配差距，甚至有可能成为居民收入分配差距进一步扩大的动力来源。但是值得一提的是，公共教育支出对平抑居民收入分配差距产生逆向影响的性质在不同阶段存在着根本的不同。第一阶段（1978~1994年），公共教育支出对平抑居民收入分配的逆向影响是教育的结构效应占据主导地位所导致的结果，对社会福利的整体改善起到积极的促进作用。第二阶段（1994年至今），公共教育支出对平抑居民收入分配差距产生逆向影响的性质发生了根本的变化，由于这一阶段的居民收入分配差距已经跳出合理区间并不断攀升到高位区间，这就必然会带来社会贫富差距的两极分化，最终影响经济高质量发展和社会的和谐稳定，因此，这一阶段公共教育支出对平抑居民收入分配逆向影响的性质是消极的、有害的。鉴于此，后阶段公共教育支出对平抑居民收入分配差距的逆向影响需要我们引起高度重视，这也是本书研究所谈论的主要内容和中心议题。

第三章 我国公共教育支出和居民收入分配差距

(一) 基于变化趋势的初步判断

从公共教育支出与居民收入分配差距变化趋势图可以看出，我国公共教育支出占比与居民收入分配差距基尼系数呈现相似的变化趋势，即表现出总体攀升的态势，因此可以初步判断公共教育支出与居民收入分配差距可能存在一定的相关性。同时进一步发现，公共教育支出与居民收入分配差距各自的变化轨迹又呈现各自的特征，两者并没有表现出完全的同步变化。具体来说，如图3-11所示，公共教育支出占比偏向一直螺旋式上升的变动态势，而收入分配差距基尼系数偏向平稳上升的变动态势，只是在2014年左右出现回落，但是随后开始慢慢反弹，总体也是在高位上运行，因此可以初步判断公共教育支出与居民收入分配差距之间并不是简单的线性关系，而是呈现比较复杂的相关性。

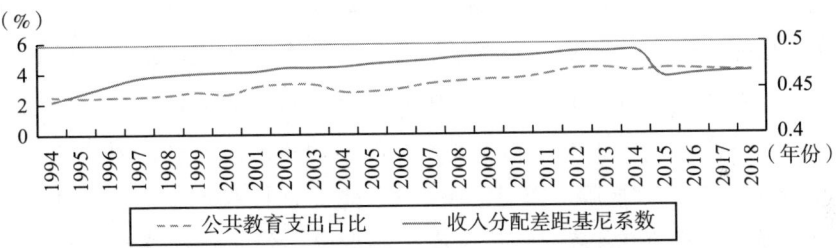

图3-11 1994~2018年公共教育支出与收入分配差距变动趋势 (1994~2018年)

资料来源：根据1994~2018年《中国住户调查年鉴》《全国教育经费执行情况统计公告》计算得出。

进一步通过SPSS软件对公共教育支出占比与收入分配差距基尼系数之间数量关系的相关性进行拟合分析，发现公共教育支出占比与收入分配差距基尼系数之间并非是简单的线性关系，而是更接近呈现多个拐点的高幂次函数形态，如图3-12所示。从公共教育支出与收入分配差距基尼系数之间数量关系的变动轨迹中，我们可以得出如下基本判断：

101

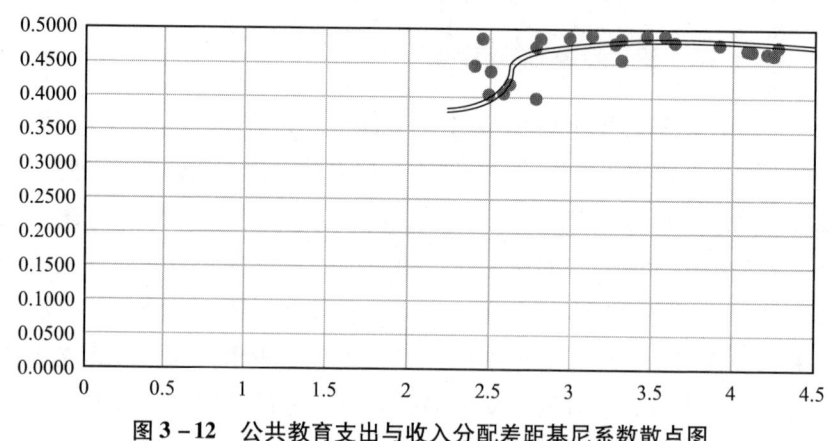

图3-12 公共教育支出与收入分配差距基尼系数散点图

公共教育支出作为影响居民收入分配差距的重要因素，我们可以从两者的相关性上粗略地判断公共教育支出对收入分配差距的影响程度存在着阶段性的不同。由图3-12可知，初始阶段公共教育支出与收入分配差距基尼系数的关系曲线走势相对陡峭，收入分配差距基尼系数的教育支出弹性较大，此时公共教育支出总量虽然很小，但是公共教育支出的小幅增加有可能促进收入分配差距基尼系数的大幅度提高，这表明公共教育支出对居民收入分配差距的影响较大。但是，当公共教育支出占比大约占到4%（2012年）水平时，居民收入分配差距基尼系数逐渐达到峰值0.491，随后又有小幅调整，但始终保持在高位上的相对稳定的态势，收入分配差距基尼系数曲线变动变得相对平坦，收入分配差距基尼系数的教育支出弹性变小，这说明公共教育支出对收入分配差距基尼系数的影响有所缓和。但是从长期趋势预测上看，收入分配差距基尼系数仍然面临着上升的压力，这也说明公共教育支出对收入分配差距基尼系数的影响不仅没有消除，反而会长期存在并有可能进一步反弹。

从上述分析可以初步判断，公共教育支出与居民收入分配差距既存在一定的相关性，又表现出一种非线性关系。但是对于两者的相关性仍然需要进一步的统计检验。

（二）基于 MIC 计算法的统计检验

本小节将进一步采用最大信息系数法（MIC）来检验公共教育支出与居民收入分配差距之间的影响关系。最大信息系数法是大卫·N. 雷舍夫（David N. Reshef et al.）最早提出的用于研究两个变量之间相互关系及影响程度的最新数据分析方法。与传统相关性检验分析相比，最大信息系数法更容易满足大数据挖掘的一般性与公平性，迅速寻找到两个变量之间更为一般的关系，从而打破研究变量之间必须存在数理模型的约束，函数关系和非函数的变量组都能通过最大信息系数法获得一个得分，从而判定这组变量之间的关系，由此不仅能够考虑两变量间的关系模型，还能综合考虑噪声水平，进而有效判断变量对在另一变量的影响程度。基于上述优势，最大信息系数法已在全基因组关联研究等多个领域取得了广泛的应用和较好的效果。[①] 最大信息系数法的基本原理是：如果两个变量之间存在着一种相关性，就可以使用某种方法在两个变量的散点图上画出一个网格，使得大多数的数据点能够集中在该网格的单元格之中。通过搜索这种"最适合"的网格，计算机软件可以计算出一个 MIC 值，用来描绘两个变量关系的相关的统计数据。[②]

首先把两个变量分别从水平和垂直方向划分成的 x 和 y 个网格，形成一个有限且有序对的二元数据集 D，则最大信息系数可以表示为：

$$\text{MIC}(D) = \max_{xy < B(n)} \{M(D)_{x,y}\} \qquad (3-1)$$

式（3-1）中，n 表示样本容量；$D = \{(x, y)\}$ 为 x 和 y 的 n 个次序样本，它代表的是两个变量在平面上形成了 $x \times y$ 大小的网格；$B(n)$ 为 $x \times y$ 网格搜索大小的上限；$M(D)$ 是 D 的特征矩阵。进一步可以得出：

[①] LIU H, RAO N, "Modified bagging of maximal information coefficient for genome-wide identification," *Data Mining and Bioinformatics* 14（2016）：229.

[②] 李武. 基于 MIC 的我国经济与 R&D 经费相关性研究 [J]. 河北经贸大学学报，2015（3）：55–59.

$$M(D)_{x,y} = \frac{I^*(D, x, y)}{\log\min\{x, y\}} \qquad (3-2)$$

式（3-2）中，$I^*(D, x, y)$ 是所有 $X-Y$ 网格上的最大互信息指数，我们可以通过落入该网格的点数除以总点数得到。

MIC 具有如下性质：MIC 值只能落在（0，1）区间；两变量间的 MIC 值趋向于 0 时，表明两变量间相关性几乎为 0；两变量间的 MIC 值越是趋向于 1 时，表明两变量间相关性越强；当 MIC 值与两变量之间的线性相关系数（r^2）的差值大于 0.6 时，表明两变量间越来越呈现非线性的相关关系，而两者差值小于 0.6 时，表明两变量间越来越呈现线性的相关关系。

另外，我们可以从互信息指数导出另外一个重要统计量 MAS。MAS 是能够衡量两个变量之间相关性非对称强弱的指标，其表达式为：

$$\text{MAS}(D) = \max_{XY < B(N)} |M(D)_{X,Y} - M(D)_{Y,X}| \qquad (3-3)$$

以公共教育支出占比和收入分配差距基尼系数为分析对象，运用最大信息系数法来计算两者的相关性。将 MIC 统计方法选取在软件 Matlab2019b 上运行操作，对公共教育支出占比与居民收入分配差距基尼系数两个变量的数据进行处理，结果如表 3-14 所示。

表 3-14　　　　　　　　MIC 值计算结果

最大互信息 $[I^*(D, x, y)]$	$\log\min\{x, y\}$	最大信息系数（MIC）	MIC $- R^2$	MAS
1.56328	1.61255	0.9694	0.6841	0

由结果可以看出，最大信息系数（MIC）为 0.9694，这表明公共教育支出与居民收入分配差距之间关系具有较强的正相关性，同时最大信息系数与线性相关系数的极差为 0.6841 > 0.6，这表明为公共教育支出与居民收入分配差距之间的影响关系呈现出非线性相关性的发展趋势。由此也说明一个问题，即在分析二者影响关系时仍需要考虑其他因素的影响。

第四章

公共教育支出对居民收入分配差距的影响
——结构分析

从政府政策的角度来讲，公共教育支出具有促进收入增长和调节收入分配的双重作用，但是由于两个目标并不总是相互协调的，因此在不同的经济社会发展阶段需要公共教育支出政策的收入目标及时转向。而公共教育支出政策目标的调整主要在于维持公共教育支出总量稳定增长的前提下，如何进一步优化公共教育支出结构。因为公共教育支出对居民收入分配差距的影响总是在特定的公共教育支出结构下实现的，而公共教育支出的增加并不必然带来公共教育支出结构的优化，公共教育支出结构有其自身的变动轨迹，因此，公共教育支出结构是分析公共教育支出对居民收入分配差距影响的关键因素。判断公共教育支出对居民收入分配差距的影响如何，主要看公共教育支出结构是否有利于居民收入的合理分配。本章主要讨论公共教育支出对平抑居民收入分配差距产生逆向影响的结构性因素。公共教育支出结构在公共教育支出对居民收入分配差距的影响过程中的作用有两个重要的体现：一是公共教育支出结构能够发挥门限效应来调节公共教育支出对居民收入分配差距的影响程度甚至是影响性质；二是公共教育支出结构本身能够对居民收入分配差距产生直接影响。

第一节 研究假设

通过文献梳理我们会发现，现有关于公共教育支出对居民收入分配差距的影响的研究主要是基于总量的视角展开的，讨论的是给定支出结构条件下求解最优化的支出水平，这是新古典经济学投入和产出函数的传统范式。但是，这种传统的研究范式存在着很大的局限性，因为公共教育支出是分门别类地嵌入在不同的支出结构安排之中的，这也就意味着公共教育支出对居民收入分配差距的影响必须在特定的公共教育支出结构下来实现，因此公共教育支出对居民收入分配差距产生的影响的性质和程度的不同，主要体现在公共教育支出结构的差异性上。公共教育支出结构是决定公共教育支出对居民收入分配差距影响的关键性因素。鉴于此，公共教育支出对居民收入分配差距的影响的研究视角应该从总量转向结构，需要关注的是基于给定支出总量的前提下寻求最优化的公共教育财政资源的结构性配置。

一、公共教育支出结构与居民收入分配差距

经济资源的稀缺性是经济学研究的基本假设，也是认识结构问题重要性的逻辑起点。正是由于经济活动中所拥有的经济资源是有限的，经济资源如何配置就成为经济学需要讨论的核心问题。公共教育支出结构就是在公共教育财政资源总量有限的情况下，政府将公共教育财政资源分配到不同的领域或不同的对象，而不同的分配方案和方式会深刻影响公共教育支出政策目标的实现。一般来讲，不同的公共教育支出结构必然服务于不同的政策意图，也体现了不同的价值追求。公共教育支出能否实现调节居民收入分配差距的政策目标，关键就要看能否具有与调节居民收入分配差距相匹配的公共教育支出结构。

（一）公共教育支出结构对居民收入分配差距的作用机理分析

公共教育支出结构在公共教育支出对居民收入分配差距影响过程中发挥作用的机理如图4-1所示。

第四章　公共教育支出对居民收入分配差距的影响——结构分析

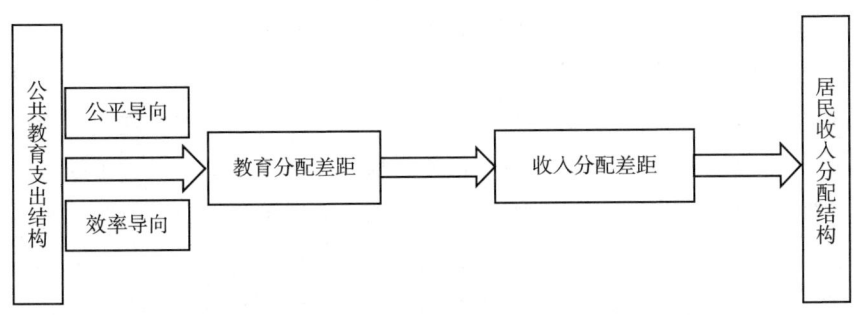

图4-1　公共教育支出结构对居民收入分配差距的影响机制

首先，公共教育支出结构在不同的价值追求下会形成不同的教育分配结果。在公平导向支配下的公共教育支出结构所形成的教育分配结果是公平的，公共教育财政资源在不同的阶层和群体分配相对比较均衡，这就使得教育发展差距较小。而在效率导向支配下的公共教育支出结构所形成的教育分配差距会比较大，公共教育财政资源在不同的群体之间分配不均衡，这就会导致教育发展差距较大。其次，教育分配差距会影响到收入分配差距。教育分配的差距意味着公共教育资源不管是数量上还是质量上在不同群体之间的分布是不对称的，形成的教育发展差距和不平衡，会深刻影响公共教育支出的受益归宿，使教育回报水平在不同群体之间存在差异。如果教育分配差距过大，那么就意味着每个人不能获得同样公平的受教育机会，就会造成教育分层和所谓的教育"马太效应"，而这种教育分配的不公平必将通过教育的生产性功能传导到收入分配领域，从而导致收入分配差距的不断扩大。由此可以看出，教育分配差距是构成收入分配差距的重要内在成因。最后，收入分配差距会形成或体现特定的收入分配结构。如果收入分配差距落在合理区间，说明收入分配结构是合理的，如果收入分配差距没有落在合理区间，说明收入分配结构是不合理的。

（二）收入赶超、公共教育支出结构失衡与收入分配差距扩大

改革开放以来，我国采取了以促进收入水平提高为特征的收入赶超

战略。在促进收入水平提高的过程中，教育承担了十分重要的角色，因此政府通过不断强化公共教育支出政策有力地配合了国家收入赶超战略的推行。具体来讲，一方面从支出总量上看，公共教育支出规模不断扩大，使社会劳动者平均受教育年限不断提高，教育的扩展促进了受教育者收入水平的不断增加，同时也开始不断拉开居民收入分配差距；另一方面从支出结构上看，在政府财政支出总量约束的情况下，政府公共教育支出的结构配置偏向更有经济效率的领域。从公共教育层级支出结构来看，政府公共教育支出偏向高等教育领域。因为与初等教育和中等教育相比，高等教育更具有专业性和技术性，更有利于直接提高个人经济收入，同时也可以为国家培养专门的人才参与经济建设。从公共教育支出城乡结构来看，政府公共教育支出偏向城市区域。因为与乡村相比，城市往往具有较好的要素集聚性，使其能够成为在短期内经济增长见效最快、成果最多的领域。

与总量概念不同，结构的演变往往具有路径依赖特征，公共教育支出结构的选择往往不单是政策因素的推动，更重要的是还要接受来自制度因素的约束。因此，公共教育支出结构一旦形成，它在短期内会处于一个相对比较稳定的状态，而在长期会呈现一个连续渐进的调整过程。收入赶超战略背景下的收入增长成为公共教育支出发展的最重要目标。公共教育支出发展虽然能够有效地配合收入增长目标的实现，但是公共教育支出发展并不必然带来公共教育支出结构的优化，公共教育支出结构有其自身的演变特征和变化轨迹。收入赶超型战略会不断强化公共教育支出的收入增长目标，从而使效率导向性的公共教育支出结构不断得到固化，导致居民收入分配差距不断扩大以致出现悬殊甚至是两极分化的趋势。

由上述分析，我们提出第一个研究假设：公共教育支出对居民收入分配差距的影响性质和程度会随着公共教育支出结构的变化而出现波动。具体来讲，以公平为导向的公共教育支出结构能够使公共教育支出有利于平抑居民收入分配差距，而以效率为导向的公共教育支出结构可能会进一步恶化居民收入分配差距。

第四章 公共教育支出对居民收入分配差距的影响——结构分析

二、公共教育支出层级结构和居民收入分配差距

(一) 模型分析

本书的理论分析主要借用卢卡斯（R. E. Lucas）构建的内生经济增长模型，即：

$$Y = A(t)K(t)^a[u(t)h(t)N(t)]^{1-a}h\varepsilon(t) \qquad (4-1)$$

可以将式 (4-1) 进一步化简为：

$$Y = \beta k^\alpha [hN]^{1-\alpha}, \quad \beta = Au^{1-\alpha}h\varepsilon \qquad (4-2)$$

式 (4-2) 中，A 表示生产技术系数，u 表示劳动者的工作时间，$h\varepsilon$ 表示人力资本的外溢效应。在模型中，假定生产技术系数、劳动者的工作时间以及人力资本的外溢效应等经济变量在短期内保持不变。根据新古典经济学理论中生产规模报酬不变的假设，可以得到每一个劳动者的生产函数。生产函数为：

$$y = \beta k^\alpha h^{1-a} \qquad (4-3)$$

式 (4-3) 中，k 表示每位劳动者所拥有的平均物质资本存量，h 表示每位劳动者的平均人力资本存量。对等式两边同时取对数，可以得到：

$$\ln y = \ln\beta + \alpha\ln k + (1-\alpha)\ln h + u \qquad (4-4)$$

式 (4-4) 中，u 表示模型中的随机误差项，对上式两边分别求方差，则有：

$$\text{Var}(\ln y) = \text{Var}(\ln\beta) + a^2\text{Var}(\ln k) + (1-a)^2\text{Var}(\ln h) + \text{Var}(u)$$
$$(4-5)$$

经济学基本假定中一般都认定产出即为收入，则公式反映的是每个人的收入差距程度其实是由个人的平均物质资本和平均人力资本占有多少决定的。而在短期内，每个人的平均物质资本差别不大，为研究方便，可以将其作为一个常量看待，因此决定每个人的收入差距程度的主要原因是专业化人力资本积累的多少，而专业化人力资本积累的多少主

要取决于个人的受教育年限状况。公共教育支出层级结构的配置能够深刻影响专业化人力资本积累的程度以及个人的受教育年限情况。

(二) 公共教育支出层级结构对居民收入分配差距影响的内在机理

由于不同教育层级提供的教育产品的内在属性和受益对象不同，造成了不同教育层级的发展对居民的总体收入水平和收入分配差距的影响性质和影响程度存在不同。

1. 教育产品的公共属性

从整体上来说，教育是一种正外部性很强的公共产品。但是公共产品非排他性和非竞争性的两大特征会随着教育层次的提升而逐渐减弱，这就导致不同教育层级的公共性范围有所不同，因此不同教育层级的公共产品属性会有所差别。[①] 不同属性的公共产品意味着政府和市场职能边界是不同的，因此在考量教育成本时，政府与个人之间的成本负担需要在不同教育层级发展中找到一个恰当的平衡。在我国，初等教育以及中等教育中的初中教育属于义务教育阶段，该阶段具有纯公共产品属性，教育经费支出需要由政府财政完全承担，而中等教育中的高中教育与高等教育属于非义务教育阶段，该阶段具有俱乐部公共产品属性，教育经费支出需要由政府和市场共同分担，但是分担比例是不同的，高中教育中的公共教育支出分担比例要更大些。教育经费分担比例的多少决定了公共教育支出对个人教育支出替代性的强弱。初等教育和中等教育支出往往会对个人教育支出具有较强的替代效应，尤其对低收入家庭而言意味着家庭财务状况的改善。而高等教育的扩展因为挤入效应的存在使个人承担较多的教育成本，尤其会增加低收入阶层的家庭支出负担，有甚者可能会出现教育致贫和教育返贫等现象，进而造成收入分配差距的拉大。

2. 教育的收益回报率

教育投入的收益回报呈现两个特点：一是不同教育层级的收益率不

---

① 厉以宁. 教育的社会经济效益 [M]. 贵阳：贵州人民出版社，1995: 36.

同。由于教育收益具有累加性，教育投入具有边际收益递增的特征，因此教育回报率会随着教育层级的提升而不断提高，不同教育层级的教育回报率呈现显著差异。[①] 教育收益率上升，意味着不同教育层级受教育人群之间的收入分配差距在扩大。二是教育回报率和居民收入呈正相关。[②] 随着教育层级的提升，高收入阶层的教育回报率更高，这就意味着高等教育的受益者主要是高收入阶层，而初等教育和中等教育的受益者主要是低收入阶层。因为低收入者受教育程度一般低于高收入阶层，而相对高等教育而言，低收入者从初等教育和中等教育中能够获得更多的利益。因此高等教育的扩展对高收入阶层有利，而初等教育和中等教育的扩展则对低收入阶层有利。

由此我们提出第二个研究假设：不同教育层级支出的扩展对居民收入分配差距的发展产生不同的影响。初等教育和中等教育与居民收入分配差距之间呈负向相关，但是影响程度可能会有所不同；而高等教育与居民收入分配差距之间呈正向相关。这就意味着初等教育和中等教育的扩展能够缩小居民收入分配差距，而高等教育的扩展反而会扩大居民收入分配差距。

三、公共教育支出城乡结构和居民收入分配差距

（一）模型分析

本小节主要借用盖勒和斯利亚（Galor & Zeria，1993）关于收入分配与人力资本投资之间关系的经典跨期模型，以此为基础，引入城乡二元结构和政府行为因素对跨期模型的进一步扩展，来诠释我国政府公共教育支出对城乡居民收入分配差距产生的现实影响。

[①] 张驰. 中国教育回报率的分布特征与收入分配差距 [J]. 经济经纬，2016（1）：78-82.

[②] 张车伟. 人力资本回报率变化与收入分配差距 [J]. 经济研究，2006（12）：52-59.

1. 基础模型

盖勒-斯利亚经典跨期模型具有如下基本假设：（1）高学历群体均为熟练工人；低学历群体均为非熟练工人。（2）为简化起见，在开放经济系统只有一种商品存在，该商品可以用来消费，也可以用来投资。并且，熟练工人和非熟练工人都有能力生产该商品，但是获得的工资报酬不同，熟练工人和非熟练工人的工资报酬分别为 w_1 和 w_2。（3）每个个体面临跨期人力资本投资的决策，一是可以选择当期不进行人力资本投资，那么，当期和第二期必须作为非熟练工人的角色进行工作；二是可以选择当期进行人力资本投资，那么他可以在第二期作为熟练工人的角色进行工作，此时，进行人力资本投资额为 e。（4）为保持在经济中人口总规模不变，假定每个个体均只有一对父母和一个小孩。（5）每个个体只有遗产的不同，它决定了个体的初始资本水平，而没有禀赋和偏好的区别。（6）在经济中资本可以充分流动，利率水平为 r。（7）每个个体的效用来自第二期的消费和父母留下的遗产。其效用函数的形式为：

$$u = a\log c + (1-a)\log b \qquad (4-6)$$

式（4-6）中，c 表示个体在第二期所进行的消费，b 代表个体在第二期所获得的遗产，$0 < a < 1$。

在上述假设的条件下，盖勒和斯利亚认为，如果不存在银行借贷市场的情形，某一个体在当期获得遗产 x 个单位，此时他既可以在两期内都作为非熟练工人的角色进行工作，也可以选择在当期进行人力资本投资，若在当期选择人力资本投资，就可以在第二期作为熟练工人的角色进行工作。该个体是否进行人力资本投资取决于 x 和 e 大小的比较：如果 $x \geq e$，个体偏向于进行人力资本投资，其效用函数为：

$$U_1(x) = \log[(x-e)(1+r) + w_2] + a\log a + (1-a)\log(1-a)$$
$$(4-7)$$

而 $x < e$ 时，个体则没有条件进行人力资本投资，因此偏向作为非熟练工人的角色进行工作。其效用函数为：

第四章 公共教育支出对居民收入分配差距的影响——结构分析

$$U_2(x) = \log[(x+w_2)(1+r)+w_2] + a\log a + (1-a)\log(1-a) \tag{4-8}$$

盖勒和斯利亚进一步发现，如果存在银行借贷市场的情形，当 $x \geq e$ 时，个体决策不受影响，依旧偏向于进行人力资本投资；但是在 $x < e$ 时，该个体决策产生了新的变化，因为此时他可以借助银行借贷的途径完成人力资本投资，只是银行市场往往会把个人因人力资本投资的借款利率水平 i 调高于一般资本利率水平 r。该个体是否进行人力资本投资取决于 x 和 e 和 f 之间大小的比较，f 为初始的财富水平，f 值为：

$$f = \frac{[w_2(2+r) + e(1+i) - w_1]}{i - r} \tag{4-9}$$

当 $f \leq x < e$ 时，个体偏向通过借款进行人力资本投资；当 $x < f$ 时，个体不偏向进行人力资本投资，而是希望直接作为非熟练工人的角色进行工作。由此可以看出，跨期遗产值的分布为：

$$x_t + 1 = \begin{cases} (1-a)[(x_t+w_2)(1+r)+w_2], & x_t < f \\ (1-a)[w_s+(x_t-e)(1+i)], & f \leq x_t < e \\ (1-a)[w_1+(x_t-e)(1+r)], & e \leq x_t \end{cases} \tag{4-10}$$

当 $x < f$ 时，个体及其后代都不会不进行人力资本投资，这一类个体的遗产值将趋向于：

$$x_2 = \frac{1-a}{[1-(1-a)(1+r)]w_2(2+r)} \tag{4-11}$$

当 $f < x < e$ 时，个体及其后代会进行人力资本投资，这一类个体的遗产值趋向于：

$$h = \frac{(1-a)[e(1+i) - w_1]}{[(1+i)(1-a) - 1]} \tag{4-12}$$

此时，该个体会面临两种情况：$x < h$ 时，他们的后代在 t 时期也许进行人力资本投资，但是若干代以后，就有可能不再继续进行人力资本投资，他们的遗产值将收敛于 x_2；而 $x > h$ 时，他们的后代也会继续进行人力资本投资，最终遗产值将趋向于：

$$x_1 = \frac{(1-a)[w_1 - e(1+r)]}{[1-(1-a)(1+r)]} \tag{4-13}$$

2. 模型拓展

在经典模型的基础上引入城乡二元结构和政府干预因素。城乡二元结构下认为高学历群体主要分布在城市地区，低学历群体主要分布在乡村地区。政府干预主要体现在政府财政开始对接收教育的个体进行补贴。假设 N_0 为 $x \geq e$ 时的熟练工人人数，当期选择贷款接收教育人数为 N_1，第二期的熟练工人人数为 N_2，因为选择人力资本投资意味着下一期将会成为熟练工人，所以 $N_2 = N_0 + N_1$。政府教育补贴行为对获得遗产值 $x < e$ 的个体影响较大。教育补贴的获得会使得这部分个体的效用函数发生变化，即：

$$U_1^d(x) = \log[(x-e)(1+i) + N_2 w_1 / N_1 + w_1] + \varepsilon \quad (4-14)$$

式（4-14）中，$N_2 w_1 / N_1$ 为政府给予的教育补贴。只有当个体借款进行人力资本投资所得到的总效用大于作为非熟练工人所获得的总效用时，即 $U_1^d(x) > U_2(x)$ 时，个体才会选择进行人力资本投资。

此时的个体将面临新的财富水平 f^*，f^* 财富水平值为：

$$f^* = \frac{w_2(2+r) + e(1+i) - w_1 - N_2 w_1 / N_1}{i - r} \quad (4-15)$$

由此可以看出，$f^* < f$，政府教育补贴能够降低初始财富较低的个体进行贷款进行人力资本投资的门限，会激励更多初始财富水平低的个体选择借款进行人力资本投资。这样一来，就会使得所有个体的财富收敛于：

$$x_2 = \frac{1-a}{[1-(1-a)(1+r)]w_2(2+r)} \quad (4-16)$$

我国城乡居民之间初始财富水平具有较大的差距，在没有政府干预下，城市居民偏向于进行人力资本投资由此发展成为熟练工人，从事相对高端、收入水平较高的行业，而乡村居民偏向于不进行人力资本投资继续作为非熟练工人，只能从事低端的收入水平较低的劳动密集行业。这样一来，城乡居民收入分配差距必然会不断拉大。而政府干预能够有效打破因为初始财富水平太低而无法进行人力资本投资的瓶颈，从而使更多乡村居民进行人力资本投资。但是，政府教育补贴必须要偏向乡村

第四章　公共教育支出对居民收入分配差距的影响——结构分析

居民，如果失去这个前提，政府教育补贴并不能改善既有格局，反而可能产生新的教育不平等，由此最后可能助推城乡收入差距的进一步扩大。

（二）公共教育支出城乡结构对居民收入分配差距影响的内在机理

由于空间要素的异质性，初始的教育分布往往呈现非均衡性特征。异质性空间要素主要有三个：一是经济发展水平因素的差异，经济发展水平高的地区教育发展水平一般要高于经济欠发达地区；二是社会文化因素的差异，有重教传统的地区教育发展水平一般要高于无重教传统的地区；三是人力资源禀赋条件的差异，具有雄厚的人力资源基础的地区教育发展水平一般要高于人力资源相对匮乏的地区。这些异质性空间要素的客观存在会不断累积地区教育发展水平差距。由于教育发展水平差距将导致地区之间生产效率产生系统性的差别，即使是同质的劳动力在不同地区的生产效率也都存在着显著的差别，因此地区之间的教育发展水平差距必然会带来地区居民收入分配差距的扩大。反过来，收入水平差距又将成为教育发展水平差距的推动因素。教育差距——收入分配差距之间相互作用由此形成相对封闭的因果累积循环链。而形成这两个差距的恶性发展怪圈的源头在于市场配置教育资源过程中的收益——成本机制。城乡之间的空间要素的异质性一般表现为城市的三种空间要素明显优于乡村地区，教育生产过程中的教育收益和教育成本在城乡地区之间分布是极其不对称的，它是造成城乡教育发展水平差距的内在动力机制。

1. 教育收益的城乡分布

教育收益分布讨论的主要是城乡地区教育收益率水平的差异。一般来讲，城市地区教育收益率水平一般要高于乡村地区，[①] 即使是相同的教育投入水平，在城市和乡村带来的收益率也是不同的。而造成城乡教育收益率差异的主要原因在于城乡教育资源质量的差异。与乡村地区相

---

① 孟凡强. 我国人力资本回报率城乡差异 [J]. 现代财经，2015 (5)：42-47.

比，城市地区在经济发展水平、教育价值认同和人力资源基础等空间要素方面都具有明显的优势，因此城市地区投入的师资力量和教学设施等各项教育资源都要远高于乡村地区，这就使城市居民所接受的教育质量以及教育收益率都要整体高于乡村地区。而乡村地区偏低的教育回报率会进一步降低对乡村地区教育价值的认同感，进而会抑制家庭和个人的教育投入数量，使城乡教育发展水平差距进一步拉大。又由于教育水平是影响收入水平的决定因素，因此教育收益率差异的扩大成为引起城乡居民收入分配差距扩大的直接动因。

2. 教育成本的城乡分布

教育成本分布讨论的主要是教育投入成本水平的城乡差异，即在既定教育收益情况下，城乡地区之间所需投入的教育成本存在差异。一般来讲，乡村教育投入的成本往往要高于城市地区。教育投入成本的城乡差异的主要体现在两个方面：一方面体现在教育投入的规模经济效应上。城市地区由于具有相对雄厚的人力资源基础，容易形成人力资本的规模经济效应，因此在追加教育投入的过程中会使教育投入成本得到节约。而乡村地区居民整体接受教育水平偏低，劳动者素质不高，因此需要投入相对高昂的教育投入成本。另一方面体现在教育投入的风险上。由于城乡长期存在的相互分割的二元结构，乡村地区具有高教育水平的优质劳动力往往会选择城市就业，从而造成了人力资本的逆向积累，[1]这就意味着乡村教育投入反而会造成乡村优质劳动力的流失，由此并未带来乡村生产环境的改善和乡村劳动生产效率的提高，反而造成乡村人力资本积累长期处于低水平状态。同时由于劳动力在城乡流动过程中存在着诸多的制度障碍，乡村劳动力进城面临着高昂的融入成本，也并不能彻底改善自己的收入状态。城乡二元结构的长期存在会不断强化人力资本的逆向积累，最终进一步加剧乡村地区对教育投入的风险。

在市场作用自发引导下，城乡之间的教育收益——成本结构存在着

---

[1] 刘宪. 中国城乡收入分配差距与教育投资边际收益率的差异性研究 [J]. 中国特色社会主义研究，2012 (6): 54–59.

第四章 公共教育支出对居民收入分配差距的影响——结构分析

显著的不配比问题，教育投入偏向城市地区，而乡村地区的教育投入质量不高且数量不足，使得城乡教育发展水平差距不断拉大。鉴于此，政府可以利用公共教育支出手段有效弥补市场机制在教育资源空间配置失灵的问题，通过对教育资源在城乡之间进行再配置，促进城乡教育资源分布更加合理和公平，遏制城乡教育发展水平差距不断扩大的趋势。

在市场作用的自发引导下，城乡教育发展水平差距的不断拉大，也使乡村居民陷入"低收入水平陷阱"。鉴于此，政府可以利用公共教育支出手段干预市场机制对教育资源的空间配置不合理问题，重点加大对乡村公共教育的支出，缩小城乡教育发展的差距。

由此上述分析，我们提出第三个研究假设：公共教育支出城乡结构会在公共教育支出对城乡居民收入分配差距的影响过程中产生调节效应。具体来说，政府加大对乡村公共教育支出的支持力度，促进城乡教育资源分布更加合理和公平，可以遏制城乡教育发展水平差距不断扩大的趋势，缩小城乡居民收入水平的差距；但是政府如果偏向城市公共教育支出，会造成城乡教育发展差距的进一步扩大，以及城乡居民收入分配差距的进一步恶化。

第二节 公共教育支出对居民收入分配差距影响的结构门限效应

经过文献梳理会发现，公共教育支出与居民收入分配差距之间关系是不确定的，但是越来越多的文献比较偏向认同公共教育支出与居民收入分配差距呈现倒"U"型的非线性关系形态，只是在研究方法上多采用传统回归分析方法。传统回归分析方法主要是通过在实证模型中加入平方项来进行求证，但是简单地加入平方项可能会产生较为严重的共线性问题，并不足以准确验证公共教育支出对居民收入分配差距的影响。门限回归作为典型的非线性计量方法，可以自动检测并确定门限值并进行分组检验，为讨论公共教育支出与居民收入分配差距之间是否存在非线性关系提供了一个新的分析工具。

门限回归模型是一种重要的结构变化模型,当观测变量通过未知门限时,函数模型存在分段线性的特征,并且结构发生了突变。汉森（Hansen）是门限回归模型的重要开拓者。他的主要贡献是首次提出了具有个体效应的面板门限模型的计量分析方法,该方法以残差平方和最小化为条件确定门限值,并检验门限值的显著性,克服了主观设定结构突变点的偏误。门限回归模型具有如下优点：（1）该模型很容易估计和解释,能够对样本数据进行有效识别,很快发现经济模型中的结构突变因素；（2）该模型具有一般面板模型的优势,同时还能处理固定效应问题,能够有效解释结构突变导致的非线性因素；（3）该模型的门限值是模型内生的,能够克服外生样本等分割所导致缺乏科学依据、不准确等弊端；（4）该模型在剖析变量之间非线性关系情形方面具有明显的优势,可以解释变量与被解释变量之间的变化关系是 U 形、倒 U 形,还是 M 形、S 形等具体情形,能够通过检验门限个数得到确定,最终拟合得到非线性关系的具体呈现形态。① 鉴于此,门限面板回归模型已经在外国直接投资、公共支出、人口老龄化等对经济增长非线性影响等问题的研究中得到广泛的应用。

本书讨论的公共教育支出对居民收入分配差距的影响问题,所推导的研究假设认为不同的公共教育支出结构下公共教育支出对居民收入分配差距的影响是不同的,也就是说,公共教育支出结构在公共教育支出对居民收入分配差距的影响过程中可能会发挥门限效应,因此门限面板回归模型对本书的研究具有很强的适用性。本书通过门限面板回归模型分析公共教育支出与居民收入分配差距之间的非线性关系,找出不同公共教育支出结构下公共教育支出对居民收入分配差距的异质性影响,从而找到公共教育支出对居民收入分配差距影响的真实形态。

---

① 毛建辉,管超. 环境规制抑制产业结构升级吗 [J]. 财贸研究,2020（3）：29–32.

第四章 公共教育支出对居民收入分配差距的影响——结构分析

一、研究设计

(一) 模型的设定

汉森（Hansen, 1999）面板门限模型表达式为：

$$y_{it} = u_i + \beta_1 x_{it} I(q_{it} \leq \gamma) + \beta_2 x_{it} I(q_{it} > \gamma) + e_{it} \quad (4-17)$$

式 (4-17) 中，i、t 分别表示的是地区和年份，q_{it} 表示门限变量，γ 表示未知门限水平，$u_{it} \sim (0, \delta^2)$ 表示随机扰动项，$I(\cdot)$ 为指标函数，若括号中的表达式成立，其取值为 1，否则为 0。可以把式 (4-17) 进一步写成如下公式：

$$\begin{cases} y_{it} = u_i + \beta_1 x_{it} + e_{it}, \ q_{it} \leq \gamma \\ y_{it} = u_i + \beta_1 x_{it} + e_{it}, \ q_{it} > \gamma \end{cases} \quad (4-18)$$

式 (4-18) 能够清晰地展现出模型存在的门限效应，具体表现为：当 $q_{it} \leq \gamma$ 时，β_1 为 x_{it} 的系数；而当 $q_{it} > r$ 时，β_2 为 x_{it} 的系数。由此可以看出式 (4-18) 其实就是一个以 q_{it} 为拐点值的分段函数模型。

本书将以汉森的面板门限回归模型为基础，以公共教育支出结构作为门限变量，考察公共教育支出结构可能会对公共教育支出与居民收入分配差距产生的门限效应。面板门限回归模型的设定为：

$$GINI_{it} = \alpha_1 + \alpha_2 \exp_{it} + \alpha_3 x_{it} + \beta_1 \exp_{it}(str \leq \gamma_1) + \beta_2 \exp_{it}(str > \gamma_1) + \varepsilon_{it}$$
$$(4-19)$$

同时考虑到本书对公共教育支出结构的研究是以公共教育支出层级结构和公共教育支出城乡结构作为两大细类展开的，因此需要对式 (4-19) 的面板门限回归模型进一步扩展为：

$$GINI_{it} = \alpha_1 + \alpha_2 \exp_{it} + \alpha_3 x_{it} + \beta_1 \exp_{it}(hig \leq \gamma_1) + \beta_2 \exp_{it}(hig > \gamma_1) + \varepsilon_{it}$$
$$(4-20)$$

$$GINI_{it} = \alpha_1 + \alpha_2 \exp_{it} + \alpha_3 x_{it} + \beta_1 \exp_{it}(ed \leq \gamma_1) + \beta_2 \exp_{it}(ed > \gamma_1) + \varepsilon_{it}$$
$$(4-21)$$

式（4-20）、式（4-21）中，α_1、α_2 分别评估公共教育支出不同的公共教育支出结构背景下对居民收入分配差距所产生的不同影响，若 $\alpha_1 = \alpha_2$，门限回归模型即为一般线性回归模型。X_{it} 为控制变量集合，作为控制影响公共教育支出与居民收入分配差距关系的其他因素。ε_{it} 为随机误差项。

(二) 变量说明

模型涉及的变量有：收入差距基尼系数（GINI）、公共教育支出（exp）、初等教育支出、中等教育支出之和与高等教育支出之比（str_1）、乡村与城市公共教育支出之比（str_2）、外商投资水平（open）、城市化发展水平（city）。

1. 被解释变量

本书的被解释变量为各省域的居民收入分配差距基尼系数（GINI）。截至目前，我国各省份的统计年鉴只是公布了城市和乡村居民收入的分组数据，并未公布各省份的居民收入分配差距基尼系数，这就使省域的居民收入分配差距基尼系数的数据获得存在一定的困难。在此背景下，既往的收入分配研究中往往把省域的居民收入分配差距基尼系数完全由城市居民收入分配差距基尼系数来替代，这样虽然会减少纷繁复杂的统计工作量，但是这种遗漏乡村居民收入分配差距基尼系数对总体收入分配差距影响的做法，势必会造成省域的居民收入分配差距基尼系数严重失真，以致最后得出的研究结论没有价值。因此选取适当方法对省域的居民收入分配差距基尼系数进行合理估算是十分必要的。鉴于此，本书将综合前人研究成果来测算省域的居民收入分配差距基尼系数，并以此作为被解释变量。测算省域的居民收入分配差距基尼系数的方法分解步骤为：

第一步：借鉴田卫民提出的省域的城市和乡村的收入分配差距基尼系数方法，来分别测算各省份的城市收入分配差距基尼系数和乡村收入分配差距基尼系数。[①] 计算公式如下：

[①] 田卫民. 省域居民收入基尼系数测算及其变动趋势分析 [J]. 经济科学，2012 (2)：48-52.

第四章　公共教育支出对居民收入分配差距的影响——结构分析

$$G = 1 - 1/PW \sum_{i=1} (W_{i-1} + W_i) \times P_i \quad (4-22)$$

式（4-22）中，P 为省域城市（乡村）居民人口，W 为省域城市（乡村）居民收入，W_i 为累计到第 i 组的收入。

第二步：借鉴桑德鲁姆（Sundrum，1990）提出的"分组加权法"计算出省域总体的居民收入基尼系数。① 计算公式如下：

$$G = P_c^2 \frac{U_c}{U} G_c + P_r^2 \frac{U_r}{U} G_r + P_c P_r \frac{U_c - U_r}{U} \quad (4-23)$$

式（4-23）中，G 代表该省域收入分配差距基尼系数；P_c 和 P_r 分别代表该省域内城市人口和乡村人口的比重；G_c 和 G_r 分别代表该省域内城市居民收入分配差距基尼系数和乡村居民收入分配差距基尼系数；U 代表该省域居民人均收入；U_c 和 U_r 分别代表该省域内城市居民人均收入和乡村居民人均收入。

2. 解释变量

本书核心解释变量为公共教育支出规模，并选取公共教育支出占 GDP 比重作为衡量公共教育支出规模大小的指标，公式为 EDU_{it}/GDP_{it}。如果某省公共教育支出占 GDP 比重超过其他省的比重，这就意味着该省更加重视公共教育。

3. 门限变量

本书将公共教育支出结构细分为公共教育支出层级结构和公共教育支出城乡结构两个维度。公共教育支出层级结构和公共教育城乡结构的变动，会使公共教育支出对居民收入分配差距的影响性质和影响程度存在差异性。由于公共教育支出层级结构主要考察的是公共教育支出在初等教育、中等教育和高等教育的配置情况，因此选取初等教育支出和中等教育支出之和与高等教育支出之比（str_1）作为衡量公共教育支出层级结构的指标。由于公共教育支出城乡结构主要考察的是公共教育支出在城乡的空间分布情况，因此选取乡村与城市公共教育支出之比（str_2）

---

① Sundrum, Income Distribution in Less Developed Country (London & New York：Routledge, 1990), p 323.

作为衡量公共教育支出城乡结构的指标。需要说明的是，乡村与城市公共教育之比主要选取的是公共教育在义务教育阶段的支出之比。

4. 控制变量

本书主要选取与收入分配差距基尼系数密切相关的经济变量，诸如将外商投资水平和城市化率水平作为控制变量。（1）外商投资水平（open）。外商投资水平反映出省域内经济对外开放程度。不同对外开放程度的差异，会深刻影响各省份劳动收入占比以及收入分配差距。外商投资水平由外商投资总额/GDP 来衡量（Nistor，2014；Alvarado，2017；颜冬，2015；任秋爽，2020；等）。（2）城市化水平（city）。城市化水平反映出省域内城市人口和乡村人口的变化，城市化率水平的提高意味着乡村人口不断向城市迁移，因此会深刻影响到城乡收入分配差距乃至总体收入分配差距。城市化发展水平由各省城市化率来衡量。（陆铭、陈钊，2004；李如友，2016；穆红梅，2019；等）

（三）数据来源

本书面板门限模型中各个指标的数据主要选取我国 26 个省级行政区（除天津、吉林、湖南、海南、重庆、西藏以及中国香港和中国澳门以外）的省级面板数据，其中天津、吉林等少数省份存在样本数据缺失问题。所有数据来源的时间设置在 1994～2018 年之间，这是因为1994 年以后我国收入分配差距已经进入不合理阶段，在这个时间段可以集中考察公共教育支出的收入分配差距的影响。本书所采用的各省份的城市和乡村居民收入分组数据来自全国各省份历年统计年鉴。公共教育支出数据来自历年《中国教育经费统计年鉴》。公共教育支出层级结构中的初等教育生均支出指数、中等教育生均支出指数和高等教育生均支出指数等原始数据来自历年《中国教育经费统计年鉴》。城乡小学教育生均支出和初中教育生均支出等原始数据来自历年《教育经费执行公告》和各省份统计年鉴。外商投资水平和城市化水平来自历年《中国统计年鉴》以及各省份统计年鉴。

第四章 公共教育支出对居民收入分配差距的影响——结构分析

(四) 变量的描述性统计

模型中各变量基本信息如表 4-1 所示。

表 4-1　　　　　模型中各变量的描述性统计结果

变量名	变量定义	均值	标准差	最小值	最大值	观测值
ln$GINI$	省域总体收入分配差距,取对数	-0.988	0.164	-1.481	-0.712	650
lnexp	公共教育支出占比,取对数	0.901	0.732	-3.912	2.676	650
lnstr_1	初等教育支出、中等教育支出之和与高等教育支出之比,取对数	0.691	0.526	0.452	1.152	650
lnstr_2	乡村与城市公共教育支出之比,取对数	0.521	0.493	0.421	1.23	650
ln$city$	各省份城市化水平,取对数	3.706	0.342	3.077	4.492	650
ln$open$	各省份外商投资水平,取对数	0.530	1.077	-3.507	2.775	650

二、实证分析

(一) 平稳性检验

与时间序列模型一样,面板数据模型中变量是否平稳同样容易出现虚假回归问题,再加上本书所采用的面板数据为长面板数据,因此对面板数据变量进行单位根检验是十分必要的,变量平稳性是决定模型设定科学性的前提条件。为避免单一方法研究可能存在的缺陷,在面板数据单位根检验中往往同时采取同根情形下和异根情形下的单位根检验。本书采用 LLC 检验、Frisher - ADF 检验、IPS 检验以及 Frisher - PP 检验这四种检验方法对面板数据进行单位根检验,检验结果如表 4-2 所示。

表 4-2　　　　水平变量数据与一阶差分单位根检验结果

方法	变量	lnGINI	ΔlnGINI	lnexp	Δlnexp	lnstr₁	Δlnstr₁
LLC	S	-5.205	-9.762	-0.407	-24.182	3.582	-5.341
	P	0.000 **	0.000 **	0.342	0.001 **	0.278	0.002 **
Frisher-ADF	S	54.383	162.224	54.409	-19.318	8.632	6.894
	P	0.186	0.000 **	0.185	0.000 **	0.214	0.000 **
IPS	S	-1.146	-9.603	0.342	218.705	-1.201	-8.365
	P	0.126	0.000 **	0.43	0.250 **	0.362	0.000 **
Frisher-PP	S	29.171	191.535	67.764	486.529	69.321	21.361
	P	0.975	0.000 **	0.060 *	0.012 **	0.366	0.001 **
结论		非平稳	平稳	非平稳	平稳	非平稳	平稳
方法	变量	lnstr₂	Δlnlnstr₂	lncity	Δlncity	lnopen	Δlnopen
LLC	S	-5.671	-20.398	4.094	-5.523	-3.136	-3.136
	P	0.259	0.000 **	1	0.000 **	0.001 **	0.000 **
Frisher-ADF	S	4.367	-13.258	18.263	75.088	60.201	168.219
	P	0.111	0.000 **	0.999	0.004 **	0.178	0.000 **
IPS	S	3.643	26.147	9.543	-2.548	-1.033	-9.235
	P	0.621	0.003 **	1	0.005 *	0.151	0.000 **
Frisher-PP	S	10.254	21.365	16.062	59.699	54.27	193.408
	P	0.050 *	0.001 **	1	0.085 ***	0.188	0.000 **
结论		非平稳	平稳	非平稳	平稳	非平稳	平稳

注：(1) 所有检验形式均带有截距项；(2) "Δ" 表示对变量作一阶差分；(3) ***、** 和 * 分别表示在 1%、5% 和 10% 水平下显著。

1. 分别对水平变量进行单位根检验

由表 4-2 可知，水平变量单位根检验结果为：解释变量 lnexp 除了 Frisher-PP 检验结果在 10% 的置信水平下拒绝原假设"面板数据含有单位根"外，其余单位根检验结果均显示不能拒绝原假设；解释变量 lnstr₁、lncity 在四种单位根检验中均未通过显著性检验；解释变量 lnstr₂ 除了 Frisher-PP 检验结果在给定 10% 的置信水平下拒绝原假设"面板数据含有单位根"外，其余单位根检验结果均显示不能拒绝原假设；解释变量 lnopen 除了 LLC 检验结果在给定 5% 的置信水平下拒绝原假设 "面板数据含有单位根"外，其余单位根检验结果均显示不能拒绝原假设；被解释变量 lnGINI 除了 LLC 检验结果在给定 5% 的置信水平下拒绝原假设 "面板数据含有单位根"外，其余单位根检验结果均不能拒绝原假设。从整体上判断，本书采信所有水平变量存在单位根，序列为非平稳序列。

2. 分别对变量 lnGINI、lnexp、lnstr$_1$、lnstr$_2$、lncity 和 lnopen 进行一阶差分并对一阶差分变量进行单位根检验。六个一阶差分变量单位根检验结果一致为：单位根检验方法都明显拒绝 "面板数据含有单位根"的原假设，可知 lnGINI、lnexp、lnstr$_1$、lnstr$_2$、lncity 和 lnopen 均为一阶单整。由此本书认为变量 lnGINI、lnexp、lnstr$_1$、lnstr$_2$、lncity 和 lnopen 都是 I（1）过程，具备可以进一步进行协整检验的条件。

（二）协整检验

面板数据的协整检验方法可以分成两大类：一类是建立在恩格尔和格兰杰（Engle & Granger）二步法检验基础上的面板协整检验，具体方法主要有 Pedroni 检验和 Kao 检验；另一类是建立在约翰森（Johansen）协整检验基础上的面板协整检验，具体方法主要有 Fisher 检验等。本文拟采用较为传统的 Kao 检验方法来检验两变量之间是否具有长期统计意义上的协整关系。

由表 4 - 3 面板数据协整关系的 Kao 检验结果显示，ADF 统计量为 - 3.609，P 值为 0.0002，在 5% 置信水平下显著拒绝 "残差序列非平稳"的原假设，表明解释变量 GINI 与被解释变量 exp、str$_1$、str$_2$、city 和 open 长期变化趋向一致，公共教育支出与收入分配差距基尼系数之间存在长期协整关系。进一步采用 Hausman 检验设定面板数据回归模型，并对协整关系进行估计。在 Hausman 检验中原假设和备择假设一般为：H_0：个体效应与解释变量无关，面板数据模型为随机效应模型；H_1：个体效应与解释变量有关，面板数据模型为固定效应模型。Hausman 检验结果为：W = 97.471，相应的 P 值为 0.000，在给定 5% 置信水平上是显著的,因此要拒绝建立随机效应模型的原假设,而建立固定效应模型更为合理。

表 4-3　　　　　　　面板协整关系的 Kao 检验结果

ADF	t-Statistic	Prob
	-3.608898	0.0002
Residual variance	0.002171	
HAC variance	0.001772	

注:(1)面板协整检验形式设定为含截距项但不含时间趋势项;(2) ***、** 和 * 分别表示在1%、5%和10%水平下显著。

(三) 门限效应检验

门限回归模型的门限效应检验需要进行两个基本步骤:

1. 门限效应的显著性检验

设定模型原假设和备择假设分别为:$H_0: \beta_1 = \beta_2$,门限回归模型不存在门限效应;$H_1: \beta_1 \neq \beta_2$,检验统计量为:

$$F_1 = \frac{S_0 - S_1(\hat{\gamma})}{\hat{\sigma}^2} = \frac{S_0 - S_1(\hat{\gamma})}{S_1(\hat{\gamma})/n(T-1)} \quad (4-24)$$

式 (4-24) 中,模型原假设 H_0 和备择假设 H_1 参数估计的残差平方和分别是 S_0 和 $S_1(\hat{\gamma})$,备择假设 H_1 参数估计得到的残差方差是 $\hat{\sigma}^2$。然后利用自体抽样法得到模拟统计量 LM 的渐次分布,构建相伴概率 P 值来判定门限效应是否显著存在。

2. 门限估计值是否等于其真实值进行检验

设置原假设为 $H_0: \hat{\gamma} = \gamma_0$,此时似然比检验统计量:

$$LR(\gamma) = \frac{S_1(\gamma) - S_1(\hat{\gamma})}{\hat{\sigma}^2} \quad (4-25)$$

若 $LR_1(\gamma) > c(\delta) = -2\log(1 - \sqrt{1-\delta})$ 时,拒绝原假设 H_0,其中 δ 为显著性水平。说明此时门限估计值是真实值。

以此步骤,分别反映了公共教育支出层级结构和公共教育支出城乡

第四章 公共教育支出对居民收入分配差距的影响——结构分析

结构的相关变量作为门限变量进行门限回归的参数估计,对其发生的门限效应进行相关检验,得出的结果如表4-4所示,以公共教育支出层级结构 str_1 为门限变量时,单一门限F统计量40.21在5%置信水平上是显著的,而双重门限的F统计量37.38在5%置信水平上也是显著的,但三重门限的F统计量21.58在统计上是不显著的,因此,得出公共教育支出层级结构 str_1 为双重门限变量,此时的门限值分别是0.381和1.954;以公共教育支出城乡结构 str_2 作为门限变量时,得出的单一门限F统计量在5%置信水平上是显著的,F统计量和P值分别为15.25和0.021,但双重门限和三重门限的F统计值在统计上均不显著,这表明公共教育支出城乡结构 str_2 为单一门限变量,此时门限值为1.369。

表4-4　　　　　　　　门限效应检验结果

门限变量	门限模型	门限估计值	F值	P值	95%置信区间
str_1	单一门限模型	0.381	40.21**	0.010	[0.297, 0.507]
	双重门限模型	1.954	37.38**	0.000	[0.594, 0.983]
Str_2	单一门限模型	1.369	15.25**	0.021	[0.703, 2.569]

注:(1)P值和临界值均为采用"自体抽样法"反复抽样300次而得到的结果;(2)**表示在5%置信水平下显著。

(四) 门限回归结果

由上述检验结论可知,公共教育支出结构作为模型门限变量通过了门限回归模型门限效应的显著性检验,这就说明了公共教育支出结构在公共教育支出对居民收入分配差距的影响中具有门限特征。由此进一步可知,在公共教育支出层级结构(str_1)、公共教育支出城乡结构(str_2)等门限变量作用下,公共教育支出对居民收入分配差距的影响呈现非线性特征。以下分别对两个门限变量的估计结果展开分析。

公共教育支出对居民收入分配差距的影响研究

1. 以公共教育支出层级结构为门限变量的个体固定效应估计结果

公共教育支出层级结构作用下，公共教育支出对居民收入分配差距的影响效用呈现门限效应，具体结果如表4-5所示，当公共教育支出层级结构 str_1 值低于第一门限值 0.381 时，公共教育支出在 1% 置信水平下通过了稳健标准误的固定效应模型检验，影响系数为 0.260，说明公共教育支出增加对居民收入分配差距产生显著的扩大效应，此时当公共教育支出每增加 1 个百分点，居民收入分配差距就会扩大 0.260 个百分点；当公共教育支出层级结构 str_1 值在介于第一门限值 0.381 和第二门限值 1.954 之间时，公共教育支出在 5% 置信水平下通过了稳健标准误的固定效应模型检验，影响系数为 0.128，但其系数值在减小，这就表明虽然公共教育支出对居民收入分配差距仍旧会产生扩大效应，但是边际效应呈递减趋势，即当公共教育支出每增加 1 个百分点，居民收入分配差距就会扩大 0.128 个百分点。当公共教育支出层级结构 str_1 值跨过第二门限值 1.954 时，公共教育支出在 1% 置信水平下通过了显著性检验，公共教育支出对居民收入分配差距开始产生平抑效应，公共教育支出会带来缩小居民收入分配差距的政策效果，即当公共教育支出每增加 1 个百分点，居民收入分配差距就会缩小 0.112 个百分点。通过 26 个省份的面板数据来看，1998 年在研究范围内的 26 个省份公共教育支出层级结构 str_1 值均未跨过第一门限值，到 2008 年，北京、上海 2 个省份的公共教育支出层级结构 str_1 值跨进第一门限值，介于第一门限值和第二门限值之间，其他 24 个省份均未跨过第一门限值，截至 2018 年，上海和北京已跨过第二门限值，江苏、浙江、山东、广东 4 个省份的公共教育支出层级结构 str_1 值介于第一门限值和第二门限值之间，但其他 20 个省份仍旧未跨进第一门限值。由此可以看出，根据模型门限值可以形成公共教育支出层级结构差异较大的三个区制，这也反映出公共教育支出层级结构的配置与地区经济发展水平和财力密切相关。

第四章 公共教育支出对居民收入分配差距的影响——结构分析

表4-5 以公共教育支出层级结构作为门限变量的门限回归模型估计结果

	FE	FE-ROBUST
$\exp \times I(str_1 < 0.381)$	0.260 *** (3.19)	0.260 *** (4.09)
$\exp \times I(0.381 \leqslant str_1 < 1.954)$	0.128 ** (2.21)	0.128 ** (2.21)
$\exp \times I(str_1 \geqslant 1.954)$	-0.112 *** (-4.15)	-0.112 *** (-4.53)
city	0.126 *** (3.37)	0.426 *** (3.37)
open	-0.025 *** (-5.26)	-0.025 ** (-2.58)
cons	0.200 *** (7.84)	0.200 *** (3.91)
R^2	0.878	0.878
N	650	650

注：括号中的数值为T统计量的值，*、**、*** 分别表示10%、5%、1%的显著性水平。

2. 以公共教育支出城乡结构为门限变量的个体固定效应估计结果

公共教育支出城乡结构作用下，公共教育支出对居民收入分配差距的影响呈现门限效应，具体结果如表4-6所示，当公共教育支出城乡结构 str_2 值低于门限值1.369时，公共教育支出在1%置信水平下通过了稳健标准误的固定效应模型检验，影响系数为0.315，说明公共教育支出对居民收入分配差距产生显著的扩大效应，此时，公共教育支出的增加意味着居民收入分配差距的进一步扩大，即当公共教育支出每增加1个百分点，居民收入分配差距就扩大0.315个百分点；当公共教育支出城乡结构 str_2 值跨过门限值1.369时，公共教育支出在1%置信水平下通过了显著性检验，影响系数为-0.151，公共教育支出对居民收入分配差距产生了平抑效应，这也就意味着当公共教育支出每增加1个百分点，居民收入分配差距就会缩小 0.151 个百分点。通过 26 个省份的面板数据来看，1998 年只有上海、北京、浙江 3 个省份公共教育支出城乡结构 str_2 值跨过第一门限值，其他均未跨过第一门限值，到 2008 年，江苏、北京、上海和浙江 4 个省份公共教育支出城乡结构 str_2 值跨过第二门限值，其他省份均未跨过第一门限值，截至 2018 年，江苏、浙江、北京、上海、广东 5 个省份公共教育支出城乡结构 str_2 值跨过第一门限值，其他省份均未跨过第一门限值。根据公共教育支出城乡结构门限值可以形成不同公共教育支出城乡结构特征的两个区制。

表 4-6　　以公共教育支出城乡结构作为门限变量的门限模型回归估计结果

	FE	FE-ROBUST
$\exp \times I(str_2 < 1.369)$	0.315*** (4.21)	0.315*** (4.19)
$\exp \times I(str_2 \geq 1.369)$	-0.151*** (-1.36)	-0.251*** (-1.28)
city	0.149*** (2.50)	0.249*** (2.39)
open	-0.041*** (-3.89)	-0.041** (-3.76)
cons	0.251*** (6.79)	0.251*** (6.21)
R^2	0.792	0.792
N	348	348

注：括号中的数值为 T 统计量的值，*、**、*** 分别表示 10%、5%、1% 的显著性水平。

三、研究结论

本书基于 1994~2018 年我国 26 个省份面板数据研究发现，公共教

第四章　公共教育支出对居民收入分配差距的影响——结构分析

育支出与居民收入分配差距之间的关系并非是简单的正向或负向的线性关系。在不同的公共教育支出结构作用下，公共教育支出对居民收入分配差距的影响具有差异性，公共教育支出结构干预了公共教育支出对居民收入分配差距影响的整个过程。

1. 将公共教育支出层级结构作为门限变量

此时公共教育支出对居民收入分配差距影响具有双重门限效应。如图4-2所示，当公共教育支出层级结构 str_1 值未越过第一门限值时，公共教育支出的增加会进一步扩大居民收入分配差距；当公共教育支出层级结构 str_1 值介于第一门限值和第二门限值之间时，公共教育支出对扩大居民收入分配差距的影响会逐渐减弱；当公共教育支出层级结构 str_1 值超过第二门限值时，公共教育支出的增加则开始遏制居民收入分配差距的进一步扩大。同时需要关注的问题是，综合我国公共教育支出层级结构的发展演变，虽然公共教育支出层级结构有不断改善的迹象，但是大部分省份公共教育支出层级结构 str_1 值仍旧未超过第一门限值，这也说明我国高等教育支出为主导的公共教育支出层级结构并没有得到根本改变，这也就使得公共教育支出对居民收入分配差距逆向影响很难得到扭转。

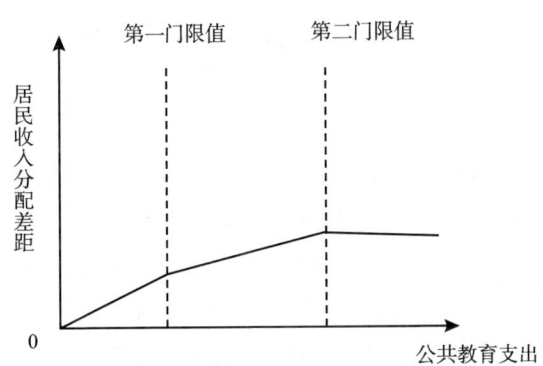

图4-2　层级结构门限效应下公共教育支出对居民收入分配差距影响模拟

2. 将公共教育支出城乡结构作为门限变量

此时公共教育支出对居民收入分配差距影响具有单一门限效应。如图 4-3 所示，当公共教育支出城乡结构 str_2 值没有越过门限值之前，公共教育支出的增加会进一步扩大居民收入分配差距；当公共教育支出城乡结构 str_2 值超过门限值时，公共教育支出的增加会有利于缩小居民收入分配差距。综合我国公共教育支出城乡结构的发展演变，公共教育支出城乡结构从趋势上有了明显改善的迹象，但是截至目前，我国大部分省份公共教育支出城乡结构 str_2 值仍旧没有超过门限值，这说明从整体上来看，我国城乡公共教育支出差异仍然比较大，城市偏向的公共教育支出城乡结构使得公共教育支出对平抑居民收入分配差距产生逆向影响。

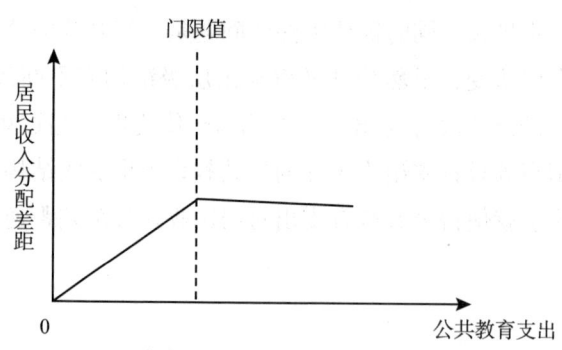

图 4-3　城乡结构门限效应下公共教育支出对
居民收入分配差距影响模拟

3. 公共教育支出与居民收入分配差距变化的基本走势

综合公共教育支出层级结构和公共教育支出城乡结构对居民收入分配差距影响的门限效应来看，公共教育支出对居民收入分配差距的影响总体上是大致相同的，即都对平抑居民收入分配差距起到逆向影响。由此，可以模拟得出公共教育支出与居民收入分配差距变化的基本走势应该是：总体呈现上升形态，但是形态变化程度是先由陡峭后逐渐转向平坦，如图 4-4 所示。由此也可以看出，由于公共教育支出结构在公共教育支出对居民收入分配差距影响过程中发挥了显著的门限效应，使公共教育支出对居民收入分配差距的影响并不是简单的正向效应抑或是负向效应，这也就意味着公共教育支出对居民收入分配差距之间并不是单调的线性相关关系，而是不规则的复杂的非线性关系。公共教育支出对居民收入分配的影响性质乃至影响程度都受制于特定的公共教育支出结构。同时这也进一步描述了一个事实：公共教育支出结构的配置只有侧重于初等教育和中等教育等基础教育领域和乡村贫困地区，公共教育支出才能对平抑居民收入分配差距产生正向影响。而在现实中，公共教育支出结构总体上存在着相反的配置格局，这就严重制约了公共教育支出平抑居民收入分配差距的作用，反而成为助推收入分配差距进一步恶化的重要因素。进一步分析可知：公共教育支出城乡结构在公共教育支出对居民收入分配差距影响的门限效应要强于公共教育支出层级结构发生时的情形。这也是为什么当前我国城乡收入分配差距是总类收入分配差距的最重要的构成原因。

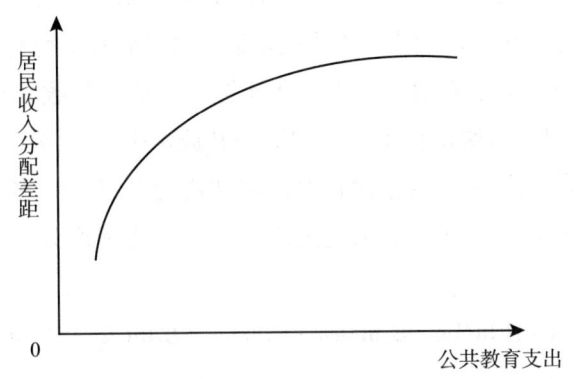

图 4-4 公共教育支出与居民收入分配差距关系走势模拟

第三节 公共教育支出层级结构对居民收入分配差距的影响

本书将采用面板数据协整检验和误差修正模型来讨论公共教育支出层级对居民收入分配差距的影响。采用这一模型的原因主要有三点：一是面板数据模型能够获得更多的信息量和更准确的研究结论。二是初步判断各研究变量具有趋势性特征，数据序列可能都存在着单位根，因此比较适合面板数据的协整检验和误差修正模型的分析。三是面板数据的协整检验和误差修正模型能够更加清晰地展现公共教育支出层级结构对居民收入分配差距影响的整个过程。具体来说，它不仅能够分析公共教育支出层级结构对居民收入分配差距的短期动态关系，也能分析公共教育支出层级结构和居民收入分配差距之间存在的长期均衡关系。

一、研究设计

（一）模型设定

本部分内容选取各省份的收入分配差距作为被解释变量，初等教育生均支出指数、中等教育生均支出指数以及高等教育生均支出指数作为核心解释变量。为了有效缓解内生性问题，将选取与收入分配差距基尼系数密切相关的城市化率水平和对外开放水平等经济变量作为控制变量引入到模型之中。为消除量纲影响和避免变量之间多重共线性等问题，对各经济变量进行对数化处理。根据上述理论分析，可以将模型设定为：

$$\ln GINI = A + \beta_1 \ln Peh + \beta_2 \ln Meh + \beta_3 \ln Seh + \beta_4 \ln City + \beta_5 \ln Open + U$$

(4-26)

式（4-26）中，左侧 $GINI$ 表示各省区居民收入分配差距基尼系数，作为模型的被解释变量。右侧 A 表示截距项，Peh、Meh 和 Seh 分别表示初等教育生均支出指数、中等教育生均支出指数和高等教育生均支出指数，作为模型的核心解释变量。$City$、$Open$ 分别表示城市化水平和对外开放水平，作为模型的控制变量。$\beta_1 - \beta_5$ 表示回归系数，U 为服从正态分布的随机误差项。

（二）数据来源

全国各省份收入分配差距的数据已在上部分计算获得，初等教育生均支出指数、中等教育生均支出指数和高等教育生均支出指数等原始数据来自《中国教育经费统计年鉴》，外商投资水平和城市化水平来自《中国统计年鉴》以及各省份和地区统计年鉴（1995~2019）。鉴于数据的完整性和连贯性，本书选取1994~2018年的数据，计量分析过程通过EViews8.0实现。

（三）变量的描述性统计

模型中各变量的描述性统计结果如表4-7所示。

表4-7　　　　　　模型中各变量的描述性统计结果

变量名	变量定义	均值	标准差	最小值	最大值
ln$GINI$	各省域收入分配差距，取对数	-0.988	0.164	-1.481	-0.712
lnpeh	初等教育生均支出指数，取对数	-2.238	0.352	-2.886	-1.698
lnmeh	中等教育生均支出指数，取对数	-1.879	0.306	-2.186	-1.489
lnseh	高等教育生均支出指数，取对数	-0.840	0.364	-1.176	-0.129
ln$city$	各省域城市化水平，取对数	3.706	0.342	3.077	4.492
ln$open$	各省域外商投资水平，取对数	0.530	1.077	-3.507	2.775

二、实证分析

（一）平稳性检验

本小节将同时采取同根情形下和异根情形下的单位根检验。采用LLC检验、Frisher-ADF检验、IPS检验以及Frisher-PP检验四种检验方法对面板数据进行单位根检验。

1. 分别对水平变量序列进行单位根检验

水平变量单位根检验结果如表4-8和表4-9所示，解释变量

lnpeh 除了 IPS 检验结果为在 5% 的置信水平下拒绝原假设"面板数据含有单位根"外，其余单位根检验结果均显示不能拒绝原假设；解释变量 lnmeh、lnseh 和 lncity 在四种单位根检验中均未通过显著性检验；解释变量 lnopen 除了 LLC 检验结果为在给定 5% 的置信水平下拒绝原假设"面板数据含有单位根"外，其余单位根检验结果均显示不能拒绝原假设；被解释变量 lnGINI 除了 LLC 检验结果为在给定 5% 的置信水平下拒绝原假设"面板数据含有单位根"外，其余单位根检验结果均不能拒绝原假设。因此，可以从整体上判断，本小节采信所有水平变量存在单位根的情况，序列为非平稳序列，需要做进一步的一阶差分处理。

表 4-8　　水平变量数据与一阶差分单位根检验结果（1）

方法	变量	ln*GINI*	Δln*GINI*	ln*peh*	Δln*peh*	ln*meh*	Δln*meh*	ln*seh*	Δln*seh*
LLC	S	-5.205	-9.762	-0.407	-24.182	4.094	-5.523	-3.136	-3.136
	P	0.000**	0.000**	0.342	0.001**	1.000	0.000**	0.001**	0.000**
Frisher-ADF	S	54.383	162.224	54.409	-19.318	18.263	75.088	60.201	168.219
	P	0.186	0.000**	0.185	0.000**	0.999	0.004**	0.178	0.000**
IPS	S	-1.146	-9.603	0.342	218.705	9.543	-2.548	-1.033	-9.235
	P	0.126	0.000**	0.001**	0.050	1.000	0.005*	0.151	0.000**
Frisher-PP	S	29.171	191.535	67.764	486.529	16.062	59.699	54.270	193.408
	P	0.975	0.000**	0.060	0.002**	1.000	0.085***	0.188	0.000**
结论		非平稳	平稳	非平稳	平稳	非平稳	平稳	非平稳	平稳

注：（1）所有检验形式均带有截距项；（2）"Δ"表示对变量作一阶差分；（3）***、**、*分别表示参数估计值在1%、5%、10%置信水平下显著。

表 4-9　　水平变量数据与一阶差分单位根检验结果（2）

方法	变量	ln*city*	Δln*city*	ln*open*	Δln*open*
LLC	S	4.094	-5.523	-3.136	-3.136
	P	1.256	0.000**	0.001**	0.000**
Frisher-ADF	S	18.263	75.088	60.201	168.219
	P	0.999	0.004**	0.178	0.000**

136

第四章 公共教育支出对居民收入分配差距的影响——结构分析

续表

方法	变量	lncity	Δlncity	lnopen	Δlnopen
IPS	S	9.543	-2.548	-1.033	-9.235
	P	1.113	0.005*	0.151	0.000**
Frisher-PP	S	16.062	59.699	54.27	193.408
	P	1.987	0.085***	0.188	0.000**
结论		非平稳	平稳	非平稳	平稳

注：(1) 所有检验形式均带有截距项；(2) "Δ" 表示对变量作一阶差分；(3) ***、**、*分别表示参数估计值在1%、5%、10%置信水平下显著。

2. 分别对水平变量序列进行一阶差分处理

一阶差分变量单位根检验结果一致为：ΔlnGINI、Δlnpeh、Δlnmeh、Δlnseh、Δlncity 和 Δlnopen 均在5%的置信水平下拒绝原假设"序列含有单位根"，在此情况下各差分变量序列为平稳序列，因此可以说，lnGINI、lnpeh、lnmeh、lnseh、lncity 和 lnopen 为一阶单整过程，都可记为 I (1)，说明各经济变量之间具备存在长期协整关系的可能性。

(二) 协整检验

本小节拟采用较为传统的 Kao 检验方法来检验两变量之间是否具有长期统计意义上的协整关系，设置原假设和备择假设一般为：H_0：残差序列非平稳，变量之间具有长期协整关系；H_1：残差序列平稳，变量之间不具有长期协整关系。面板协整关系的 Kao 检验结果如表 4-10 所示。

表 4-10　　　　面板协整关系的 Kao 检验结果

ADF	t-Statistic	Prob
	-4.520012	0.0001
Residual variance	0.003263	
HAC variance	0.001863	

注：(1) 面板协整检验形式设定为含截距项但不含时间趋势项；(2) *表示10%水平下显著，**表示5%水平下显著，***表示1%水平下显著。

由表 4-10 面板数据协整关系的 Kao 检验结果显示，ADF 统计量

为 -4.520，P 值为 0.0001，在 5% 置信水平下显著拒绝"残差序列非平稳"的原假设，表明被解释变量 GINI 和解释变量 peh、meh、seh 以及控制变量 city 与 open 长期变化趋向一致，存在长期协整关系。进一步采用 Hausman 检验设定面板数据回归模型，并对协整关系进行估计。在 Hausman 检验中原假设和备择假设一般为：H_0：个体效应与解释变量无关，面板数据模型为随机效应模型；H_1：个体效应与解释变量有关，面板数据模型为固定效应模型。得到 Hausman 检验结果为：$W = 98.451$，相应的 P 值为 0.000，在给定 5% 置信水平上是显著的，因此要拒绝建立随机效应模型的原假设，而建立固定效应模型更为合理。固定效应模型回归估计方程式为：

$$\ln GINI = 1.6410 - 0.0191 \times \ln Peh - 0.0321 \times \ln Meh + 0.1281 \times \ln Seh$$
$$+ 0.0238 \times \ln City - 0.0325 \times \ln Open + U \quad (4-27)$$
$$(1.2383) \quad (-0.4192) \quad (-1.5174) \quad (1.1204) \quad (1.1235)$$
$$R^2 = 0.9004 \quad F = 5.7521 \quad DW = 1.0863$$

由上述固定效应模型回归估计方程式可知，估计方程的可决系数为 0.90，表明拟合程度达到 0.90，残差平方和所占比重仅为 10%，回归直线与样本点拟合的程度较好，并且各经济变量的 T 统计量均能在给定 5% 置信水平下显著，因此各解释变量能够较好地解释 1994～2018 年我国居民收入分配差距基尼系数的变化情况。从长期来看，初等教育生均支出指数的波动对居民收入基尼系数波动的回归系数为 -0.0191，且在给定 5% 置信水平上是显著的，这就意味着初等教育生均支出指数每增加 1 个百分点，会使同期居民收入分配差距基尼系数缩小 0.0191 个百分点，表明初等教育生均支出的增加有助于缩小居民收入分配差距。中等教育生均支出指数的波动对居民收入基尼系数波动的回归系数为 -0.0321，且在给定 5% 置信水平上是显著的，这就意味着中等教育生均支出指数每增加 1 个百分点，会使同期居民收入分配差距基尼系数缩小 0.0321 个百分点，表明中等教育生均支出的增加有助于缩小居民收入分配差距。而高等教育生均支出指数的波动对居民收入分配差距基尼系数波动的回归系数为 0.1281，且在给定 5% 置信水平上是显著的，这就意味着高等教育生均支出指数每增加1个百分点,会使同期居民收入分配差距基尼系数扩大0.1281个百分点,由此可以看出,以高等教育为主导的公共教育层级支出结构会促使居民收入分配差距继续扩大。控制变量的基本结果是:经济变量 lncity 对 lnGINI 的影响系数为0.024,表明城市化率与收入分配差距基尼系数呈正向关系,即城市化水平程度的提高能够进一步扩大居民收入分配差距基尼系数,城市化率每增加1个百分点,居民收入分配差距基尼系数就要扩大0.024个百分点。变量 lnopen 对 lnGINI 的影响系数为 -0.033,外商投资水平与收入分配差距基尼系数呈负向关系,即对外开放程度的提高能够进一步缩小居民收入分配差距基尼系数,外商投资每增加1个百分点,居民收入分配差距基尼系数会缩小0.033个百分点。

(三) 误差修正检验

通过 EG 协整检验说明被解释变量收入分配差距基尼系数和核心解释变量初等教育生均支出指数、中等教育生均支出指数以及高等教育生均支出指数存在协整关系。根据格兰杰表述定理,可以进一步通过误差修正模型来揭示各变量之间的短期影响以及长期均衡之间的关系。

误差修正模型方程为:

$$\Delta \ln GINI = -0.0054 - 0.0063 \times \Delta \ln Peh(-1) - 0.0413 \times \Delta \ln Meh(-1) \\ + 0.1894 \times \Delta \ln Seh(-1) - 0.045 \times \Delta(\ln City) \\ + 0.012 \times \Delta(\ln Open) - 0.2781 \times Ecm(-1) \quad (4-28)$$

由式 (4-28) 可知,误差修正项系数约为 -0.2781,在给定5%置信水平上是显著的,反映了长期均衡关系对短期波动效应具有较强的修正作用,即误差修正项将以0.28的调整力度将非均衡状态拉回长期均衡的方向,使短期波动与长期影响保持趋势性一致。当期初等教育生均支出指数的波动对居民收入基尼系数波动的回归系数为 -0.0063,且在给定5%置信水平上是显著的,这就意味着初等教育生均支出指数每增加1个百分点,会使同期居民收入基尼系数缩小0.0063个百分点,表明当期初等教育生均支出的增加有助于缩小居民收入分配差距。中等教育生均支出指数的波动对居民收入分配差距基尼系数波动的回归系数为-0.0413，且在给定5%置信水平上是显著的，这就意味着中等教育生均支出指数每增加1个百分点，会使同期居民收入分配差距基尼系数缩小0.0413个百分点，表明中等教育生均支出的增加有助于缩小居民收入分配差距。而高等教育生均支出指数的波动对居民收入分配差距基尼系数波动的回归系数为0.1894，且在给定5%置信水平上是显著的，这就意味着高等教育生均支出指数每增加1个百分点，会使同期居民收入分配差距基尼系数扩大0.1894个百分点。可以看出，短期的各解释变量对居民收入分配差距基尼系数的影响系数比长期各解释变量对居民收入分配基尼系数的影响系数要小一些。

（四）格兰杰因果检验

由于各经济变量存在协整关系，因此可以对各经济变量进一步做格兰杰因果检验。格兰杰因果关系检验主要揭示经济变量居民收入分配差距基尼系数和初等教育生均支出指数、中等教育生均支出指数以及高等教育生均支出指数之间是否存在互动因果关系。对 $\ln GINI$ 和 $\ln peh$、$\ln meh$ 以及 $\ln seh$ 进行格兰杰检验，根据 AIC 和 SC 最小化信息准则，模型最优滞后阶数确定为2。如表4-11可知，当滞后阶数为2时，在给定10%显著水平下拒绝原假设"$\ln peh$ 不是 $\ln GINI$ 的格兰杰成因""$\ln meh$ 不是 $\ln GINI$ 的格兰杰成因""$\ln seh$ 不是 $\ln GINI$ 的格兰杰成因"，而接受原假设"$\ln GINI$ 不是 $\ln peh$ 的格兰杰成因""$\ln GINI$ 不是 $\ln meh$ 的格兰杰成因""$\ln GINI$ 不是 $\ln seh$ 的格兰杰成因"。这说明 $\ln peh$、$\ln meh$、$\ln seh$ 和 $\ln GINI$ 之间存在着单向的格兰杰因果关系，即初等教育生均支出指数、中等教育生均支出指数以及高等教育生均支出指数均是构成居民收入分配差距变化的原因，这就意味初等教育生均支出指数、中等教育生均支出指数和高等教育生均支出指数的波动对居民收入分配差距波动均会产生影响。但是反过来说，居民收入分配差距并不是构成初等教育生均支出指数、中等教育生均支出指数以及高等教育生均支出指数发生变动的格兰杰原因，这就意味居民收入分配差距的变动不会对初等教育生均支出、中等教育生均支出和高等教育生均支出产生影响。格兰杰因果检验的结果从统计意义上告诉我们，初等教育支出、中等教育支出和高等教育支出的变动会对居民收入分配差距的变动产生重要影响，因此具有十分重要的经济预测价值。

表4-11　教育层级发展与居民收入分配差距的格兰杰因果检验结果

Null Hypothesis:	Obs	F – Statistic	Probability
lnpeh does not Granger Cause ln$GINI$	17	5.56144	0.0126*
ln$GINI$ does not Granger Cause lnpeh	17	3.85219	0.1258
lnseh does not Granger Cause ln$GINI$	17	3.87921	0.0632***
ln$GINI$ does not Granger Cause lnseh	17	0.08742	0.9887
lnmeh does not Granger Cause ln$GINI$	17	4.25310	0.0159**
ln$GINIi$ does not Granger Cause lnmeh	17	2.08792	0.1893
ln$city$ does not Granger Cause ln$GINI$	17	4.68791	0.0259**
ln$GINI$ does not Granger Cause ln$city$	17	0.21587	0.9865
ln$open$ does not Granger Cause ln$GINI$	17	4.68791	0.0259**
ln$GINI$ does not Granger Cause ln$open$	17	0.21587	0.9865

三、研究结论

通过上述的实证分析，可以进一步总结得出如下结论：

（1）三个教育层级支出的增加都会对居民收入分配差距产生影响，只是影响的方向和程度不同。就影响方向而言，初等教育和中等教育的支出对平抑居民收入分配差距产生正向影响，初等教育和中等教育的支出的增加能够有效缩小居民收入分配差距。但是高等教育支出对平抑居民收入分配差距发挥逆向影响，即高等教育支出的增加反而会扩大居民收入分配差距。就影响程度而言，高等教育支出对居民收入分配差距的影响程度最大，这也就意味在三个教育层级的支出同时增加的情况下，公共教育支出的增加并不一定能缩小居民收入分配差距，影响方向要看三个教育层级影响强度的综合作用。中等教育支出对居民收入分配差距的影响程度要高于初等教育支出对居民收入分配差距的影响，这就意味着中等教育支出的增加更有利于缩小居民收入分配差距。

（2）三个教育层级之间不同的支出比例对居民收入分配差距的影响有所不同。公共教育对各个教育层级支出比例的不同，反映了政府对不同教育发展层级的偏好。从数据分析可以看出，我国政府长期以来偏向高等教育支出，导致对初等教育和中等教育的支出总量不足，由此形成了以高等教育支出为主导的公共教育层级支出结构，这种教育支出结构对收入分配差距的不断扩大产生了重要的影响。虽然从趋势上看，高等教育支出与初等教育支出和中等教育支出的差距正在逐步缩小，但是目前这种以高等教育支出为主导的教育支出结构还没有得到彻底的改变，这就使得公共教育支出总体对平抑居民收入分配差距产生逆向影响。

（3）三个教育层级和居民收入分配差距基尼系数之间存在长期稳定的均衡关系。初等教育支出、中等教育支出和高等教育支出的变化是预测居民收入分配差距波动的重要线索。从当期来看，初等教育支出、中等教育支出和高等教育支出对居民收入分配差距基尼系数的影响会出现一定程度偏离长期均衡的状态，但是由于存在反向修正机制会将短期波动最终会被拉回符合长期均衡趋势的正常轨道上去，从而保证了初等教育支出、中等教育支出和高等教育支出对居民收入分配差距基尼系数影响的稳定性。

第四节 公共教育支出城乡结构对居民收入分配差距的影响

一、研究设计

本小节将构建时间向量自回归模型（VAR模型）并对我国居民收入分配差距与城乡公共教育支出差距之间的关系进行计量检验。

（一）变量选取

1. 被解释变量

本小节内容将选取城乡居民收入分配差距（用ID来表示）来替代

第四章　公共教育支出对居民收入分配差距的影响——结构分析

我国居民总体收入分配差距变量作为模型的被解释变量，主要基于以下两个原因的考虑：一是由于城乡公共教育支出差距与城乡居民收入分配差距的关联最为直接，因此讨论城乡公共教育支出差距对城乡居民收入分配差距的影响是讨论城乡公共教育支出差距对我国居民收入分配差距的影响的前提；二是城乡收入分配差距是我国居民总体收入分配差距的最主要的原因之一，它主导着我国居民总体收入分配差距的发展趋势。鉴于2018年之前历年统计年鉴中未提供乡村居民的人均可支配收入的数据，研究大多采用城市居民的可支配收入和乡村居民的纯收入之比来衡量城乡居民收入分配差距。① 2018年统计年鉴中已提供历年乡村居民的人均可支配收入的数据，出于统计口径的一致性，本小节将学界普遍采用的城市居民的可支配收入和乡村居民的可支配收入之比作为衡量城乡居民收入分配差距的指标（陆铭、陈钊，2004；李如友，2016；等）。

2. 解释变量

本小节内容将选取城乡公共教育支出差距（用ED来表示）作为模型的解释变量。从数据的可获得性以及现实情况考虑，本小节将选取城乡义务教育（小学和初中教育层级）公共教育支出差距来反映城乡公共教育支出的差距，采用城乡义务教育的生均教育支出差距作为衡量城乡公共教育支出差距的指标。

（二）数据来源

城乡居民人均可支配收入的原始数据来自历年《中国统计年鉴》。全国小学教育生均支出和初中教育生均支出以及乡村小学教育生均支出和初中教育生均支出等原始数据来自历年《教育经费执行公告》，城市小学教育生均支出和初中教育生均支出分别是利用全国小学教育生均支出和初中教育生均支出以及乡村小学教育生均支出和初中教育生均支出

---

① 代表性文献有：陈斌开、张鹏飞、杨汝岱. 政府教育投入、人力资本投资与中国城乡收入分配差距［J］. 管理世界，2010（01）；钞小静、沈坤荣. 城乡收入分配差距、劳动力质量与中国经济增长［J］. 经济研究，2014（06）；吕炜、杨沫、王岩. 城乡收入分配差距、城乡教育不平等与政府教育投入［J］. 经济社会体制比较，2015（03），等等。

的数据通过相应的公式计算得出的。鉴于数据的完整性和连贯性，选取 1994~2018 年的数据，计量分析过程通过 EViews8.0 实现。为消除量纲影响和避免变量之间多重共线性等问题，对各经济变量的数据将进行对数化处理。

二、实证分析

(一) 平稳性检验

首先分别对 $lnID$ 和 $lnED$ 进行 ADF 平稳性检验，检验结果如表 4-12 所示。从表中可以看出，$lnID$ 和 $lnED$ 的时间序列均未通过 1%、5% 和 10% 的显著性检验，说明城乡居民收入分配差距变量和城乡公共教育支出差距变量都是不平稳的。接着需要对非平稳变量进行差分法处理，$\Delta lnID$ 和 $\Delta lnED$ 分别表示对相关经济变量取一阶差分的值，对差分变量 $\Delta lnID$ 和 $\Delta lnED$ 分别进行 ADF 单位根检验，得出 $\Delta lnID$ 和 $\Delta lnED$ 均在 10% 的置信水平下拒绝原假设"序列含有单位根"，这就意味着差分变量 $\Delta lnID$ 和 $\Delta lnED$ 为平稳序列，因此 $lnID$ 和 $lnED$ 为一阶单整过程，可记为 $lnID \sim I(1)$，$lnED \sim I(1)$，说明各经济变量之间具备存在长期协整关系的可能性，符合建立 VAR 模型的条件。

表 4-12　　　　　　模型各变量 ADF 单位根检验结果

经济变量	检验类型	ADF 统计量	各显著水平下临界值			结论
			1%	5%	10%	
$lnID$	(c, t, 2)	-5.41	-3.31	-2.51	-2.51	不平稳
$\Delta lnID$	(c, 0, 1)	-3.05	-2.66	-2.66	-2.49	平稳
$lnED$	(c, 0, 1)	-1.17	-3.75	-3.75	-3.21	不平稳
$\Delta lnED$	(c, 0, 3)	-2.70	-3.77	-3.12	-2.66	平稳

注：(1) 检验结果中 c、t、q 分别为检验模里中含有的常数项、趋势项和滞后阶数；(2) "Δ" 表示对变量作一阶差分。

第四章　公共教育支出对居民收入分配差距的影响——结构分析

（二）协整检验

本书通过约翰森的极大似然估计法对模型中两经济变量之间是否存在协整关系进行检验，检验结果如表4-13所示。依据Johansen协整检验判别法则可知，在两经济变量之间不存在协整关系的假设条件下，迹统计量大于5%显著水平下的临界值，且P值小于0.05，因此在给定5%的置信水平下拒绝原假设"有0个协整方程"，表明两经济变量间存在协整关系。在两经济变量之间最多存在1个协整关系的假设下，迹统计量小于5%显著水平下的临界值，且P值大于0.05，因此在给定5%的置信水平下接受原假设"最多1个协整方程"。综上可知，模型中两经济变量之间有且仅有一个协整关系，表明城乡居民收入分配差距变量和城乡居民公共教育支出差距变量并不是独立变动的，两者之间存在长期均衡关系，这一结论对其构建模型并进行参数估计是非常重要的。

表4-13　　　　　　　　Johansen协整检验结果

协整方程个数	特征值	迹统计量	5%临界值	P值	最大特征值	5%临界值	P值
0个	0.9321	22.8199	18.0027	0.000	15.7739	14.8367	0.00
最多1个	0.2137	8.3302	10.1295	0.236	8.3302	10.1295	0.18

（三）最优滞后阶数的确定

VAR模型滞后阶数的确定会直接影响模型的计量分析效果和经济预测的精准性，因此合理确定滞后阶数对VAR模型是十分必要的。确定最优滞后阶数需要在滞后阶数和自由度之间做一个权衡。经过多次尝试，将根据似然比检验和AIC、SC、HC准则最小化原则等方法确定最优滞后阶数，比较所取模型5个滞后阶数相关评价指标最终支持VAR模型选取滞后1期为最优滞后阶数，记为VAR（1）。结果如表4-14所示。

表4-14　　　　　　AR模型最优滞后项阶数检验结果

Lag	LR	FPE	AIC	SC	HC
0	8.335	0.2331	1.2632	0.6412	0.5687
1	9.288	2.4e-14	0.1268*	0.1982*	0.1872*
2	9.632*	2.8e-14	0.5968	0.8652	0.2795
3	7.214	2.5e-14	0.6329	0.2216	0.6247
4	6.111	2.3e-14	0.7841	0.5479	0.9645
5	5.213	2.1e-14*	0.0063	0.2357	0.8913

采用 OLS 方法对 VAR(1) 模型进行估计，城乡居民收入分配差距模型和城乡公共教育支出差距模型的拟合优度分别为 92.1% 和 91.3%，F 统计量值分别为 451.2 和 654.2，说明 VAR(1) 模型拟合效果很好。通过 EViews8.0 软件得出 VAR(1) 模型方程为：

$$\begin{pmatrix}\Delta\ln ID_t\\ \Delta\ln ED_t\end{pmatrix}=\begin{pmatrix}0.2185\\ 0.1507\end{pmatrix}+\begin{pmatrix}-1.3644\cdots 0.3540\\ -0.1134\cdots 0.3223\end{pmatrix}\begin{pmatrix}\Delta\ln ID_{t-1}\\ \Delta\ln ED_{t-1}\end{pmatrix}+\begin{pmatrix}\delta_{1t}\\ \delta_{2t}\end{pmatrix}$$

(4-29)

（四）稳定性检验

通常采用 AR 根图的方法来对 VAR 模型的稳定性进行检验，以确保其脉冲响应收敛性。根据 AR 根图示法的判别规则，VAR 模型所有特征方程根的倒数都小于1，并且都落在了单位圆内，如图4-5所示，这就表明所构建的 VAR 模型是稳定的，城乡公共教育支出变量和城乡居民收入分配差距变量之间存在长期稳定关系，可以进一步进对模型进行脉冲响应分析。

（五）脉冲响应分析

脉冲响应函数（impulse response function，IRF）可以有效刻画模型中每个经济变量的变动或冲击对其自身及其他所有内生变量的影响作用、冲击影响的大小和冲击消散的速度快慢，进而可以直观地看出模型

第四章 公共教育支出对居民收入分配差距的影响——结构分析

各经济变量之间的动态依存关系。① 图 4-6 所示的中间实线即脉冲响应函数，代表的是各内生变量冲击的动态响应，两侧的虚线代表的是脉冲响应函数加减 2 倍标准差的置信带，揭示了冲击响应的可能性范围。图 4-6 中的图形 a 和图形 b 的横轴代表脉冲响应函数的追溯期数，本小节将追溯期数设定为 10 年期。图形 a 纵轴代表的是城乡居民收入分配差距对自身新息的响应程度，图形 b 纵轴代表的是城乡居民收入分配差距对城乡公共教育支出差距新息的响应程度。

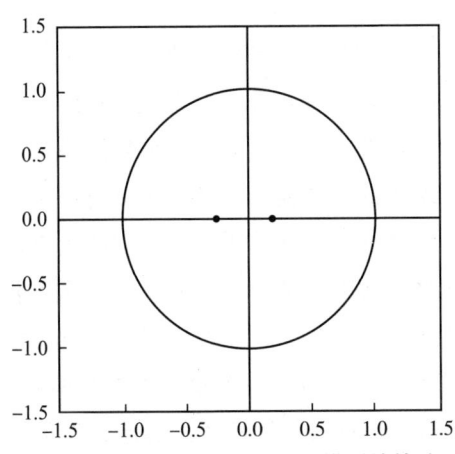

图 4-5 AR 根图法对 VAR 模型的检验

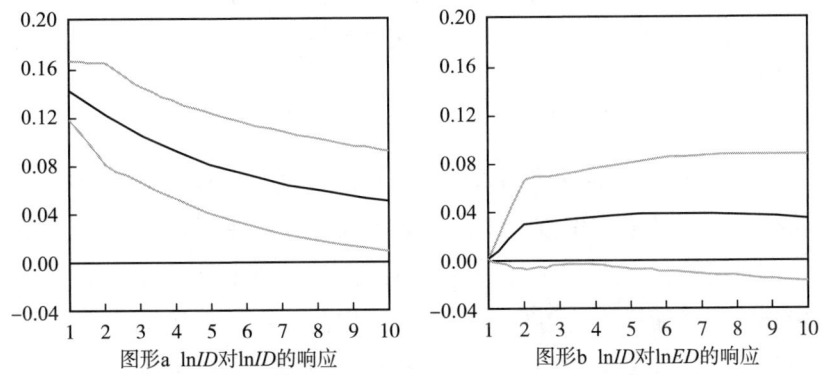

图 4-6 模型中各经济变量之间的脉冲响应程度示意图

---

① 卡特·希尔. 计量经济学原理 [M]. 大连：东北财经大学出版社，2012：186.

结合图形 a 来观察和分析城乡居民收入分配差距受到自身对它的脉冲响应。当本期给城乡居民收入分配差距一个标准差的新息后，城乡居民收入分配差距立刻具有较强的响应，在第一期达到最大值 0.152095，随后城乡居民收入分配差距呈现缓慢下降的趋势，但可以看出无论从短期还是长期来讲，城乡居民收入分配差距对其自身的冲击都具有显著的、稳定的正向效应，由强趋弱，长期趋向 0.04。这反映出城乡居民收入分配差距具有累积效应，说明缩小城乡居民收入分配差距是一项长期艰苦的工作。

结合图形 b 来观察和分析城乡居民收入分配差距受到城乡公共教育支出差距对它的脉冲响应。城乡公共教育支出差距变动对城乡居民收入分配差距变动的冲击具有一定的滞后性，城乡居民收入分配差距对来自城乡公共教育支出差距的冲击在第 1 期几乎没有反应，第 2 期冲击才较为明显，然后开始缓慢增长，在第 4 期时达到最大值 0.048718，随后开始小幅下降，长期趋于 0.03，从总体来看，城乡居民收入分配差距对来自城乡公共教育支出差距的冲击一直维持在较高水平的正向影响上，城乡公共教育支出差距对城乡居民收入分配差距的作用时滞为 1 期。这表明虽然城乡公共教育支出差距对城乡居民收入分配差距的正向影响具有时滞性，但是影响一旦产生就会呈现长期性和稳定性，这就意味着城乡公共教育支出差距的扩大最终会导致城乡居民收入分配差距持续性扩大。

（六）方差分解分析

方差分解（variance decomposition）是通过分析每一个结构冲击对经济变量变化（通常用方差来衡量）的贡献度，进一步评价不同结构冲击的重要性。因此，"方差分解能够给出对 VAR 模型中的经济变量产生影响的每个随机扰动的相对重要性的信息"。[①] 城乡居民收入分配差距与城乡公共教育支出差距的方差分解结果如表 4-15 所示。

---

① 高铁梅. 计量经济分析方法与建模 - EViews 应用及实例 [M]. 北京：清华大学出版社，2016：351.

第四章 公共教育支出对居民收入分配差距的影响——结构分析

表4-15 城乡居民收入分配差距与城乡公共教育支出差距的方差分解结果

时期	S. E.	$\Delta\ln ID$（%）	$\Delta\ln ED$（%）
1	0.01874	100	0.0000
2	0.05328	84.14209	15.85791
3	0.13547	83.19687	16.80313
4	0.17216	82.26206	17.73794
5	0.17543	81.96204	18.03796
6	0.17847	80.17294	19.82706
7	0.17941	79.25323	20.74677
8	0.18076	78.13233	21.86767
9	0.18141	77.56239	22.43761
10	0.18221	77.15165	22.84835

表4-15中，第一列为预测期，第二列S.E为城乡居民收入分配差距变量的各期预测标准误差，第三列和第四列分别表示以城乡居民收入分配差距变量和城乡公共教育支出差距变量为城乡收入分配差距变量的方程新息对各期预测误差的贡献度，每行结果相加是100%。由表4-15可以看出：城乡居民收入分配差距的波动在第1期只受到自身冲击的影响，而城乡公共教育支出差距对城乡居民收入分配差距波动的冲击（即对预测误差的贡献度）在第2期才显现出来，贡献率为15.86%，随后呈现逐步增强态势，这表明城乡公共教育支出差距对城乡居民收入分配差距波动的冲击作用具有一定的滞后效应，且其贡献呈逐期累积递增的趋势，到第10期时城乡公共教育支出差距对城乡居民收入分配差距的贡献达到了22.85%，表明城乡公共教育支出差距对城乡居民收入分配差距产生了显著的影响。该结论与脉冲响应分析得出的结论是一致的。

三、研究结论

本节通过构建VAR模型对我国城乡居民收入分配差距与城乡公共

教育支出差距之间的关系进行了计量分析,计量结果显示:对模型进行单位根检验和协整检验可知,我国城乡居民收入分配差距与城乡公共教育支出差距之间存在长期均衡关系。在对模型进行建模过程中,通过最优滞后阶数的确定,可知 VAR(1)模型为最佳模型,模型拟合效果最好,并能够通过稳定性检验。在对模型进行脉冲响应和方差分析中,发现城乡公共教育支出差距对城乡居民收入分配差距起着长期可持续的显著正向影响,即城乡公共教育支出差距的扩大同时也带来城乡居民收入分配差距的扩大,由此可以推断城乡公共教育支出差距波动是导致城乡居民收入分配差距波动的重要影响因素,只是城乡公共教育支出差距对城乡居民收入分配差距的影响效应的发挥具有一定的滞后性。

第五章

公共教育支出对居民收入分配差距的影响
——制度分析

从历史演变来看，不论是公共教育支出总量的供给，还是公共教育支出结构的配置，都体现出政府公共教育支出行为存在一定趋势性的稳定偏好，这也能反映出政府公共教育支出背后遵循着特定的行为逻辑。而政府行为背后的制度逻辑带有根本性和长久性的特征，因此，成为探究政府公共支出行为活动的重要分析视角。从制度根源上分析政府公共教育支出行为的活动轨迹，有助于深入破解公共教育支出与居民收入分配差距之间的关系。改革开放以来，我国财政制度变革贯穿了经济改革的整个过程，而财政制度的变革一直围绕着财政分权这个主线展开，它通过重塑政府间关系和调整政府间利益结构，为政府公共支出行为活动提供一整套成型的激励结构，从而对政府公共支出行为决策偏好产生深刻影响。鉴于此，要深入理解政府公共教育支出的行为偏好或发生动机，将政府公共教育支出行为纳入财政分权的制度框架内进行深度透析，是一个很好的尝试。

本章从财政分权的视角来分析公共教育支出对居民收入分配差距影响的制度原因。如图5-1所示，财政分权背景下公共教育支出对居民收入分配差距的影响过程存在两个逻辑进路：一是从总类财政分权的角度分析总类财政分权背景下特有的激励结构，造成了政府公共支出结构的失衡以及公共教育支出偏低。二是从教育财政分权的角度分析教育财政分权背景下的政府之间教育事权与支出责任在不同层级政府之间的配置，造成了公共教育支出结构存在明显失衡，具体体现在：一方面公共教育支出层级结构中政府的高等教育支出的财政保障程度和努力程度明显高于初等教育支出和中等教育支出；另一方面公共教育支出城乡结构中政府的城市公共教育支出的财政保障程度和努力程度明显高于乡村。由此进一步分析公共教育支出结构失衡是造成居民收入分配差距不断扩大的现实原因。

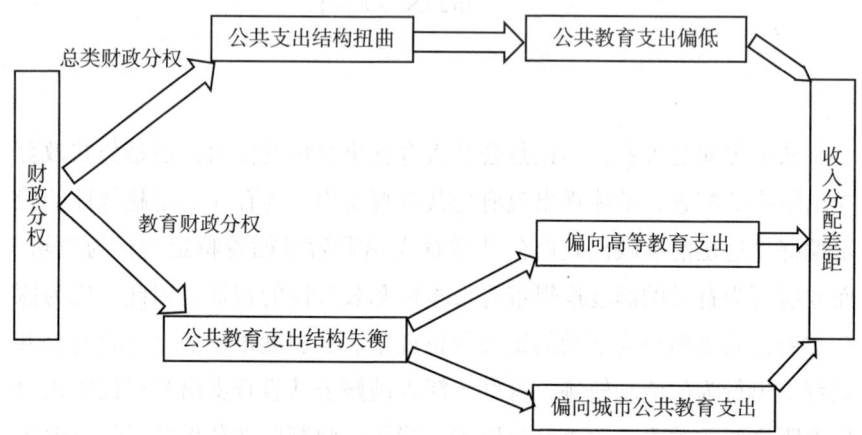

图 5-1　财政分权背景下公共教育支出对居民收入分配差距的影响过程

第一节　总类财政分权对公共教育支出行为的影响

连同民主、竞争性市场、法治等制度一起，分权被人们视作治愈政治和社会弊病的一剂良方，它穿越了地理和意识形态的边界，在全球范围内正在以各种不同的方式重塑着政府。[1] 但是，正如托克维尔所言："分权是一个不断被提及但总体来说却又是一个无人能精确定义的词汇"。[2] 分权存在着多样化的类型，诸如政治分权、行政分权抑或财政

---

[1] Treisman Daniel, The Architecture of Government (Cambridge: Cambridge University Press. 2007), p596.
[2] 托克维尔. 论美国的民主 [M]. 北京：商务印书馆，2017：200.

分权等，它们在含义上和制度安排上可能是相互重叠和交叉的，但的确又是不同的概念和政治过程。

由于政府运行体制多是受制于既有的财政约束框架，因此财政分权改革也将深刻影响政府运行体制以及政府的行为模式，进而影响一个国家的经济发展水平和公共服务供给模式。这也使得财政分权在所有分权改革图谱中处于核心的位置。同时，作为一种制度和政治过程的变革，财政分权在不同的国家从出发点、目标与价值、制度基础、政治和社会后果等多方面存在着的差异，"全球化的财政分权运动"这样的标签根本无法掩盖分权化的多样性和差异性，① 因此在不同国家体现出不同的分权模式。

一、我国财政分权的特征

财政分权主要讨论的是存在多级政府条件下地方政府的行为分析。它通过界定中央和地方政府间的财政收支范围，并赋予地方政府相应的预算管理权限，来实现对政府间关系的优化和职能的调整，进而对公共支出效率产生显著影响。由此可以看出，财政分权其实本质上就是在处理政府之间的财政分配关系。理论上来讲，集权有利于发挥公共财政的规模经济效应，分权则有利于满足公众的差异化偏好，而财政分权改革的根本指向就是如何在集权和分权之间实现稳定均衡，即中央政府和地方政府的财政收益处于相对均衡的状态，从而实现两者的边际收益相等。

（一）财政分权发生的思想溯源

财政分权自产生之日起，关于财政分权的讨论就从未停止过。从财政分权思想演变过程来看，关于财政分权发生的问题有两个影响较大的

---

① 沙布尔·吉玛，丹尼斯·荣迪内利. 分权治理：概念与实践 [M]. 上海：格致出版社，2013：157.

研究进路：

1. 传统财政分权思想：基于公共产品理论的视角

公共产品理论的核心议题是讨论如何能够实现最优的公共产品供给。公共产品理论认为财政分权之所以会发生，就是因为它通过理清政府间关系，从而能够有效保障政府履行公共产品配置的职能，其主要理由在于两点：一是公共产品存在内在层次性。不同层次的公共产品应该有不同层级的政府来承担，即政府的财政职能需要在不同层次的政府间进行合理的配置和科学的分工。一般来讲，政府的宏观经济稳定职能、收入分配职能和资源配置职能这三大财政职能是这样分配的：宏观经济稳定职能归中央政府；收入分配职能由中央政府和地方政府共同承担，但主要归中央政府负责，中央政府应该而且能够比地方政府在调节收入分配问题上发挥更大的作用，地方政府应承担一定的补充责任；而资源配置职能主要由地方政府承担。① 二是地区公共产品存在异质性偏好。一方面，地区公共产品的异质性偏好会导致中央政府与地方政府在公共产品偏好信息获取方面存在信息不对称的情况，中央政府很容易发生"偏好误识"，且存在很高的信息搜寻费用、交易成本和控制成本等，因此难以有效提供满足个性化需求的地方性公共产品。很显然，地方政府更有能力准确识别地区公共产品偏好，能够有效率地实现地区公共产品供给。分权供给公共产品的最优边界条件在于差异化供给所带来的边际收益与边际成本相等。② 另一方面，自由迁徙的本地选民会通过"用手选票""用脚投票"的方式来表达对地区公共产品偏好的诉求，这会促使地方政府产生优化公共产品供给的压力和动力，地方政府之间为了赢得辖区选民的选票会展开激烈竞争，不断满足辖区选民的需要并形成最佳财政社区。③

---

① 马斯格雷夫. 财政理论与实践 [M]. 北京：中国财政经济出版社，2003：453.

② Oates W, "Toward A Second-Generation Theory of Fiscal Federalism," *International Tax and Public Finance* 12 (2005): 373.

③ C. M. Tiebout, "The Pure Theory of PublicExpenditure," *The Journal of Political Economy* 64 (1956): 424.

第五章 公共教育支出对居民收入分配差距的影响——制度分析

总体来讲，公共产品理论认为政府为了承担好"仁慈型政府"的角色，出于为居民提供更多更好的公共产品的动机，根据政府在提供公共产品方面具有的信息优势和供给能力不同，需要对公共产品进行分权供给，从而最终重塑了政府间关系：一是在中央政府和地方政府之间实现了公共产品配置职能的分工，确保公共产品配置数量的充足。二是促成了不同地方政府之间围绕优化公共产品质量展开激烈竞争，从而有利于公共产品供给质量的提高。这一研究进路被称为传统的财政分权思想。

2. 第二代财政分权思想：基于公共选择理论的视角

公共选择理论否定了公共产品理论关于政府的"仁慈型政府"的假定，而是基于"理性人政府"的前提，承认政府和官员个人发展利益存在的正当性以及注重政府和政府官员本身行为的激励问题，认为官员的利益激励与行为选择对政府职能走向与市场经济运行都会产生十分重要的影响。公共选择理论认为财政分权之所以发生，原因就在于财政分权能够有效激发政府内在激励，从而构筑起一个能够维护市场效率的支持性的政府治理结构。在这种政府治理结构下，纵向上中央和地方政府之间根据市场效率界定其各自职能，共同维护和推进市场经济发展，这就是所谓的财政联邦主义。同时，横向上地方政府之间的竞争对地方政府随意干预市场构成了有力的约束，限制了地方政府官员的"攫取之手"，从而在事实上形成了维护市场的维护型财政联邦主义。该财政分权思想能够有效诠释经济增长和经济转型背后的内在动力。与此同时，一些转型经济体如中国、俄罗斯等国家正在发生的财政改革及经济绩效过程成为该财政分权思想重要的试验场。

总体来说，公共选择理论讨论财政分权的逻辑出发点在于如何实现对政府行为的有效激励，并通过扩大地方自主决策权来重塑政府间关系：一是能够有效解决中央政府与地方政府之间存在的委托——代理问题，中央政府通过财政分权实现对地方政府的有效激励和约束，使地方政府活动能够有效嵌入符合中央政府宏观战略框架的行动体系之中。二是促成地方政府之间"为增长而竞争"，由此地方政府发展经济的动力机制彻底被激活，地方政府逐渐成为地方经济和社会发展事务的最重要的主导力量。这一研究进路被称为第二代财政分权思想,也称为市场维护型财政联邦主义。

(二) 我国财政分权的制度变迁

在新政治经济学看来,政治市场与经济市场存在相似性,政府行为与企业行为同样具有自利性动机,但是与之不同的是,除此之外,政府行为背后的激励机制更加复杂,它要受到经济和政治等多重因素的影响。因此在探究政府行为时要考虑经济与政治的内在关联性。作为一项调整中央政府和地方政府权力关系的制度安排,我国财政分权制度之所以能够深刻影响地方政府行为偏好,主要在于有两个制度参数发挥了决定性作用,即经济上的财政收支权限的分配制度和政治上的人事任免制度。[①] 经济上的财政分权制度和政治上的政绩考核制度相互影响、相互作用,构成了我国财政分权的系统性制度框架,由此也成为分析我国财政分权制度变迁的两个重要的认知维度。财政分权制度变迁实质上是政府之间权力和利益调整或再分配的过程。

1. 财政包干体制时期的财政分权 (1980~1993 年)

新中国成立之后我国采取的高度集权型财政管理体制以及以政治忠诚为导向的政绩考核体制,保障了我国国民经济的快速恢复和建立以重工业为基础的社会主义工业化体系。但是,这一体制却因为忽视地方利益,使地方政府丧失发展地方事务的积极性,造成中央在制定重大发展决策过程中频繁出现失误。虽然在此期间,中央和地方关系几经调整,但是由于调整策略只是片面遵循中央与地方之间收支平衡的简单逻辑,并未触及高度集权的财政管理体制的内核,由此陷入了"一放就活、一活就乱、一乱就收、一收就死"的治理困局之中。改革开放以后,随着我国经济工作中心的转移和社会主义市场经济的不断确立,这种高度集权的财政管理体制已经成为我国未来发展的重要制度障碍。基于此,中央启动了新一

[①] 王国生. 转型时期地方政府面临的制度环境及其市场地位分析 [J]. 南京社会科学, 1999 (11): 9–13.

第五章　公共教育支出对居民收入分配差距的影响——制度分析

轮的以财政包干为特征的财政分权改革。

一方面，重塑中央和地方财政权力关系。明确划分中央和地方收支范围，由"一灶吃饭"改为"分灶吃饭"，财力分配由过去"条条"为主改为"块块"为主。中央政府推动的财政分权改革并不是一蹴而就的，而是对放权分权、承包制以及财政包干进行了多方面探索，如表 5-1 所示，财政分配方案也进行过多轮调整。在财政包干体制下，中央政府根据各级地方政府的实际情况，来制定各级地方政府上交给中央政府的财政收入比例以及地方政府需要中央政府补助的财政收入额度。财政包干体制彻底打破了高度集权的传统财政管理体制框架，使得我国财政体制从根本上实现了由集权走向分权。同时，政府间财政收支范围的划分按照传统的行政隶属关系进行，中央政府与地方政府继续按照企业所属的行政隶属关系组织财政收入并安排财政支出，从这个角度上讲，财政包干体制所实现的财政分权其实是停留在行政管理权划分的层面上，因此本质上它是一种行政性分权。[①] 不过，这也就意味着地方政府成为国有企业的实际拥有者，成为地方经济发展的高度干预者，地方政府可以在财政预算的弹性范围内有权依据财政预算来自主规划本地经济社会发展。财政分权的改革为地方政府在其权限内干预经济活动创造了制度环境和合法性。[②]

表 5-1　　　　　我国财政包干体制的运行方案

阶段	时间	方案
财政包干体制	1980~1985 年	划分收支，分级包干
	1985~1988 年	划分税种、核定收支，分级包干
	1988~1993 年	多种形式的财政包干

[①] 刘卓珺，于长革. 中国财政分权演进轨迹及其创新路径 [J]. 改革，2010 (6)：8-12.
[②] 郑永年. 中国的"行为联邦制"：中央—地方关系的变革与动力 [M]. 北京：东方出版社，2013：39.

另一方面，逐步确立以经济绩效为导向的政绩考核机制。1988年中共中央组织部明确对地方政府官员的政绩考核提出新的要求，首次明确把地区生产总值增速、工业总产值、财政收支、农业产量、基础设施的投资等经济发展指标列入地方政府年度目标责任考核的重点。由此，中央政府对地方政府的政绩考核机制从政治忠诚为主导的指标考核逐步向经济绩效为主导的指标考核转变。而且，作为政绩考核机制的设计者，中央政府通过政绩考核机制的调整来实现两个目的：一是控制地方政府行为，确保政府意志的一致性；二是控制人事任免，确保中央政策能够有效执行。

中央政府通过对经济上的以财政包干为主导的财政分权和政治上的以经济绩效为主导的政绩考核指标调整，把地方政府利益、官员个人利益和地方经济发展紧密结合起来，从而诱发了地方政府通过发展地方经济实现扩增财政实力和获得职位晋升的动机。但是在此过程中，出现了政府财力过于分散化的倾向，最直接的后果体现在中央政府财政收入占全国财政收入比重不断下降，导致中央政府宏观调控能力遭到削弱，而地方政府与中央政府讨价还价能力却越来越强。

2. 分税制时期的财政分权（1994年至今）

基于财政包干体制带来的弊端，中央政府对政府财政分配关系进行重新调整，启动了新一轮的分税制改革。分税制改革主要内容包括：一是划分中央与地方的收入。中央政府将税种分为中央税、地方税和中央与地方共享税三大类。中央税是指由中央政府征管和支配，用以履行中央政府职能所必需的税种，主要包括关税、消费税等。地方税是由适合地方征管，由地方政府支配的税种，主要包括城市土地使用税，契税，土地增值税等。中央与地方共享税主要是用于调剂中央税和地方税之间的财政资金余缺的税种，主要包括增值税、资源税、证券交易印花税等税种。二是划分中央与地方间的事权和支出。中央政府主要承担全国性事务，如国防和外交、宏观调控等方面所需要的公共支出。地方政府主要承担地方性事务，如促进地区经济发展，改善民生社会事业所需的地方行政管理费、科教文卫体事业、城市维护和建设经费等方面的公共支出。而一些区域性事务则由中央财政和地方财政共同承担，如区域性环境治理、交通基础设施建设等方面的公共支出。三是确定中央对地方的转移支付制度。该制度主要是应对地方政府出现财政收支失衡或税收不足等问题时，中央通过一定的途径将部分财政资金无偿返还给地方政府使用，以实现再分配目标和减少地方政府财政能力的差异。我国的转移支付制度主要包括一般性转移支付、专项转移支付和税收返还三种类型。我国转移支付制度对地方公共教育支出具有显著的促进作用。

值得一提的是，分税制与财政包干体制存在本质的区别：一是从财权的角度来讲，收入划分的依据不再是企业所属的行政隶属关系而是市场效率的原则，这也就意味着分税制改革标志着我国财政分权正式突破了"行政隶属关系"和"条块分割"的限制，真正实现了由行政性分权向经济性分权的跨越。另外，此次收入的划分是通过税制调整来重新将原先下放地方的财权集中到中央政府手中，以此提高中央政府财政收入占比和重塑中央政府权威，因此分税制改革虽然是形式上实行了分权，本质是却意味着财权的再集权化。二是从事权的角度来讲，中央政府进一步明确赋予地方政府在辖区内的经济社会管理权限，大量中央政府事权下放至地方政府，地方政府公共支出事项明显增多。这说明分税制改革行政性分权得到进一步强化，地方政府自主性决策的空间进一步扩大。因此可以说，本轮的分税制改革在财政支出分配方面越来越分权，而在财政收入分配方面变得更加集中，由此在中央政府与地方政府之间形成了财权和收入相对集中而事权和支出相对分散的格局。

此时，政绩考核机制也发生了新的变化。2009年中共中央组织部相继出台了新的综合考核评价办法，设置了能够体现科学发展观的14个观测考核指标。2013年中共中央组织部又提出政绩考评要突出科学发展观，改变过分偏重经济指标的考核的不良倾向，提出政绩考核要从经济、政治、文化、社会、生态和党建等方面系统推进。2020年中组部在新印发的《关于改进推动高质量发展的政绩考核的通知》中，明确提出要聚焦推动高质量发展优化政绩考核内容指标，精准设置关键性、引领性指标，实行分级分类考核，坚持定性与定量相结合，考人与考事相结合,综合运用多种方式考准考实领导干部推动高质量发展政绩。由此可以看出,我国的政府绩效考核机制正在由经济增长绩效不断向服务绩效导向转向,但是由于经济激励对财政分权的强大刺激,以及政绩考核机制中经济指标仍占相当大的权重,使其他领域的政绩考核指标对地方政府官员行为的指引作用还需要一个漫长的过程才能得到有效发挥,而且以 GDP 论英雄的政绩思维在短期内很难消除。

(三) 我国财政分权的特征

由于我国是单一制政体国家,与西方国家具有截然不同的政治基础和组织架构,这就决定了我国的财政分权无论从财政分权的初始动力、法律环境和制度框架,还是从财政分权的表现形式及后果方面都与西方国家财政分权的改革存在着较大的差异。① 具体来讲,我国财政分权改革呈现如下特征:

1. 政治集权下的经济分权

西方国家的财政分权往往是以权力下放的形式实现的,在以这种形式支配的财政分权制度框架下,财政分权往往处于政治和经济双重分权的制度空间。而我国财政分权的改革一直比较强调政治集权与经济分权的有效结合。一方面通过政治集权实现对地方政府人事任免的有效控制,以保障政治方向的一致和政令上的统一,确保中央政府的意志能够得到有效贯穿与执行。另一方面通过经济分权使地方政府拥有了更多经济管理和财政收支的自主决策权限,这就意味着承认了地方政府的独立利益主体地位并在行动上使之得到巩固,从而刺激了地方政府发展经济的热情。而以经济绩效为导向的官员政绩考核机制把政治集权下的人事任免制度与经济分权下的经济权限分配制度有机糅合在一起,从而为财政分权构建起了一套有效的激励框架,这就有效调和了政治集权和经济分权之间的冲突,实现了政治集权与经济分权的高度耦合。

---

① 谷成. 中国财政分权的特征与改革取向 [J]. 政治经济学评论, 2008 (2): 99 - 102.

2. 中央政府行政主导整个分权过程

在国家权力运行体系中，中央政府处于绝对的权威地位，这就使得我国财政分权的改革主动权一直掌握在中央政府手中。在我国财政分权改革的整个过程中，财政分权的改革程度、推行时机以及制度规则等都要完全取决于中央政府的意图，地方政府在这些方面没有与中央政府讨价还价的余地。从财政包干制到分税制，改革开放以来的历次财政分权改革都是在中央政府意志主导下进行的。中央政府浓重的行政主导色彩决定我国财政分权改革过程具有两个十分重要的特征：一是我国财政分权的改革是一种"自上而下"的供给主导型分权。财政分权的改革初衷首先发生在中央政府层面，改革的出发点都是要保证中央政府汲取足够的财政资源并以强有力的宏观调控能力作为主要目标，其改革过程主导力量也来自中央政府，中央政府为经济运行和政治操作提供制度环境，形成所谓的"统率性的规则"，[①] 并靠中央的权威采取强制性动员的方式自上而下逐级将改革推行开来，地方政府则是在这个设定好的制度环境中开展具体行动。因此从这个角度上说，我国的财政分权属于典型的以供给驱动的强制性制度变迁。在单一制政体框架下中央政府作为天然的权力垄断者，在制度设施和组织成本方面都具有明显的优势，提高了制度变革的效率。二是我国财政分权的改革属于典型的"行政性一致同意"型财政分权模式。[②] 我国财政分权的改革体现了中央政府的意志，而中央政府的意志是通过制定一系列"行政性一致同意"财政规则来体现和实现的，在现实生活中具体表现在国务院通过的一系列行政性法规。这充分表明行政手段尤其是中央政府行政决策在我国的整个财政分权改革中起着关键性的主导作用，而宪法赋予全国人民代表大会的立法权却未得到真正的发挥。这也使得财政分权规则呈现出很强的务实性和适应性，也显现出弹性和灵活的特点。但是从另外一个角度也可以

[①] 查尔斯·林德布洛姆. 政治与市场：世界的政治—经济制度 [M]. 上海：上海人民出版社，1997：16.

[②] 马万里. 中国式财政分权：一个扩展的分析框架 [J]. 当代财经，2015 (3)：253-256.

看出，我国财政分权缺乏立宪基础，法治的缺位容易导致财政分权改革难以解决更加深层次的矛盾和问题，其所带来的随意性容易造成改革过程的进退摇摆从而影响持续性，同时也造成我国政府间财政分配关系具有相当的不稳定性，为政府间展开博弈提供了可能性。

3. 财政分权呈现路径依赖特征

任何一项制度变迁存在报酬递增机制与自我强化机制，并且表现出很强的渐进性和路径依赖性特征。[1] 而正是由于制度变迁路径依赖特性的存在，财政制度的变迁往往表现为持续的边际调整和革新，这与我国渐进式的市场经济改革的节奏是同步的。我国财政分权改革的路径依赖性特征具体表现在三个方面：一是我国财政分权的改革过程保留了计划经济体制的遗产。我国财政分权的改革都是在行政力量强行推动下进行的，改革注重实效性，解决的往往都是短期问题，但并未真正意义上碰触或解决一些深层次的矛盾和问题，比如我国现行政府职能以及政府间关系都是在计划经济体制下形成并演变而来的。由于政府职能及其在各级政府间的划分一直缺乏法律依据，造成政府职责和事权范围的界定仍处于随意摇摆的模糊状态，存在着较多的"缺位""错位"等现象，使现行的分税制的合理性受到很大的冲击，成为我国构建科学合理的分级财政体制的基础性障碍。二是分税制保留了财政包干制的一些具体做法。比如在政府间财权划分上，企业所得税仍按行政隶属关系进行划分，即中央企业的所得税归属中央收入，而地方企业的所得税归属地方收入，这不符合政企分开的原则，不利于企业进一步解除对行政的依附关系，这是与市场经济体制改革的方向相背离的。在地方财政收支的确定方法上，分税制仍然沿袭了财政包干体制下按基期年份地方既得财力确定财政体制支出基数的做法。这种做法能够考虑到地方发展利益，减少分税制改革推行的阻力，但是却进一步强化了不合理的收入分配格局，形成了"受益地区长期受益，吃亏地区长期吃亏"的内在发展逻辑，造成了地区间受益状况的苦乐不均，地区间收入分配差距的不断扩

---

[1] 道格拉斯·诺思. 制度、制度变迁与经济绩效 [M]. 上海：格致出版社，2008：253.

大。在政府间财政转移支付上，分税制改革方案中中央政府对地方政府足额上缴的税收进行税收返还鼓励，税收返还额度按基数法进行确定，财政包干体制下的上解补助项目和上缴办法也仍然进行保留。同时，分税制改革并未将省以下财政体制纳入分税制的轨道，因此省以下财政体制还多是沿用原先的财政包干体制。三是分税制改革采取了兼顾原有利益格局的利益需要的措施。财政包干体制下由于地方政府享受到的制度红利最多，因此成为维持原有体制和保持制度惯性的既得利益团体，同时也成为新一轮分税制改革的主要阻力。为了减少分税制改革阻力，中央政府采取适当考虑地方政府既得利益的做法，比如在财政收入分配上，继续保留地方政府预算外收入的权限，尤其是把土地出让收入部分归于地方政府，这就为地方政府在解决地方财政问题时提供了更大的自由可裁量的空间。在转移支付制度上，中央政府设置规模庞大的专项财政转移支付基金，一定程度上对地方政府事权承担的额外分配。由此可以看出，分税制改革过程中受到旧制度的影响和阻碍比较大，从而造成一定程度的制度内卷化问题，也增加了分税制改革实质性推进的难度。

二、财政分权对政府公共教育支出行为的影响

财政分权所形成的一系列的激励结构，把政府行为活动嵌入一定的目标函数之内，并在此基础上产生了政府特定的公共支出偏好。

（一）政府的理性动机及目标函数

在经济活动中，任何人或组织都有着自利的动机，这是行为理性的表现，也是经济学研究经济行为时所要遵循的基本前提假设，一般称之为理性人假设。在关于理性人的假设上有两种基础性解释：一种是传统经济学的完全理性假设。完全理性人具有有序偏好、完备信息和无懈可击的计算能力，因此会采取有效积极的行动实现自身利益最大化。另一种是有限理性假设。赫伯特·西蒙最早将有限理性概念引入经济学领域，他提出的有限理性主要在于"复杂甚至不稳定的观察、感知和判

断，源自从具体事件产生一般规律的不可能性以及时间本身所具有的不确切性"，[①] 他认为人们在决策过程中只能寻求满意解而不是最优解，进而主张在决策准则上，用满意性准则代替最大化准则。总体来说，完全理性人假设更多的是具有工具主义意义，对经济行为的学理探讨具有十分重要的理论价值。而有限理性假设更符合现实经济行为的逻辑，能够更深入地分析经济行为背后的演进规律。

理性人假设有两个基本内涵：一是其根本指向体现在经济效率原则之中。一般认为，经济行为主体所掌握的经济资源总是稀缺的或存在机会成本的，在这种现实约束下，行为主体的经济活动其实就是如何把稀缺的经济资源配置到最优效率的领域的过程，这个配置效率准则就是以最小的经济资源投入成本实现其利益的最大化。只不过在不同性质的经济活动中，利益的具体表现有所不同。在非生产性经济活动之中，理性人行为目标要实现的是效用最大化，而在生产性活动中，理性人行为目标要实现的是收益最大化。不管是效用还是收益，其反映的行为动机是一致的，都是在期望自身利益最大化的实现。二是利益最大化假设是在利益多元化基础上的最大化。行为主体参加经济活动往往会来自多种利益需要的诱致，因此行为主体面临的是一个具有多变量的目标函数。作为理性人，行为主体会在不同利益需要之间根据一定的准则进行偏好排序，而所实现的利益最大化其实就是实现总体利益的帕累托改进过程。

1. 政府是有限理性人

把政府作为理性人看待是公共选择学派最重要的贡献，它首次把政府行为引入经济学范式进行研究。政府既可以从宏观层面上被看作一个系统化的组织架构，也可以从微观层面上被看作是一个个具体化的个人。不管是以何种形式存在，都在追求各自具体的利益，分别呈现不同的理性类型。具体来讲，从政府作为组织架构的组织理性来看，政府具有公共组织属性，政府组织有其特有的价值目标和实现利益，而这一点与市场组织理性存在根本不同；从政府组成人员的个体理性来看，政府

[①] 赫伯特·西蒙. 人类活动的理性 [M]. 桂林：广西师范大学出版社，2016：6.

第五章　公共教育支出对居民收入分配差距的影响——制度分析

组成人员有其个人的发展利益。但是政府集体选择中个体理性远不及市场选择中的个体理性，原因在于：一是集体选择中发生的不确定性因素限制了理性计算的范围。二是集体选择中的个体对最终结果的负责程度，无论是自己分享的收益份额还是自己分担的成本份额，都不可能像在可以比较的市场选择中那样容易地予以估计。①

2. 理性支配下的政府利益目标函数

在理性支配下，政府由于承担不同的角色，所要实现的是多元化的利益和目标，因此政府可以被看作是一个多元利益的集合网络。作为组织来讲，政府所要实现的利益主要有公共福利、财政收入等。公共福利主要体现的是公共服务的提供，目的在于满足居民的福利需求，比如教育、医疗和社会保障等。财政收入主要体现的是各项税费的增加以能够保障政府有能力按照自己的意志采取行动。作为个体来讲，官员所要实现的利益主要有个人的经济收入与职位晋升等。这些利益目标共同作用并不断转化成为政府活动的动力。与此同时，这些利益目标之间彼此盘根错节、相互影响的关系使得政府理性人的特性变得更加复杂，而这种复杂性明显地表现在政府多种利益目标之间关系的不确定性，即有时是相互冲突的、但有时又是可以相互兼容的，这需要看政府活动存在于何种制度架构之下做具体分析。比如政府组织的财政收入和公共福利之间的关系可能是：一方面，财政收入可以作为增加公共福利的手段，从这个角度来说，财政收入和公共福利是同向的；另一方面，政府财政收入的增加可能会带来公共福利的损失，因为政府财政收入用于政府内部损耗性事务过多就必然会导致公共福利支出的减少，而且政府财政收入会减少居民可支配收入，这样也会直接影响社会的公共福利水平。再者，政府组织利益与个人利益之间可能存在如下关系：政府财政收入是政府部门预算最大化的条件，因此也就成为个人经济收入的重要来源和保障，从这个角度来说，政府财政收入是组织和个人的利益连接点，个人

---

① 詹姆斯·布坎南，戈登·图洛克. 同意的计算：立宪民主的逻辑基础［M］. 上海：上海人民出版社，2016：38.

职位的晋升、组织公共福利以及财政收入之间都有可能发生某种关联，这要看政绩考核标准的引导倾向。因此，政府属于典型的"比较利益人"，[①] 其决策行为是往往是基于多种利益的考量，在不同制度约束条件下，这个比较利益平衡点会发生一定程度的偏向，其行为方式趋向组织理性还是个人理性主要来自风险——收益的价值判断。而在一个缺乏有效监督制约的制度环境里，政府的个人理性往往会主导组织理性。

（二）财政分权对政府公共教育支出行为的影响

政府行为会受到制度的规范，任何政府行为都是在一定的制度框架下进行的。制度通过界定政府行为的成本和收益，构成对政府行为的激励和约束机制。从静态来看，不同的制度会对政府产生不同的激励并由此形成特定的政府行为偏好；而从动态上来看，制度的变迁是政府转型过程的内在逻辑。我国财政分权制度变革主要通过调整中央政府和地方政府之间的财权和事权关系，明确中央政府与地方政府的职能定位来实现。作为制度变革的主导者，中央政府主要承担的是宏观调控和顶层设计等方面的事权，这些事权具有战略性和长期性。而地方政府主要承担的是有关经济发展和社会福利的事权，这些事权不仅数量庞大，而且明确具体，可以说，一个国家的经济社会发展取决于地方政府事权的有效实现，同时中央政府的政策意图最终也需要落实到地方政府层面才能得以有效实现。地方政府成为履行政府职能的主要支出者，成为政府职能的实际履行者。因此地方政府行为的模式决定了一个国家的分权绩效。财政分权制度的变革首先要保障中央政府的政治权威，使得中央政府具有强有力的宏观调控能力和战略控制能力。而接下来更为重要的是，中央政府仍需要继续依靠自身的权威和控制力，将中央政府的目标函数转化为地方政府行为的内生动力，从而形成一致的集体行动。

[①] 陈庆云. 比较利益人：公共管理研究的一种人性假设 [J]. 中国行政管理，2000 (6)：79 – 82.

第五章　公共教育支出对居民收入分配差距的影响——制度分析

1. 财政分权对地方政府行为产生的激励

中央政府能否有效引导地方政府行为，关键在于要"做对激励"（getting incentives right），[①] 财政分权为地方政府行为重新建构了一整套的激励和约束机制。具体来讲，财政分权对地方政府行为激励可以分成两大类：

一类是经济激励。经济激励来自两个方面：一是来自收入的分权，地方政府拥有了自己固定的税收来源以及能够自主征收预算外收入，从而有效提高了自身的财政自给度，地方政府从此有了享有地方财政收益的权力，成为独立于中央政府之外的自主空间；二是中央通过下放经济发展权限，使得地方政府在经济管理权限方面享有广泛的自主决策权，这样一来就会对地方政府形成很强的财政激励效应：一方面形成正向市场激励，地方政府会在经济成功的过程中得到更多可以自主支配的财政收入的剩余控制权；另一方面形成负向市场激励，地方政府同样也要为经济失败承担更加直接的责任，中央不再为地方政府投资失败的工程和耗资巨大的无效率公共项目买单，从而形成所谓的"软预算约束"。[②]

另一类是政治激励。我国当前的政治体制框架决定了民众的偏好不是地方政府行为选择的首要依据，地方政府官员更看重的是政治激励。政治激励主要表现在中央政府利用人事控制权激励地方政府官员促进地方经济发展，寻求职位晋升是地方政府官员行为活动重要的出发点。政治激励是理解地方政府激励与经济增长的关键线索，是超越经济激励之外的更具有内源性的激励力量。当前的激励结构会使地方政府官员形成两大行为偏好：一方面是"经济参与人"，即像任何经济主体一样关注经济利益，他们有足够的动力去创造更多的财政收入；另一方面是"政治参与人"，他们关注自己的职位晋升和政治收益。地方政府官员不仅在经济市场上为经济增长和财政收入竞争，同时也在为政治市场上的晋

[①] 王永钦. 中国的大国发展道路——论分权式改革的得失 [J]. 经济研究, 2007 (1): 59 – 62.

[②] Kornai J, Maskin E, "Understanding the soft budget constraint," *Journal of Economic Literature* 23 (2003): 74.

升而竞争。财政分权所构建的以经济增长为导向的绩效考核机制，格外强化两个利益的实现：一是政府财政收入利益，因为地方经济增长不仅要靠财政收入的来实现，而且财政收入本身也是地方经济增长最显性的指标之一。二是官员晋升与地方增长直接挂钩，在地方政府之间形成了所谓以 GDP 为导向的"政治晋升锦标赛"。[①] 这就把官员个人的职位晋升与政府的财政收益以及地方经济发展牢牢捆绑在一起，形成了一套利益相容机制，同时也形成了一种反馈环机制，政府财政收益和官员职位晋升相互反馈、相互强化。我国改革开放以来的经济高速增长奇迹很大程度上就归因于经济增长与政府利益做到了有效兼容，从而调动地方政府发展经济的主动性和积极性，而这一发展过程恰恰就是在财政分权这一制度背景下发生的。近些年以来，在新的发展理念指引下，我国经济开启新时代，开始由高速增长迈向高质量发展阶段。在此背景下，中央政府不断出台相应文件进一步优化中央和地方的财权和事权关系，同时对地方政府行为的激励结构进行调整，通过扩大地方政府的财政自主性和社会管理权限，引导地方政府更加关注经济和社会的均衡发展，解决长期以来由于过度关注经济增长所带来的发展中的不平衡、不充分的结构性矛盾。

2. 财政分权激励下的地方政府行为偏差

传统的财政分权思想揭示出的一个重要结论就是发现中央政府通过向地方政府实现分权，能够实现公共产品供给在数量上和质量上的显著提高。但是回顾我国财政分权的改革历程会发现，财政分权长期以来的明确导向在于经济增长，而把教育等公共产品的供给问题放到次要的地位。这种行为目标的差异主要来自国家所处的经济发展阶段，以及政府工作的重心不同。作为理性人，只有实现地区经济增长，地方政府及官员才能获得自身所期望的最大化收益，从而也就意味着在经济增长目标上政府的组织理性和个人理性达成了高度的统一。因此发展地方经济是地方政府的第一要务，同时地方政府之间围绕经济增长指标展开激烈的

---

① 周黎安. 中国地方官员的晋升锦标赛模式研究［J］. 经济研究，2007（7）：36-42.

第五章 公共教育支出对居民收入分配差距的影响——制度分析

竞争，而其竞争背后的根本动力来自职位晋升的激励。地方政府竞争成为地区经济增长的最重要动力，也是我国改革开放取得成功的重要经验。在当前的制度激励框架下，政府竞争会变得愈发激烈。一方面，政府竞争助长了地方政府官员"GDP崇拜"的不良政绩观，在GDP竞争中能够成功胜出成为体现政府能力中最被看中的指标，也成为官员获取晋升机会中最被公认的显规则。另一方面，我国的财政分权其实是一种"有限问责的分权"，由于过于强调激励对地方政府的意义而并没有为地方政府行为提供一套完善系统的约束机制。从纵向问责机制上看，信息不对称等问题使得中央政府对地方政府行使的渗透性权力不足，从而导致对地方政府行为的垂直监督不力；从横向问责机制上看，地方政府行为缺乏外在力量的约束，例如人大、司法体系等横向问责机制的不健全，以及居民的公共选择机制得不到充分体现，追求经济利益成为地方政府行为的首要目标，最终导致了地方政府的选择性职能履行，甚至是地方政府行为异化，从而形成了所谓的增长型政府。① 在此情形之下，财政分权有可能沦为地方政府追逐自身利益和目标的手段，这里的手段表现为财政分权框架下地方政府支出安排的自主权与财政收入的剩余控制权。具有自利性的地方政府利用财政分权所赋予的独立收支权，来实现本地财政收入最大化，进而也可能达到个人职位的晋升。这样一来，这种政府行为模式就有可能背离其最初设立时的功能、目标和方式，政府行为就会严重漠视公共利益需求，从而导致政府公共服务职能弱化、公共价值丧失，甚至背离和损害公共利益。这种利益驱使只是比私人市场活动要隐蔽和复杂一些而已。②

3. 财政分权激励下地方政府公共支出结构的失衡

地方政府行为的偏差具体反映在政府公共支出行为的自利性和策略性上，一个重要的体现就是政府公共支出结构是按照财政收益最大化配

---

① 郁建兴. 地方发展型政府的行为逻辑及制度基础［J］. 中国社会科学, 2012 (5): 52-58.

② 缪勒. 公共选择理论［M］. 北京: 中国社会科学出版社, 1999: 26.

置而不是公共利益最大化配置,使得政府公共支出结构呈现明显的偏向性特征,即政府公共财政资金过多地用于生产性支出,例如基础设施建设等生产性领域,而在公共教育等社会性支出方面的资金投入则明显不足。造成当前地方政府公共支出结构不合理的根源就来自晋升激励下的GDP竞争。由于政府官员任期较短,这就会导致地方官员很难有长期性的执政纲领,地方政府行为带有明显的短期主义倾向,这种不良倾向对公共支出行为产生了重要影响:一是从竞争手段上看。为了吸引外商企业投资,促进本地经济增长,地方政府往往采取短期性竞争行为,竞相通过降低税率和加大地方基础设施建设等来展开"逐底竞争",而这种竞争往往是以牺牲本地的财政收入为代价的,又由于生产性公共支出与非生产性公共教育支出之间存在竞争性和替代性,从而造成地方政府难以有足够的财力去提供本地居民所需要的教育等公共产品。二是从竞争关注点上看。由于地方政府重点关注的是短期内就能凸显政绩的项目方面,因此政府竞争的领域往往集中在短期性工程且指标可量化的生产性领域,而公共教育等社会性产出往往见效慢,在短时间内对教育的投入很难形成人力资本的积累而对经济发展产生有益影响。另外,公共教育支出衡量指标较为模糊,收益——成本的评价难以衡量,因此难以体现政府工作能力,无法短期内展现执政者政绩,从而导致地方政府对公共教育支出投资意愿的不足。三是从以邻为壑的竞争策略上看。该竞争策略起源于生产性支出与社会性支出在独享性和共享性的差异上。以基础设施为代表的生产性支出能够有效提升营商环境,更好地吸引外商投资,所带来明显的经济增长效果主要发生在本行政区之内的,因此生产性支出收益具有更大的独享性特征,而以教育等为代表的社会性支出所带来的社会福利绩效则可以惠及更广泛的区域,因此教育类社会性支出收益具有更大的跨区域共享性特征。[①] 而在人口流动频率较高的社会,这种正外部性表现得更加明显,区域间教育成本与教育收益发生了严重的不匹配。由于我国地方经济和社会发展事务实行的是属地化管理,经

---

① 张宇. 财政分权与政府财政支出结构偏异 [J]. 南开经济研究, 2013 (3): 35 – 41.

第五章 公共教育支出对居民收入分配差距的影响——制度分析

济和社会发展方面的事权主要由地方承担,因此地方政府往往关注的是本行政区内的经济社会事务,它更加偏好具有独享性的生产性支出,而对具有共享性的教育等社会性支出进行投资时就会顾虑重重、动力不足,因为教育类等社会性支出的投资所带的收益可能被周边区域共享,这样一来反而会削弱自己在职位晋升中的竞争力。

如图 5-2 所示,财政分权是形成政府公共支出结构失衡的制度背

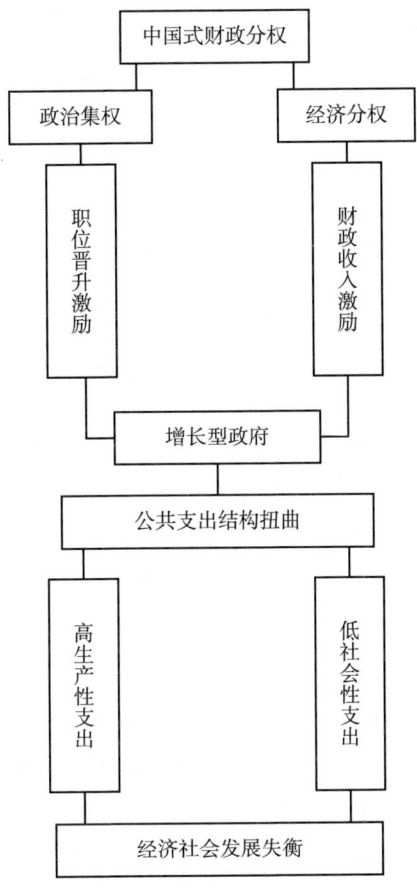

图 5-2 中国式财政分权对公共支出结构影响的分析框架

景，因为地方政府作为增长型政府必然会自发进行选择性履行政府职能，一方面强化地方政府作为经济管理者的经济管理职能，另一方面弱化地方政府作为社会管理者的公共服务职能。这就必然会形成经济和社会的非均衡发展：一方面是经济增长的高位运行；另一方面却伴随着社会问题的不断累积，例如收入分配差距、生态环境问题等。但是很显然，这种经济和社会的发展关系是不可能长期持续的。随着政绩考核机制的调整和经济增长方式的转变，地方政府竞争的指向开始从"增长"发展到"高质量增长"，地方政府的竞争行为也开始由"为增长而竞争"逐渐转向"为人才而竞争"和"为创新而竞争"等，不过，由于人才和创新作为增长的驱动因素，人才竞争和创新竞争可以说是由经济增长所衍生出来的，或者说，人才竞争和创新竞争是政府"为增长而竞争"的新的表现形态。而从长期来讲，政府"为服务而竞争"应该才是未来型塑良性政府竞争关系的根本指向，但是，这个转向需要一个漫长的过程。

（三）财政分权背景下政府间教育支出行为的博弈竞争

财政分权使得政府成为独立的利益主体，政府行为具有强烈的逐利动机。在政府间发生交往时，对于政府关系的处理往往会倾向于选择能够实现自身收益最大化的方式，因此，政府关系本质上就是一个博弈过程。政府间博弈行为包括了中央政府与地方政府之间的博弈以及地方政府之间的博弈。在讨论财政分权背景下的政府间博弈竞争时，为研究简化起见，本书将政府目标函数设置为两个自变量：一是收入的快速增加；二是收入的公平分配。前者表示政府作为经济管理者履行经济增长职能，具体表现为政府公共支出行为偏好基础设施等生产性支出领域；后者表示政府作为公共服务提供者履行收入分配职能，具体表现为政府公共支出行为偏好公共教育等社会性支出领域。

1. 财政分权背景下中央政府与地方政府之间的博弈

财政分权重新界定了中央政府与地方政府之间的职能配置，强化了中央政府作为政府职能的宏观调控者和顶层设计的角色，以及地方政府

第五章 公共教育支出对居民收入分配差距的影响——制度分析

作为政府职能的具体执行者的角色。由此可以看出,中央政府的角色具有强烈的未来导向性,所关注的是对经济发展事务的总体布局,以及进行整体性安排并对此做出的前瞻性思考。而地方政府往往关注的是短期性,这样一来会与中央政府在目标函数构成上有一致性的一面,也会有冲突的一面,这就使中央政府与地方政府之间的关系不可能是纯粹的上下级关系,其行为过程更多表现出的是一种多重博弈关系。

在既定的资源与技术条件约束下,一个社会如何实现经济和社会的均衡发展,这是中央政府与地方政府之间博弈的结果。中央政府作为战略管理者,其职能目标是经济和社会均衡发展,在地方政府职能要求上希望经济发展职能和收入分配职能都能够有效执行。但是在当前制度激励框架下,地方政府的职能偏好明显与中央政府的政策意图不完全相同,这就形成了博弈双方都会存在一个底线,反映了社会对收入分配差距两极分化程度与经济增长水平的最低承受能力,这一底线被称为博弈双方的威胁点。当现实中如果触及中央政府对收入分配差距问题的威胁点时,中央政府将会对地方政府收入分配政策进行有效干预,要求地方政府加大教育等社会性支出的力度以解决收入分配差距扩大的问题。当现实中如果触及地方政府对经济增长问题的威胁点时,地方政府有可能会缩小社会性支出而加大经济性支出以刺激本地经济的增长。

如图 5-3 所示,G_1 为中央政府博弈的底线,即对居民收入分配差距容忍的最低限度;G_2 为地方政府博弈的底线,即本行政区内经济增长的最低增长水平,生产可能性边界代表的是在现有资源和能力的情况下政府活动可能性的范围。中央政府与地方政府的威胁点可以将政府职能活动可能性的范围划分成四个区域,即为 A_1、A_2、A_3 和 A_4。其中,A_1 位于 G_1 线和 G_2 线以内,表明这是中央政府与地方政府都无法接受的区域;A_2 位于 G_2 线以内,且在 G_1 线以外,表明是中央政府可以接受,但地方政府不能接受的区域;A_4 位于 G_1 线以内,且在 G_2 线以外,表明这是地方政府可以接受,但中央政府不能接受的区域;A_3 均在 G_1 线和 G_2 线以外,表明这是中央政府和地方政府都可以接受的区域。由此可以看出,只有在 A_3 区域所进行的政府职能活动,博弈双方才达到了纳什均衡。

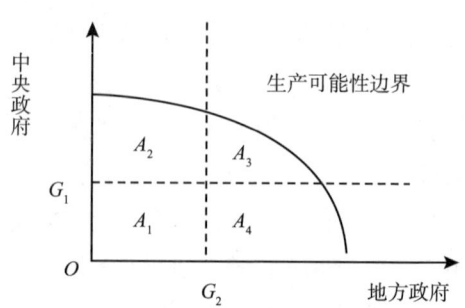

图 5-3 中央政府与地方政府之间的决策博弈

在图 5-3 中的 A_2 和 A_4 区域，中央政府与地方政府之间在收入分配和经济增长的目标选择发生冲突的时候，两者之间的博弈就产生了。如图 5-4 所示，当中央政府制定出针对缩小收入分配差距的政策以后，地方政府有两个基本反应：一是执行；二是不执行。为确保中央政府的政策能够得到地方政府的积极响应，中央政府会对地方政府行为做出针对性的反馈措施，即如果地方政府阳奉阴违或执行不到位，则采取惩罚

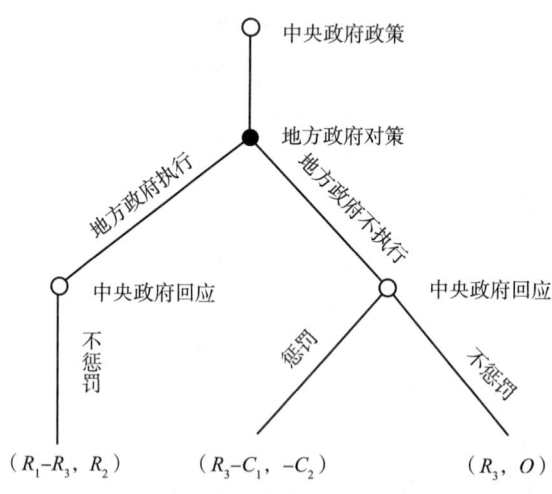

图 5-4 中央政府与地方政府之间的序贯博弈模型

性措施。中央政府与地方政府的每一个行为组合背后都涉及一定的利益获得和成本支付。具体方案设定如下：R_1：中央政府获得地方政府执行收入分配职能所得到的收益；R_2：地方政府执行收入分配职能所得到的收益；R_3：政府不执行收入分配职能所得到的收益；C_1：政府不执行收入分配职能所要承担的惩罚成本；C_2：中央政府惩罚政府不执行收入分配职能所要承担的成本；P：地方政府不执行收入分配职能被发现的概率。在现实博弈过程中，如果地方政府执行中央政府的收入分配政策，中央政府获得地方政府执行收入分配职能所得到的收益要大于地方政府执行收入分配职能所得到的收益，即 $R_1 > R_2$；而如果地方政府不执行中央政府的收入分配政策，则中央政府将面临两个选择：一是惩罚，此时由于在当前的政绩考核体制下对地方政府社会性事务考核的指标难以评价，导致对地方政府收入分配政策的执行程度难以有效甄别，即地方政府不执行中央政府政策而被发现的概率 P 值会很低，使得中央政府面临很高的搜寻成本和组织成本等，从而很难提供可置信的惩罚战略出来，因此地方政府面临的惩罚成本较低，在现实中具体表现为中央政府由于地方政府"表现不佳"而可能减少对该地方的转移性支付。二是不惩罚，地方政府不执行收入分配职能而继续加大经济增长的投入，会使财政收益和个人收益增加，而由此带来的收益远远大于执行收入分配职能所带来的收益，即 $R_3 > R_2$。从当前的博弈收益模型可以推断：无论中央政府采取惩罚还是不惩罚的方案，地方政府选择不执行中央政府政策为地方政府的占有策略，而中央政府因为要执行惩罚策略所要付出的成本巨大，相对于惩罚而言，不惩罚是一种占有策略。所以此序贯博弈的博弈均衡为（不执行，不惩罚）。这也就能解释为什么中央政府制定的公共教育支出占比4%的目标用了20多年才得以实现。

2. 财政分权背景下地方政府之间的博弈

财政分权背景下以 GDP 增长为导向的政绩考核机制，使得地方政府之间围绕经济增长和职位晋升展开激烈的竞争，但是在现实中晋升机会毕竟是有限的，从而导致地方政府之间展开政治职位晋升博弈，一方面在经济增长领域，产业项目投资、基础设施建设和招商引资等领域便于短期内体现政府政绩,快速拉动经济增长,因此这些领域成为地方政府竞争聚焦和公共支出偏好的主要领域;另一方面在收入分配领域,由于诸如教育类等社会性产出收益的长期性以及外溢性,使得地方政府在这一类型领域支出意愿不足。并且,这种典型的增长型激励还会进一步强化地方政府之间的竞争博弈,加剧收入分配等社会矛盾和问题的加速累积。

地方政府之间的竞争博弈存在两种情况:一是中央政府消极介入收入分配问题的情况。此时地方政府可以自由地根据自己的主观意志行事,大家都没有足够的积极性开展教育等社会性支出来解决收入分配问题,毕竟发展经济也是在中央政府政策意图之内。二是在中央政府积极介入收入分配问题的情况。当居民收入分配差距悬殊的情况发生时,地方政府消极的收入分配政策可能会受到中央政府的积极干预。在此情况下,地方政府之间形成某种积极互动。而地方政府的互动关系反过来也会对中央政府政策产生一定的影响。

为研究方便起见,假定存在两个地方政府 A 和 B,并且两者掌握同样的资源和信息,中央政府要求地方政府加大教育类公共支出以解决收入分配差距恶化问题。一般来讲,作为理性的地方政府面临两个选择:一是选择执行,一是选择不执行。假设地方政府 A 执行,增加教育类等社会性公共支出解决收入分配差距问题,此时获得的收益为 R_1;假设地方政府 A 不执行,它将原本用于教育类等社会性支出的财政资金用于基础设施等生产性支出领域,此时获得的收益为 R_2,很显然,对于理性的地方政府而言,$R_2 > R_1$。同样的,地方政府 B 执行时获得的收益为 R_1,不执行时获得的收益为 R_2。由此就形成一个博弈收益矩阵,如图 5-5 所示。

从地方政府博弈收益矩阵可以看出,对于任何一个理性政府而言,选择不执行是占优策略。在缺乏有效的纵向问责机制的情况下,不管地方政府 B 是主动选择执行还是不执行,地方政府 A 选择不执行都是对自己最有利的结局。因为如果地方政府 B 选择执行,进行社会性支出所产生的收益将会外溢到地方政府 A 区域,这样一来地方政府 A 则无须

第五章 公共教育支出对居民收入分配差距的影响——制度分析

承担成本就可以得到这份额外的收益,而这无疑会提高地方政府 A 在晋升中的竞争力。而如果地方政府 B 选择了不执行,那么将与地方政府 A 获得同样的收益 R_1,最终打成平局。反过来,A 也是如此。因此(不执行,不执行)将是地方政府博弈中的纳什均衡。

		地方政府B	
		执行	不执行
地方政府A	执行	(R_2, R_2)	(R_2, R_1)
	不执行	(R_1, R_2)	(R_1, R_1)

图 5-5 地方政府之间的博弈支付矩阵图

第二节 教育财政分权对公共教育支出结构的影响

上节讨论财政分权对政府公共教育支出行为的影响主要是基于总体财政分权的角度来展开的,通过总体财政分权的分析可以得出我国公共教育支出总量不足产生的制度性原因。目前学术界关于财政分权对政府公共支出行为的研究大多数集中在总体财政分权方面,但是如果要想深入了解政府公共教育支出结构的问题,就必须要进一步考虑公共教育支出领域的财政分权。本节从教育财政分权的角度来分析政府公共教育支出行为,通过探究我国公共教育支出的财政安排来进一步分析公共教育支出结构不合理的制度性原因。教育财政分权的核心问题是理清教育事权与支出责任在不同层级政府间的合理分配。

一、教育财政事权与支出责任

合理划分政府间教育事权与支出责任是确保教育财政投入有序进行

的前提条件。

(一) 教育财政事权与支出责任

财政事权与支出责任是隶属于财政支出范畴的一对既相互联系又相互区别的概念,两者都是财政分权的重要内容。

1. 教育财政事权

财政事权反映了各级政府运用公共财政资源提供公共服务的供给责任以及所拥有对公共财政资金支配、使用和管理的权力。财政事权就是政府事权在财政领域的具体体现。教育财政事权是指各级政府运用财政资金提供公共教育服务的供给责任以及具有的对公共教育经费支配、使用和管理的权力,[①] 它强调各级政府如何有效率地配置公共教育财政资源。

2. 教育支出责任

支出责任就是政府履行财政事权的支出义务和保障。教育支出责任指的是政府为履行其教育财政事权、满足教育服务发展需要所承担的财政支出义务。它关注的是公共教育财政资金的具体分配以及相应产生的供给责任。这里的公共财政资金一方面来自本级政府组织的财政收入,另一方面来自上级政府的一般性或专项转移支付。

3. 教育财政事权与支出责任的关系

首先,教育支出责任能够保障正常履行教育财政事权,因此教育支出责任的产生是以教育财政事权为前提,即只有明确了教育财政事权,才能合理划分教育支出责任。同时,政府履行教育财政事权必然会产生相应的支出责任,财政事权与支出责任统一于一级政府。当然,若多级政府共同拥有该项财政事权,也可以共同分担支出责任。另外,在现实中教育财政事权与支出责任也存在着不匹配的问题。政府承担教育财政事权和履行支出责任必须要以一定的财权和财力为基础。而教育财权和

---

① 李振宇. 中央与地方教育财政事权与支出责任的划分研究 [J]. 清华大学教育研究, 2017 (5): 36-41.

第五章 公共教育支出对居民收入分配差距的影响——制度分析

财力是教育财政事权和支出责任能否相互匹配的中间调节变量。教育财权是指一级政府为履行教育发展职能而拥有的财政收入权，具体包括教育财政资金的筹集权与支配权。一般来讲，有多大的教育财权才能承担多大的教育财政事权。教育财力则是指一级政府为履行教育发展职能所控制的全部财政资金。一般来讲，有多大的教育财力才能承担多大的教育支出责任。财权和财力有时候会发生不对等的情况，上级政府的财权往往大于财力，而下级政府的财力往往大于财权。财权和财力的关键区别在于转移支付，这正是财政事权与支出责任发生不匹配的主要影响路径。转移支付也是实现不同层级政府之间教育财政事权和支出责任有效匹配的重要调节机制。

（二）教育财政事权与支出责任的划分

一个国家的教育财政事权与支出责任的划分本质上是政府间财政管理体制的问题，它会受到该国政治、经济、社会和文化等多重因素的交叉影响，因此不同国家教育财政事权与支出责任的划分模式存在着差别。

1. 我国教育财政事权与支出责任的划分模式

在我国教育属于典型的中央和地方共同事权，"教育供给的决策权、执行权和监督权不完全归集在某一层级政府，它并不属于某一层级政府的独立事权，而是上下级政府间的共同事权"。[①] 不同层级政府间在纵向职能、职责和机构设置上存在高度一致的情况。同时考虑到我国单一政体体制，教育财政事权与支出责任的划分一直采取上级主导的方式。一方面上级政府负责统筹规划教育财政事权的划分标准，规范和协调不同政府间教育财政事项的决策权与执行权；另一方面对下级政府教育支出责任承担"兜底"义务，在下级政府教育支出责任无法保证教育财政事权需要时，上级政府要通过实施教育专项财政转移支付等手段保障

---

① 孙开. 政府间普通教育事权与支出责任划分研究［J］. 财经问题研究，2018（8）：73-77.

下级政府履行好教育支出责任。

2. 中央政府的教育财政事权与支出责任

中央政府提供教育服务主要遵循公平原则，主要解决教育发展中的两个公平难题：一是公共教育服务的外溢性问题。公共教育外溢性导致公共教育支出的收益和成本因为人才的流动而造成配比失灵，从而使得地方政府对公共教育发展的激励不足，最终会造成实际的公共教育支出水平低于最优教育支出水平。中央政府则能通过教育外部效应内部化来解决教育的外溢性问题，从而清除教育外溢所带来的消极影响。比如从教育层级结构来看，不同教育层级的外溢额有所差别，高等教育的教育外溢性最强，因此高等教育的发展由中央政府主要负责。二是公共教育服务的均等化问题。一方面，中央政府提供一定时期全国性的各教育发展层级的公共教育服务的基本水准，保证教育机会获得的平等性。比如中央政府明确规定义务教育层级在校学生平均经费标准，要求地方政府以不低于该标准的比例向学校发放教育经费。另一方面，中央政府通过转移支付等手段实现公共教育资源在平行政府间由于经济发展水平差异而导致的难以均衡分配的问题，保证教育资源分配的公平性。

3. 地方政府的教育财政事权与支出责任

地方政府提供公平教育服务主要遵循效率原则，它着重解决的是如何提升教育供给质量的问题，提供的教育服务能够最有效满足社会公众的偏好和需要。与中央政府相比，基于信息获得上的优势，地方政府往往能够更准确地掌握本辖区内教育资源的分布状况，获悉本地居民对教育服务的真实诉求，因此，它能够有效提供满足本地居民偏好的高质量教育资源，从而实现公共教育资源的最优化配置，提高公共教育资金的使用效率。在我国，地方政府对各教育层级都有事权与支出责任。在五级政府体制中地方政府包括了省级、市级、县级和乡级四个层级政府，它们在教育发展中的功能和责任存在很大区别。高等教育由省级政府与中央政府共同管理，承担相应的支出责任；高中教育主要由市级政府和县级政府共同管理，承担相应的支出责任；而义务教育层级主要由县级政府和乡级政府共同管理，承担相应的支出责任。在现行教育财政体制下,地方政府承担了我国公共教育支出的主要责任。而上级政府一方面通过政策规划指导下级政府开展教育管理,另一方面通过政府间财政转移支付对下级政府教育财政事权与支出责任提供一定资金支持。

(三)我国教育财政事权与支出责任划分的总体情况

作为财政分权的重要组成部分,改革开放以来我国教育财政事权与支出责任的划分处在不断的调整和变化之中,同时也逐渐形成了较为稳定的总体发展格局。

1. 我国教育财政事权的总体情况

在我国教育管理体制中,不同教育层级采取的是分级管理的办法,相应的财政事权与支出责任也有所不同,因此不同教育层级具有各自的演变过程。由于学术界关于初等教育和中等教育等教育层级的分类在现实政策文件中不能有效对应,因此,为了研究方便,下面将初等教育和中等教育中的初中教育放在义务教育层级进行论述,而中等教育的高中教育的阶段进行单独论述。

(1)义务教育阶段。1985年5月27日发布的《中共中央关于教育体制改革的决定》和1986年4月12日颁布的《中华人民共和国义务教育法》明确提出了义务教育管理实行"地方负责、分级管理"的办法,主要由县和乡两级政府管理,具体指的是城市义务教育实行"以县为主"的管理体制,而农村义务教育实行"以乡为主"的管理体制,城乡义务教育经费实行县级统筹。2001年5月29日发布的《国务院关于基础教育改革与发展的决定》将农村义务教育调整为"以县为主"的管理体制,旨在解决乡村义务教育经费短缺和乱收费等问题。2005年12月24日印发的《国务院关于深化农村义务教育经费保障机制改革的通知》明确要求省级政府做好统筹和落实对县级政府义务教育经费保障的工作,确保县级政府义务教育经费支出的充足性。2006年6月29日第十届全国人民代表大会常务委员会第二十二次会议修订《中华人民共和国义务教育法》,进一步明确了义务教育层级由省级政府统筹规划、"以县为主"的管理体制,至此,我国义务教育管理体制在政策层面基本定型。在我国义务教育管理体制下，县级政府承担了主要的义务教育财政支出责任，负责统筹安排县域内义务教育经费支出。省级政府通过财政转移支付对省域内财力薄弱地区和乡村地区提供义务教育服务进行适当财政补助，统筹安排义务教育层级支出。2019年国务院印发《教育领域中央与地方财政事权和支出责任划分改革方案》，进一步明确中央政府和地方政府在义务教育层级的财政事权权限，涉及学校日常运转、校舍安全、学生学习生活等经常性事项，所需经费根据国家基础标准，明确中央与地方财政分档负担比例，中央财政承担的部分通过共同财政事权转移支付安排；涉及阶段性任务和专项性工作的事项，所需经费由地方财政统筹安排，中央财政通过转移支付统筹支持。

（2）高中教育阶段。在我国教育改革过程并未对高中教育的财政事权和支出责任的划分进行专门性的政策规定，但是从中央制定的关于基础教育的重要政策文件中可以抽取和解读出普通高中教育财政事权划分的总体情况。在事关高中教育财政事权和支出划分问题上主要涉及两个重要政策文件：一个是1985年颁布实施的《中共中央关于教育体制改革的决定》，它指出"把发展基础教育的责任交给地方"，基础教育由"地方负责、分级管理"；另一个是1995年颁布实施的《中华人民共和国教育法》，它指出中等及中等以下教育在国务院领导下由地方政府管理。由此可以看出，与义务教育层级的管理体制有些类似，高中教育依然由地方政府管理，只是在现实中具体落实主要管理责任的是市和县两级政府，具体来说，市属中学由市级政府管理并承担支出责任，县属中学所在地在市区的由区级政府管理并承担支出责任，所在地在县城的由县级政府管理并承担支出责任。省级政府承担省域内的高中教育发展规划以及对所管辖区域欠发达地区和乡村地区的高中教育发展的财政补助。

（3）高等教育阶段。改革开放以来我国高等教育财政体制基本上采取"谁举办、谁负责"的方式。在财政包干时期中央就开始下放高等教育事权，1988年召开的第七届全国人民代表大会在推动高等教育改革方案中明确提出，除少数高等院校归中央政府管理外大部分高等院

第五章　公共教育支出对居民收入分配差距的影响——制度分析

校实行中央与地方政府共同管理。1999年国务院提出实行中央和省级政府两级管理、以省级政府管理为主的高等教育新体制。同时，明确部属高等院校归属中央政府的财政事权和支出责任，省属高等院校归属省级政府的财政事权和支出责任。中央政府和省级政府分别制定所属高等学校的每年经费支出标准和经费筹措办法。另外，中央政府通过转移支付的方式对省级政府发展高等教育进行必要财政资金支持，同时也鼓励地方政府在力所能及的情况下能为部属院校发展提供资金、政策等各方面支持。

2. 我国中央和地方政府教育财政支出责任分担的总体情况

学术界在讨论中央和地方政府教育财政支出责任划分问题时，主要选取两种支出责任划分方法进行研究：一种方法是采用"中央/地方本级一般公共预算支出"中用于教育的决算数来分别衡量两者承担的支出供给责任。从总体上来看，长期以来中央政府和地方政府公共教育支出的水平是比较稳定的，数据显示地方公共教育支出占比基本保持在95%左右，中央公共教育支出占比基本保持在5%左右。平均而言，中央政府和地方政府公共教育支出的占比大致为94.6%和5.4%，这表明地方政府公共教育支出远远高于中央政府公共教育支出水平，虽然近些年两者都呈现一定的上升趋势，但地方政府始终承担着绝对主要的支出责任。从教育分阶段来看，不同教育层级的中央与地方支出责任平均比值各自为：义务教育是0.13%和99.87%，高中教育是0.59%和99.41%，高等教育是30.87%和69.13%。[①] 由此可以看出，除高等教育30%的支出责任由中央政府来承担之外，其余各阶段公共教育的支出责任其实都落在了地方政府身上。另一种方法是采用公共教育领域"中央或地方本级一般公共预算支出"，外加上中央对地方的"教育转移支付"的方法来分别衡量两者实际承担的支出供给责任。这就意味着中央本级公共教育支出和教育转移支付之和作为中央实际的公共教育支

---

① 马海涛，郝晓婧. 中央和地方财政事权与支出责任划分研究——以公共教育领域为例[J]. 东岳论丛，2019（3）：46-50.

出,并要将地方公共教育支出中的教育转移支付从中剔除并作为地方政府最终的公共教育支出。这样一来,中央政府公共教育支出和地方政府公共教育支出的占比大致为20%左右。从教育分层级来看,中央承担了义务教育的支出责任提高到15%,对高中教育的支出责任提高到9%,而对高等教育的支出责任提高到40%。[①] 但是从两个计算口径的最终结果来看,地方政府很显然承担了主要的教育支出责任,并且县乡级政府要比省市级政府承担更多的教育责任。

二、教育财政分权对公共教育支出结构的影响

(一) 教育财政分权对公共教育层级支出结构的影响

在上章分析可以得出,我国的公共教育层级支出结构的总体特征呈现以高等教育支出为主导而初等教育支出、中等教育支出等发展相对滞后的分配格局。这种公共教育层级支出结构和我国教育财政分权密切相关。我国教育财政分权本质上是政府间教育财政事权和支出责任的划分问题,但是从教育内容来看,教育财政分权其实反映的是不同教育层级上不同政府主体之间教育财政事权和支出责任的划分问题,因此教育财政分权的变化和调整,对公共教育层级支出结构必然会产生很大的影响。

教育财政分权对公共教育层级支出结构的影响,可以从两个角度进行分析:一是从客观的角度,分析特定教育层级的教育财政事权与支出责任的匹配程度,如果特定教育层级的财政事权与责任的匹配程度较高,就表明特定教育层级具有较为充足的财力保障,一般来讲,特定教育层级的支出水平也会较高,反之亦然;二是从主观的角度,分析政府对特定教育层级发展的教育财政努力程度。教育财政努力程度是由公共

---

① 李振宇,王骏. 中央与地方教育财政事权与支出责任的划分研究 [J]. 清华大学教育研究,2017 (5): 36-40.

第五章　公共教育支出对居民收入分配差距的影响——制度分析

教育在政府效用或目标函数中的边际价值决定，如果公共教育支出的边际价值高于其他公共支出，那么政府就会增加公共教育支出。由此，教育财政努力程度其实本质上反映的是政府对公共教育支出及其内部结构的偏好。① 如果政府对特定教育层级的教育财政努力程度较高，对特定教育层级的财政支出的积极性就会越高，反之亦然。地方政府的教育财政投入努力程度是对地方政府教育职责进行问责和激励，以实现公共教育支出目标的重要前提。

1. 教育财政分权对高等教育的影响

虽然我国教育财政分权几经调整，但教育财政分权调整总的基调存在着不断强化高等教育偏好的倾向，使得高等教育支出在公共教育层级支出结构中长期明显高于初等教育支出和中等教育支出。

（1）高等教育的财政事权与支出责任匹配度。一般来讲，教育的外溢性越强，作为教育管理主体的政府层级也应该就越高，基于此，由于高等教育具有明显的外溢性，高等教育管理的主体一直都是省级以上政府，目前已经形成中央政府和省级政府共同管理、以省级政府为主的高等教育财政体制。在财政分权框架背景下，财权的分配是在政府系统内不断被向上集中化的过程，这就意味着政府层级越高，也就拥有相对大的财权，而有多大的财权，就有多大的财力，财政供给能力就越强，而财权与相应的财力是财政事权与支出责任能够实现相互匹配的重要保障，这里的财力主要来自财政安排的本级政府的财政收入以及上级政府的转移支付，而本级财政收入的充盈程度最为重要。因此从这个角度上讲，与初等教育和中等教育相比，高等教育的财政供给是相对有保障的，它背后有较高层级政府的财权和财力支撑，这就意味着高等教育的财政事权与支出责任匹配度较高，一方面财政分权不断增加了省级政府的财政自主性以及充足性，另一方面我国历来的财政分权的改革其实主要完成的是中央政府和省级政府层面的财政关系改革，因此，中央政府

---

① 孙志军，郝苗. 教育财政努力程度：概念与测量方法［J］. 教育经济评论，2018（3）：4-9.

和省级政府之间的财政关系比较顺畅，政府间的财政转移制度也相对规范。

（2）政府对高等教育支出的财政努力程度。教育服务可以依据教育的基础性程度、个人收入直接相关度、收入损失相关度、产业结构调整相关度、技术和创新功能等方面对不同教育层级的公共性强弱进行分析。依此标准，教育活动的公共性程度大小排序为：初等教育—中等教育—高等教育。[①] 从教育层级的公共性光谱中我们可以看出，与初等教育和中等教育相比，高等教育的公共性最弱，而高等教育的经济发展属性明显强于社会福利属性，具体体现在：一方面从微观经济来讲，高等教育在社会个体成员的职业规划和个人择业取向上，与个体化的投资决策的关联表现明显，同时也与未来就业竞争力及个人职业报酬的关联也最为直接；另一方面从宏观经济来讲，高等教育与产业结构调整相关度较高，它是产业结构调整能否实现的重要支持性力量，同时它还承载着经济领域的技术创新功能，是带动科技创新和经济发展的重要引擎。在我国财政分权的激励结构下，增长型政府的公共支出行为基于经济增长激励具有明显的偏好和明确的排序，在公共教育支出结构中明显地体现在政府对高等教育的支出偏好，其背后的原因就在于高等教育能够为经济增长提供人才支撑、技术支持和创新动力，而这些因素恰恰也是经济增长所必不可少的条件。自我国提出人才战略以来，高等教育发展扮演了首当其冲的角色，尤其是1999年高等教育实施扩招政策以后，高等教育更是取得突飞猛进的发展，1998年我国高校大学生在校人数只有780万人，高等教育毛入学率仅为9.8%，截至2019年我国高等教育毛入学率已达到51.6%，表明我国高等教育发展开始迈入普及化阶段。高等教育的快速发展表明政府对高等教育发展具有较高的教育财政努力程度。

---

① 崔潮.治理型财政建设中的教育事权与支出责任划分［J］.河北大学学报，2018（1）：90-95.

第五章　公共教育支出对居民收入分配差距的影响——制度分析

2. 教育财政分权对初等教育和中等教育的影响

教育财政分权对初等教育和中等教育产生的直接后果就是初等教育和中等教育的责任不断下沉，形成"地方为主、分级管理"的分权管理体制。在这种体制下，中央政府和省级政府不直接承担初等教育和中等教育的办学责任，而是主要由县级政府来负责。这种体制能够带来两个不同性质的结果：一方面，可以发挥县级政府更充分了解初等教育和中等教育发展的实际情况和现实需求的信息优势，有利于确保初等教育和中等教育的供给效率；另一方面，由于县级政府受到财政能力和激励体制的现实影响，在初等教育和中等教育支出水平上可能会面临瓶颈，容易导致初等教育和中等教育的水平不足。

（1）初等教育和中等教育财政事权与支出责任的匹配度。在当前教育财政分权框架下，初等教育和中等教育财政事权与支出责任的匹配度远不及高等教育高。与高等教育不同的是，由于初等教育和中等教育主要由县级政府来管理，因此缺乏高阶的财权保障，在此情形下初等教育和中等教育的教育财政事权与支出责任的匹配程度如何，关键要看本级财政收入以及上级转移支付收入的充足性，两者缺一不可。从本级财政收入的角度来看。一般来讲，本级政府财权的大小直接会影响到本级政府的财政收入安排，财权越大，本级政府财政收入充盈程度越高，政府事权越能得到有效保障。但是我国财政分权所形成的"财权上移、事权下移"的划分格局造成了收支分权不对称的严重问题，导致了越是较低层级的地方政府，财政收入事项越少，而财政支出项目反而很多，这就很容易造成财权与事权的不匹配，由此所形成的财政收支缺口会影响到本级财政的供给能力，使得较低层级政府面临着较大的财政压力，更为严重的后果是可能会造成政府支出责任无法有效履行。在此背景下，我国初等教育和中等教育的"以县为主管理模式"使得县级政府财政收入很难为初等教育支出和中等教育支出提供充足的财力保障，尤其是在初等教育和中等教育面临教育服务对象数量急剧扩大、教育服务质量需求呼声不断高涨的情形下，初等教育和中等教育支出的财政压力会变得更大。从上级政府转移支付收入的角度来看。基于本级政府财权的现实困境，县级政府的初等教育和中等教育支出往往很大程度上要依赖上级政府的财政转移支付收入。不过长期以来，县级政府从上级政府获得的转移支付收入却一直缺乏稳定的保障。一是由于我国教育财政分权的过程明显是在"上级政府主导"的模式下进行的，这就意味着在实际操作中教育财政事权与支出责任划分标准与执行过程缺乏相应的法律约束和制度配套。我国法律法规对县以上各级政府的教育事权与支出责任只进行了原则性的划分，并未具体规定每一级政府的教育事权及其相关责任，也没有专门的法律规定上下级政府转移支付制度的具体实施规则。在缺乏法治约束的情况下，上级政府的转移支付标准的制定往往会流于随意性和主观性，使得县级政府转移支付收入无法得到长效保障，甚至在一些接受较多转移支付收入的省份的省级政府可能会存在截留转移支付收入的情况。[①] 二是"省级统筹"的经费保障机制发挥不到位。自初等教育和中等教育的"省级统筹"的经费保障机制建立以来，由于"省级统筹"尚未形成统一的概念界定和标准制定，配套政策和监督机制也均未跟进，导致全国各省级政府"省级统筹"责任落实差异较大，很多省份在政策执行过程中存在对自身统筹职责定位不明晰、统筹责任下移等问题。同时省级政府对县级政府初等教育和中等教育的转移支付的功能结构不够合理，省级政府对于初等教育和中等教育经费项目中的薄弱领域投入责任和统筹力度不够，经费分担并未改变以区县为主的支出分权模式。另外，由于"关联效应"与"寻租效应"的存在，由省级政府统筹分配的教育专项资金的分配过程中不可避免地会存在选择性分配的情况，这就会影响到省级政府向基层政府转移支付的供给效率和水平。三是中央政府公共教育转移支付工具作用不强。由于公共教育财政支出没有相应的测量标准以及检测的指标体系，导致中央公共教育一般性转移支付缺乏有效、及时的信息反馈，造成公共教育转移支付资金使用效率大打折扣。基于上述情况的分析，我国教育财政分权对基

---

① 吴木銮，王闻. 如何解释省内财政分权 [J]. 经济社会体制比较，2011 (6)：89 - 92.

第五章　公共教育支出对居民收入分配差距的影响——制度分析

础教育支出产生了两个重要的影响：一个是即期影响，财力的约束会直接转化成现实的财政压力，制约当下县级政府对初等教育和中等教育的支出供给水平；另一个是长期影响，财力的约束使县级政府难以产生可判断的预期，进而会制约县级政府制定科学长效的初等教育和中等教育发展决策。

（2）政府对初等教育和中等教育支出的财政努力程度。我国初等教育和中等教育财政支出不足并不单纯是"钱"的问题，还存在着政府财政努力程度不够，即"激励不足"的问题。现实中我国地方政府对初等教育和中等教育支出的财政努力程度远不及高等教育支出，其原因主要有以下两点：一是初等教育和中等教育对促进经济发展的贡献有限。从教育的属性来讲，初等教育和中等教育是一个国家教育体系的基石，它决定了高等教育的发展潜力和获得机会的公平性，因此可以说初等教育和中等教育的发展能够促进教育公平的实现，同时其本身就是教育公平的体现，它基于"每个人都应平等地享有某种权利"的政治伦理，具有强大的政治文化功能和显著的收入再分配功能，因此初等教育和中等教育一直被作为政府的一项基本职能来看待。但是初等教育和中等教育因为缺乏专业和职业上的明确指向性，同时又与地方经济发展缺乏直接关联性，因此在追求 GDP 增长背景下的地方政府缺乏对初等教育和中等教育的投资热情，而基础设施等经济性支出理所当然成为地方政府公共支出的主要流向。同时作为县级政府，除经济性支出之外，行政性费用等维持性支出也是县级政府公共支出的重要流向。一般来讲，在财政压力下，越是层次较低的政府维持性支出占比越高，"吃饭财政"特征越明显，[①] 对公共教育支出等社会性支出产生明显的替代效应，这就进一步导致地方政府对公共教育支出的财政努力程度较低。二是教育类转移支付对初等教育和中等教育支出的支持缺乏精准性。改革开放以来地方政府公共教育支出对上级政府转移支付产生了依赖，即

[①] 杨良松. 中国的财政分权与地方教育供给 [J]. 公共行政评论, 2013 (2): 104 - 108.

所谓的"粘蝇纸效应",尤其是分税制改革以后,这种依赖程度不断加深,转移支付的类型、数量以及结构都会对地方政府的财政努力度产生重要影响。同时,政府间转移支付存在的一些问题限制了初等教育和中等教育支出的发展。从转移支付结构上看,教育领域的专项转移支付明显高于一般性转移支付,而专项转移支付往往限定教育资金的具体用途,基层政府需按照规定用途配置教育资源流向,这就会起到影响地方政府均衡教育资源的作用。从转移支出资金流向上看,在基层政府存在财政收支缺口以及上级政府对转移支付资金使用监管缺失的背景下,基层政府为了应对财政压力,普遍性存在将上级政府教育类转移支付资金挪作他用的倾向,从而严重影响基础教育支出供给的充足性。

(二) 教育财政分权对公共教育支出城乡结构的影响

从上一章的分析中可以发现,我国公共教育支出在城乡之间长期存在较大的差距,这就使公共教育资源在城乡之间的配置明显不公平,而这种教育的不公平是推动城乡居民收入分配差距扩大的重要因素。究其原因,我国公共教育资源配置存在的城乡结构失衡其实是由城乡公共教育供给机制所决定的,而城乡公共教育供给机制的演变过程是在教育财政分权的框架下实现的,因此可以说,教育财政分权是影响公共教育层级城乡结构的重要制度根源。改革开放以来教育财政分权对城乡公共教育供给的影响主要体现在义务教育事权与支出责任在城乡之间的配置上,而城乡义务教育供给机制经历了两个不同性质的阶段。

1. 城乡义务教育供给的二元割裂阶段 (1986~2001年)

这一阶段我国义务教育供给机制受到城乡二元结构的深刻影响,城乡义务教育供给呈现出明显的二元割裂特征,同时教育财政事权与支出责任也体现出渐次的分权过程。[①] 在改革开放初期,中央政府主要承担

---

① 纪凡,储德银. 财政分权与城乡义务教育均等化 [J]. 内蒙古财经大学学报,2017 (2): 48-52.

第五章 公共教育支出对居民收入分配差距的影响——制度分析

了基础教育的事权与支出责任，而地方政府则主要承担的是完成基础教育的具体事务性的发展计划。1985年公布的《中国教育改革和发展纲要》和1986年颁布的《中华人民共和国义务教育法》标志着我国九年义务教育开始正式实施，两个文件明确提出我国义务教育支出主体由中央政府调整为县乡级政府，实行"义务教育由地方政府负责，县、乡、村三级办学，县、乡两级管理体制"，但在现实中县级政府主要对城市义务教育供给承担财政事权与支出责任，而对乡村义务教育供给只保留基本的教育管理权限，并将其支出责任全部转移至乡镇政府，而所谓的"三级办学"在实践中逐渐演变成为"县办高中、乡办中学、村办小学"的办学模式。自此以后逐渐形成了"城乡有别"的二元化办学格局和教育资源配置方式，而这种公共教育资源的空间分布也恰恰是城乡二元结构在教育领域的重要体现。在此背景下，这一阶段我国城乡义务教育发展支出差距主要来自三个重要因素：一是城乡之间的经济发展水平差距。我国长期形成的城乡二元结构使得城乡经济存在着乡村通过剪刀差等途径反哺城市的情形，从而造成了城乡之间经济发展不平衡和经济发展水平差距的扩大，而经济发展差距会直接影响城乡之间的义务教育财政供给能力。由此，在"城乡有别"的教育投入机制下，城乡区域发展不平衡容易形成人力资本的地域固化甚至进一步拉开差距。二是受城市优先的教育统筹策略的深刻影响。新中国成立以后在国家面临教育普及与教育资源有限的矛盾冲突下，我国长期推行城市优先的教育发展策略，国家制定义务教育政策的价值标准基本遵循城市优先导向，而从政策的制定到政策的实施，乡村和农民始终属于弱势群体，处于弱势地位，其教育利益需求难以在政策中得到充分的体现。改革开放以后教育普及与教育资源有限的矛盾并未得到彻底解决，使得这一城市优先的教育发展战略得以继续延续。1992年颁布实施的《国家教委关于搞好城市教育综合改革试点工作的意见》旗帜鲜明地提出要保障城市教育优先发展，尤其是提到义务教育必须首先保证在城市优先实施，明确要求城市不仅要在义务教育普及程度上高于乡村，而且在提高教育质量等方面也要在全国起到示范性作用。这一教育发展战略的长期推行直接影响到城乡之间的义务教育财政努力程度,并且导致城乡义务教育财力存在极大反差以及发展的严重失衡。城市义务教育在公共财政的支持下快速发展,而乡村义务教育的发展却受各方面因素制约停滞不前,举步维艰。三是乡村义务教育供给抵御政策环境变化的能力较弱。由于这一阶段乡村义务教育供给基本采取乡村自治模式,而这一模式会使乡村义务教育供给政策反应迟滞,缺乏前瞻性和引领性,从而难以有效应对宏观政策环境的变化。比如1994年的分税制改革大量缩减乡镇政府的财政收入,以及2000年的乡村税费改革基本切断了乡镇政府来自农民的教育收费渠道,这两项改革致使乡村义务教育陷入严重的经费危机之中,且难以单纯靠自己摆脱困境,使得乡村义务教育供给长期处于经费不足、办学落后的境况。

2. 城乡义务教育供给的一元融合阶段(2001年至今)

这一阶段城乡义务供给机制发生了深刻变化,其主要表现在城乡义务供给机制逐渐走向融合。一方面城市义务教育供给机制基本没有大的调整;另一方面乡村义务教育供给机制发生持续的集权取向的变革,这一变革过程集中体现在2001年开始实施的"以县为主"改革以及2006年开始实施的"乡村义务教育经费保障机制改革",这两轮重要的改革使得乡镇政府逐渐从乡村义务教育的财政事权与支出责任中淡出,而县级及以上政府开始从提供政策指令逐步转向制度供给并承担相应的教育支出责任。不过这一阶段的城乡义务教育供给虽然走向了制度并轨,但是在现实中城乡义务教育供给又面临着一些新的问题,使得城乡义务教育支出差距并未得到彻底解决。一是乡村教育支出不足的情况并未得到根本的改观。国家的教育转移支付资源并不一定能够及时足额到达乡村,同时地方政府利用在县级范围内分配教育经费项目资金的权力,将本来计划用于乡村教育项目的资金截留在县级政府层面,用于城市教育经费支出的项目上。二是公共教育支出的城市偏向问题依然存在甚至加重。以下两个问题是构成城乡义务教育支出存在城市偏向的重要诱因。一个是客观因素:来自城市化浪潮的冲击。2000年左右我国城市化率水平已经超过35%,而且此后每年均以1%的增长率在不断增加,根据

第五章 公共教育支出对居民收入分配差距的影响——制度分析

发达国家城市化发展的历史轨迹以及约瑟姆城市化发展模型[①]来判断，此时我国城市化发展已经进入加速发展阶段。城市化的高速发展意味着乡村人口和资源会不断向城市集聚，这就造成了两个后果：一方面城市化的快速发展必然会带来城市义务教育适龄儿童在短时间内激增，城市义务教育需求不断增大，从而造成城市义务教育资源出现紧张和拥挤的局面，鉴于此，加大城市义务教育资源供给是化解城市化对城市义务教育冲击的一种积极回应。但是，政府这种强化城市教育优势的措施，最终形成过度教育城市化现象，使得就读于城市学校的农村学生在县城教育竞争体系中处于依附地位，城乡学生之间仍然存在教育资源获得上的差距。[②] 另一方面城市化发展会加速乡村义务教育走向衰败，主要体现在乡村生源与优秀乡村教师加速流失，从而进一步扩大城乡义务教育间的鸿沟。另一个是主观因素：来自政府自利的动机。这一因素主要表现为城市义务教育供给过程能够使地方政府获得更多的教育溢价收益。一方面城市义务教育资源的空间配置已经成为地方政府经营城市和获取土地收益的重要工具。地方政府往往通过积极新建中小学学校并根据城市发展要求来划分相应学区来带动房地产开发和城市空间拓展，从中获得丰富的地方财政收入。城市政府主导下的教育发展过多地承载了地区经济发展的诉求，但是严重地异化了国家教育政策发展的目标。另一方面地方政府寻租机会。城乡义务教育在外在属性上都被定义为纯公共产品，但其实在内在深层次属性上存在着差别。乡村义务教育属于典型的纯公共产品，地方政府对乡村义务教育支出的目标只是完成上级政府考核，保障基本教育机会之后，而主动提升教育质量的动力不足。但是与乡村义务教育不同的是，城市义务教育资源在一定区域范围内具有拥挤性，这就为政府开展寻租活动提供了一定的空间。理由在于：其一，城

---

① 美国地理学家约瑟姆把城市化进程分成三个阶段：城市化水平低于30%的初期阶段、30%~70%的中期阶段、高于70%的后期阶段，三个阶段的演进在发展速度上呈现出由慢到快、再由快到慢的"S"形曲线形态。

② 齐燕. 过度教育城市化：形成机制与实践后果[J]. 北京社会科学，2020（3）：46-49.

市义务教育的受益对象包含政府部门的人员,城市义务教育质量的好坏和个人利益直接相关;其二,通过收取捐资费、择校费可以降低地方政府提供单位教育服务的成本甚至存在获利的空间。很多地区普遍存在着"为升学率而竞争"的乱象,地方政府往往将集中公共教育资源用以支持城市地区的优质学校,它们凭借其累积的社会效应而收取的择校费又成为地方政府进一步获取利益的渠道,这样一来,就会进一步加剧城乡公共教育资源配置的不均衡。①

第三节 公共教育支出结构失衡和居民收入分配差距

一、公共教育支出层级结构失衡和居民收入分配差距

我国初等教育、中等教育和高等教育这三个教育层级支出在总量规模上都有了明显的增加,但是公共教育支出层级结构内部分配中长期存在偏向高等教育支出的倾向,由此形成了以高等教育为主导的公共教育支出层级结构。在既有公共教育资源总量约束情况下,公共教育层级结构内部各公共教育层级支出类型之间存在着竞争关系,高等教育支出过大必将挤占初等教育和中等教育的资源配置,制约了初等教育、中等教育和高等教育之间实现均衡发展,破坏了教育发展的公平性,使得初等教育、中等教育和高等教育在教育功能上无法有效衔接,从而造成了教育的收入再分配功能难以有效发挥,甚至导致教育成为收入分配不合理的重要因素。经验研究表明,随着公共教育层级的提高,绝大多数国家公共教育支出公平性会下降,公共教育支出收益归宿会发生分野,初等教育支出和中等教育支出有利于低收入阶层,而高收入阶层为主要受损

---

① 于之倩,李郁芳. 财政分权下地方政府行为与非经济性公共品——基于新制度经济学的视角[J]. 暨南学报(哲社版),2015(2):103-106.

第五章　公共教育支出对居民收入分配差距的影响——制度分析

者,高等教育支出有利于高收入阶层,而低收入阶层为主要受损者。[①]在本书的实证研究部分也进一步证实我国以高等教育支出为主导的公共教育支出层级结构不利于缩小居民收入分配差距,反而成为扩大居民收入分配差距的推手。

(一) 高等教育和居民收入分配差距

改革开放以来,随着党和国家工作重心的转移,经济社会发展对人才的需求急剧增长,人才问题日益突出。在此背景下,国家制定了一系列人才发展战略和教育发展战略来确保人才培养的可持续性和长远发展。而在三个教育层级中高等教育见效最快且能够直接回应社会发展需求,因此很长时间内政府公共教育支出的重心在于高等教育领域,财政供给的增加保障了高校生源的不断扩招。高等教育的发展为经济发展提供了重要的人才支撑,但是却对收入合理分配产生了不利的影响,甚至拉大了居民收入分配差距。高等教育的发展之所以会导致居民收入分配差距的扩大,原因就在于高等教育的发展过程中存在着教育资源分配不均衡问题,而教育资源分配问题又进而传导至居民收入分配领域,资源分配不均衡破坏了居民收入分配秩序。具体来说,可以从两个方面来对高等教育发展与居民收入分配差距问题展开分析:

1. 高等教育显著的挤入效应

与初等教育和中等教育相比,高等教育的外部性和公共属性最弱,再加上高等教育长期存在着支出供给不足的情况,这就决定了高等教育支出应该且需要由政府和家庭共同来分担。1993年中央出台《中国教育改革和发展纲要》明确指出高等教育为非义务教育层级,高等教育支出采取政府部分拨款、学生缴费上学的高校收费体制,由此政府负责的公共教育支出与家庭个人支出的学杂费收入成为高校收入的主要经费来

[①] 赵海利. 中外公共教育资源分配公平性比较研究 [J]. 教育研究, 2013 (1): 133 - 136.

源。1996年国务院出台的《高等学校收费管理暂行办法》进一步明确规定了高校学费标准的比例。这一办法的出台意味着高等教育基本建立了全面收费制度。高校全面实施收费制度以后，高等教育支出出现了两种现象：一是高校总的教育支出呈现不断上涨的趋势；二是高等教育经费来源结构中政府公共教育支出占主导，但家庭支付的学杂费收入占比不断上升。[①] 据《中国教育经费统计年鉴》公布的数据显示：1998年我国高等教育经费支出总计约587.03亿元，其中财政预算经费约355.17亿元，占60.50%；学杂费收入85.47亿元，占14.56%。到了2017年，高等教育经费支出总计已达到5657.35亿元，其中财政预算经费约3323.84亿元，占58.75%；而学杂费收入达到1495.02亿元，占到26.43%。这反映出高等教育支出具有较强的挤入效应，即政府公共教育支出的增加会带来个人教育支出的增加。但是个人高等教育支出的增加对于高收入家庭和低收入家庭产生的影响是不同的。对于高收入家庭而言，个人高等教育支出的增加并没有增加其家庭经济负担，反而由于家庭偏好高等教育支出使得子女在接受高等教育的学校层次、地域及专业等方面具有更大的选择空间，最终提高了教育的经济收益率水平。而对于低收入家庭而言，高等教育支出是家庭财务支出的重要组成部分，同时由于高校对贫困生的帮扶渠道以及教育贷款融资存在很多问题，使得低收入家庭承担沉重的教育支出负担，在经济欠发达地区甚至出现教育致贫和教育返贫问题。

2. 高等教育获得机会的不平等

在公共教育支出总量不足的情况下，高等教育的优先发展使得高等教育支出在公共教育支出层级结构中很长时间内占据主导地位，具体表现在我国高等教育生均公共支出明显过高，这在一定程度上挤占了初等教育和中等教育的公共财政支出份额。这就导致了初等教育和中等教育的支出数量不足，而在初等教育和中等教育资源总量稀缺的情况下，初等教育和中等教育资源的配置往往难以均衡：一个表现在城市地区，初

---

① 陈建伟. 引出还是挤出：政府与家庭的高等教育支出行为互动模式［J］. 经济评论，2014（6）：91-96.

第五章　公共教育支出对居民收入分配差距的影响——制度分析

等教育和中等教育资源分配往往是建立在家庭财产性收入的基础之上，比如学区房等问题的兴起，使得低收入家庭享受同等的初等教育和中等教育资源的负担加大，优质初等教育和中等教育资源配置的阶层分化日趋明显。另一个表现在乡村地区，难以获得与城市地区同样优质的初等教育和中等教育资源，比如学校层次、师资力量、硬件设施、交通配套等方面差距较大，这就使来自不同家庭和地区的生源在高等教育获得机会方面存在较大差距。教育的不均衡发展是导致教育质量分化的重要原因。高等教育本来是作为打破阶层和财富固化的有效途径，但是由于教育发展的不均衡性以及教育质量的分化，使得高等教育获得机会在不同收入群体之间存在很大的差异，由此造成高等教育的发展成为居民收入分配差距扩大的重要动因之一。一项针对浙江、江苏等8个省份18所高校大学生家庭情况的问卷调查显示，家庭收入水平与能否上好大学呈显著相关关系。来自高收入家庭的学生生源进入好大学学习的机会要远高于低收入家庭。由此可见，家庭经济地位的不平等造成子女在高等公共教育支出中的受益不平等。从整个社会阶层流动性来看，随着高等教育的发展尤其是高等教育扩招之后，我国重点高校来自农村学生占比明显下降，高收入群体子女在热门专业选择上和高考录取分数等方面具有明显优势，高等教育入学机会的贫富阶层差距呈现扩大的趋势。它本质上的是基础教育质量分化和教育分层状况的积累和延续。[1] 高等教育也会进一步固化居民收入分配差距和财富的代际传递，成为导致近些年居民收入分配差距不断扩大的重要因素。

（二）初等教育、中等教育和居民收入分配差距

从理论上来讲，与高等教育相比，初等教育和中等教育具有较强的公共性。因此，公共教育的支出应该优先考虑教育产品的公共性，重心向初等教育与中等教育倾斜，例如美国、英国、日本、韩国、澳大利亚

---

[1] 杨东平. 高等教育入学机会：扩大之中的阶层差距 [J]. 比较教育研究，2006 (1)：20-24.

等发达国家在三级教育层级公共支出的分配过程中初等和中等教育比重较大，而高等教育比重比较小。同样是在大多数发展中国家，教育发展仍然以努力普及初等教育和中等教育为重点，受教育人口大多数是以接收初等教育和中等教育为主。① 改革开放以来，我国初等教育和中等教育的公共支出规模逐年增加，但是就生均公共支出绝对指标和生均公共指数相对指标来看，初等教育和中等教育的公共支出长期在三级教育层次支出的比重明显偏低，反映出初等教育和中等教育支出的充足程度不高，制约了初等教育和中等教育对收入分配调节功能的有效发挥。

初等教育和中等教育对收入分配的调节作用往往基于这样一种传导机制来实现：公共教育支出—居民教育支出—居民收入水平，即首先通过公共教育支出影响居民教育的支出，接着通过居民教育支出的多少再影响居民收入水平的高低。但是随着教育的发展，居民教育发展需求开始走向多元化和高端化，这就使得公共教育支出在数量和质量上都难以满足居民对教育发展的需求，这也就导致居民教育支出不断分化，在现实生活中居民教育支出已经分成了校内教育支出和校外教育支出②两部分。公共教育支出对居民教育支出的影响主要体现在居民校内教育支出上，而公共教育支出的不足会催生居民校外教育支出的增加。居民校外教育支出的增加反过来会抑制公共教育支出对缩小居民收入分配差距的正向作用。具体可以从两个角度来展开分析：

1. 教育的挤出效应

公共教育支出在初等教育和中等教育的经费来源结构中占据绝对主导地位，但是这并不意味着公共教育支出就完全替代了家庭教育支出，因为公共教育支出的公共性决定了公共教育支出水平一般会低于最优教育支出水平，所以公共教育支出需要家庭教育支出的配合和辅助，但是公共教育支出对家庭教育支出具有挤出效应。公共教育支出对居民教育

---

① 王远伟. 个人家庭教育投入及其社会影响的国际比较研究 [J]. 比较教育研究，2010 (6)：30 – 34.

② 校内教育支出主要可以分成两类：学杂费和书本费；校外教育支出主要可以分成三类：家庭自行购买的各类教育用品费、家庭自行支出的辅导训练费和教育带来的衣食住行用费。

支出的挤出效应在低收入家庭的作用程度要比高收入家庭高，因此公共教育支出对提高低收入家庭的收入水平起到重要作用，进而能够有助于缩小居民收入分配差距。不过公共教育支出对居民教育支出的挤出效应多限于校内教育支出部分。随着公共教育支出的增加，使得家庭的校内教育支出得到有效控制，支出水平明显降低，尤其对低收入家庭来说，这就意味着家庭教育支出负担大大减轻。但是校外教育支出的存在以及日益呈现的"军备竞赛"的发展态势，使得公共教育支出对家庭教育支出的挤出效应的发挥大打折扣，进而加剧了教育结果的不平等和教育资源配置的失衡。北京师范大学的"全国义务教育层级家庭教育支出"的抽样调查发现，义务教育层级家庭教育支出部分每半年校内教育支出只有594元，而校外教育支出达到2028元。公共教育支出的增加获益最大的是低收入阶层，由于学杂费占家庭教育支出的比重明显降低，使得校内教育支出负担率下降了2.5%，但与此同时，低收入家庭的校外教育支出负担大幅增加，增幅超过150%。[①] 由此可以看出，校外教育支出的不断增加使得低收入家庭承担了比高收入家庭更为沉重的经济负担，这样一来，有可能进一步拉大居民收入分配差距。

2. 教育的代际收入流动

教育能够提高个人能力禀赋，是打破代际收入固化的重要途径。如果公共教育支出能缩小对不同收入水平家庭子女教育水平的差距，那么就会提高代际收入流动性。通过公共教育支出阻断收入代际传递成为发达国家政府的普遍选择。代际收入流动与教育的平等密切相关。这里的教育平等包括教育的程度平等和教育的质量平等。而公共教育支出能够有效促进代际收入流动，前提条件在于公共教育支出能否促进了教育的平等。如果公共教育支出在规模扩大过程中忽视了教育平等，其后果可能会影响教育对促进代际收入流动的积极作用，甚至会导致把教育演变成代际收入固化的因素。在教育层级与代际收入流动性问题的研究中，

---

① 钱晓烨，迟巍等. 义务教育层级城市家庭教育支出的构成及不平等 [J]. 教育与经济，2015 (24)：24-28.

一般认为高等教育决定着同代间横向收入分配差距，而父代对子女提供的初等教育和中等教育决定着代际间收入分配差距。因为初等教育和中等教育不仅关系到个人能力禀赋的培养，也影响到能否获得优质高等教育的机会，因此它也是被认为一个国家教育体系体现教育平等的关键阶段。正因如此，居民教育支出越来越关注初等教育和中等教育的教育资源。随着我国初等教育支出和中等教育支出的增加，我国初等教育和中等教育的入学率水平已经达到98%以上，这也表明教育的程度平等基本得以实现。但是由于我国公共教育支出的总量不足，当前公共教育支出并不能很好地解决教育质量平等的问题，具体表现在初等教育和中等教育的优质教育资源配置发生严重的结构失衡，而家庭为了获得优质教育资源不得不支付更多的校外教育支出，比如高昂的择校费、学区房等。在公共教育支出干预无效的情况下，家庭经济情况对居民校外教育支出产生显著的影响，校外教育支出的差异会造成子女教育机会获得的不平等，进而加剧大学升学机会的不平等，使得高等教育成为助推居民收入分配差距的力量，并会在未来带来收入不平等的代际传递。

二、城乡教育支出的结构失衡和居民收入分配差距

从上节数据显示，城乡公共教育支出结构呈现两个特点：一是从静态上看，由于受到历史原因和制度因素的影响，城乡公共教育支出存在着较大差距；二是从趋势上看，在此期间政府虽然努力不断加大城乡公共教育支出，但是离实现城乡公共教育服务均等化的目标还有很大的差距，城乡公共教育资源配置的结构性矛盾将长期存在，这势必会深刻影响城乡居民收入分配差距的走向。在本书的实证研究部分也进一步证实城乡公共教育支出差距对我国城乡居民收入分配差距波动产生深刻影响。而其中原因就在于城乡公共教育支出差距会直接加剧城乡居民教育不平等，如果教育不平等的现象不能有效解决，公共教育支出无法发挥预期的收入分配效果。虽然我国城乡公共教育支出规模在不断增加，教育发展取得了巨大的成就，但是我们不能忽视的一个重要事实

第五章　公共教育支出对居民收入分配差距的影响——制度分析

是，我国居民受教育机会获得的城乡和阶层差异并没有缩小，反而有可能扩大了。①

（一）城乡教育支出差距和城乡教育不平等

教育的职能不仅仅是传授知识和颁发文凭，同时也是再生产社会不平等并使之合法化的方式。② 由于受异质性空间要素的影响，城乡教育发展程度往往呈现非均衡性和循环累积特征。而教育资源配置的均衡程度意味着城乡居民获得教育机会是不平等的。再加上受发展基础和历史原因等因素的影响，我国城乡教育资源配置长期存在着较大的差距。在此背景下，政府通过公共教育支出旨在促进城乡公共教育发展。然而现实中，政府公共教育支出一方面增加了城乡公共教育支出规模，使得城乡居民受教育程度年限都有所提高；另一方面，又由于政府公共教育支出流向存在严重的城市偏向，这就使得学校办学设施、师资配比等教育资源在城乡之间的分布存在着很大的差距。

1. 从学校硬件设施来看城乡教育资源分布情况

学校硬件设施的差异往往以校舍设施情况、生均教学设备仪器等指标来衡量。从校舍设施情况来看。校舍设施情况的好坏往往以危房面积占学校建筑面积的比例指标来衡量。2009 年我国城市地区小学和初中学校危房面积占比为 5.32% 和 4.78%，而农村地区相应比例却高达 20.85% 和 16.12%。到 2017 年，我国城市地区小学和初中学校危房面积占比分别为 2.18% 和 2.35%，而农村地区相应比例分别在 12.15% 和 10.23%。从生均教学设备仪器来看，2006 年农村小学和初中生均教学设备仪器价值分别为 0.02 万元和 0.04 万元，而城市小学和初中生均教学设备仪器价值均为 0.06 万元。到 2017 年，农村小学和初中生均教学设备仪器价值分别为 0.07 万元和 0.6 万元，而城市小学和初中生均教

---

① 吴愈晓. 社会分层视野下的中国教育公平：宏观趋势与微观机制 [J]. 南京师大学报，2020 (4)：18 - 23.
② 布尔迪厄·帕斯隆. 再生产一种教育系统理论的要点 [M]. 北京：商务印书馆，2002：58.

学设备仪器价值分别为1.3万元和1.5万元。另外，在体育运动场（馆）面积、艺术体育类器械配备等各种办学条件的学校达标率方面，城乡普通小学、初中的差距都很大。①

2. 从师资力量等学校软件设施指标来看城乡教育资源分布情况

师资力量是衡量学校教育质量的重要指标，也是整个教育活动过程得以顺利开展的重要保障。学校师资力量的差异可以从教师的数量、学历和职称等指标来衡量。首先从教师数量来看，根据全国义务教育均衡发展督导评估工作报告的数据显示，2011年城市小学层级在编教师人数是乡村的1.24倍，随后城乡在编小学教师数量的差距逐年在扩大，小学在编教师人数城市与乡村之比从2011年的1.24倍一直上升到2018年的1.90倍。与此同时，初中教育层级的在编教师人数的城市与乡村之比从2011年的3.11倍一直上升到2018年的5.78倍，与城乡小学教育相比差距较大。其次从教师学历差异来看。2008年农村小学教师本科及以上和初中教师本科及以上学历的比例分别占到8.9%和42.3%，而城市相应的比例分别占到37.2%和75.9%。到2018年，农村小学教师本科及以上和初中教师本科及以上学历的比例分别占到19.2%和62.1%，而城市这一比例分别占到51.3%和89.3%。另外，乡村学校教师参加校外进修和培训的机会较少，无法提供城市学校教师所能享有的常态化、制度化的继续教育渠道。最后从教师职称结构来看。2008年我国农村小学和初中具有高级职称教师的比例分别为35.9%和6.5%，而城市这一比例分别为44.8%和19.8%。到2018年，我国农村小学和初中具有高级职称教师的比例分别为43.2%和9.3%，而城市这一比例分别为56.1%和30.1%。

从上述数据中可以看出，我国城乡教育资源配置在不断改善，但是城乡教育配置存在着较大的差距，且离城乡教育资源均等化发展目标还有很远的距离。这种差距在短期内又难以消除，并且会不断传导到城乡

---

① 陈丰. 基于财政视角的城乡义务教育资源均衡发展研究 [D]. 青岛：中国海洋大学经济学院，2014：49.

居民教育发展差距之中,使城乡教育发展不平等进一步加剧和固化。

(二) 城乡教育不平等和城乡居民收入分配差距

城乡教育不平等主要可以通过城乡居民受教育成本与收益差异等途径影响城乡居民收入水平。

1. 通过城乡居民提供子女教育的成本负担差异影响居民收入水平

一般来讲,公共教育支出对乡村居民家庭教育支出的挤出效应要比城市居民家庭教育支出要大。但是研究发现,公共教育支出对乡村和低收入水平地区的居民的家庭教育支出没有明显的影响,这说明公共教育支出对乡村和低收入水平地区的投入仍然不足,从而导致其挤出效应没有充分地显现出来。由于城乡公共教育资源配置过程中,城乡公共教育资源的配置不均衡,使得乡村的教育资源无论在数量还是在质量上都难以与城市教育资源相提并论,这就导致了很多乡村家庭为选择更优质的教育资源不得不选择城市学校求学,这就造成了乡村居民校外教育支出的增加。从而使得乡村居民受教育所承担的实际经济负担要比城市居民大得多。

2. 通过城乡教育回报率差异来影响城乡居民收入水平

城乡教育回报率差异是教育不平等的重要体现,我国长期以来户籍制度主导的城乡二元结构是造成城乡教育回报率差异的直接原因。城乡教育回报率差异主要体现在高等教育回报率上。在当前的制度背景下,户籍制度使得社会福利资源的城乡配置出现鸿沟,城市具有较强的人才聚集效应,因此,城市居民是高等教育的主要受益者,接受高等教育的乡村青年更加偏好往城市发展,城乡教育回报率的差距表现出"马太效应",从而导致城乡收入差距不断扩大。另外,城乡教育回报率差异还可以体现在城乡受教育程度差异方面。一般来讲,城乡教育回报率与城乡居民受教育程度差异呈正相关。根据《人口与就业统计年鉴》的数据显示,1990年全国平均受教育年限为6.84年,而乡村为6.20年,低于全国水平,2019年全国平均受教育年限为10.68年,而乡村为8.31年,乡村居民受教育程度主要集中在初中及初中以下文化程度,一直低于全国平均水平,与城市居民相比有更大差距。而且随着学历层次的逐级上升，乡村居民接受更高层次教育的人数越来越少，而城市居民却仍然维持在相对较高的人数水平上，我国城乡居民整体受教育程度长期存在着很大的差距。城乡教育回报率的大小最直接可以体现劳动者的就业形态和工资性收入水平上。城乡居民受教育程度的差异通过影响就业形态和工资性收入进而对城乡居民收入分配差距产生重要影响。

3. 通过城乡从业人员就业形态来影响城乡居民收入水平

在同等教育产出水平下，由于乡村居民受教育的所承担的实际经济负担以及继续提升较高教育层次的机会成本要比城市居民高得多。乡村子女出于减轻现实家庭负担的需要，往往选择继承父辈们的传统农业行业，或进城务工。但由于受教育水平的限制只能进入次级劳动力市场从事劳动密集型行业，工作不稳定、收入和保险水平较低。据第六次全国人口普查数据显示，乡村居民的就业领域主要分布在农林牧副渔、制造业、建筑业与批发和零售业。其中，农林牧副渔行业领域中有85%就业人口来自乡村就业人员，高中及以上学历层次（包括了高中、大学专科、大学本科学历）的乡村就业人员占农林牧副渔行业全部就业人员的比重分别为79%、66%和57%。而从事农林牧副渔行业的乡村就业人员占到乡村总就业人口的75%。这些就业领域教育回报率比较低，因此所需要的就业人口的受教育程度比较低。而教育回报率比较高且需要较高受教育程度的领域比如金融业、科学研究、技术服务和地质勘查业、教育等行业，城市居民就业人员占比都已经超过90%。高中及以上学历层次的城市就业人员占行业全部就业人员的比重都在98%左右。这说明乡村就业人员主要从事对教育程度要求较低的收入水平较低的就业领域，而城市就业人员主要从事对教育程度要求较高的收入水平较高的就业领域。而城乡居民的就业状态直接影响城乡劳动力的工资性收入水平。目前，工资性收入已经是城乡劳动者最重要的收入来源，对城乡居民收入分配差距的贡献最大。[①] 由表5-2可知，城乡人均工资性收入

[①] 马万里. 中国式财政分权对城乡居民收入分配差距的影响 [D]. 济南：山东大学经济学院，2014：563.

水平相差很大，大多数年份的城市工资性收入是乡村人均工资性收入的5倍以上。

表5-2　　　　　　　我国城乡人均工资性收入变化趋势

年份	城市人均工资性收入	乡村人均工资性收入	城乡人均工资性收入比
1990	2310.89	344.35	6.7
1995	3561.36	573.1	6.3
2000	4480.80	702.30	6.4
2005	7797.54	1174.53	6.6
2010	13707.68	2431.05	5.6
2015	36360.51	7631.21	4.8
2018	66018	14600	4.5

资料来源：由1991~2019年《中国统计年鉴》计算而得。

4. 通过城乡劳动力流动来影响城乡居民收入水平

劳动力合理流动是有效遏制城乡居民收入分配差距持续扩大的重要力量，而受教育程度是影响劳动力流动大小的重要因素，一般来讲，劳动力受教育程度水平越高，在劳动力市场上的流动性就越强。在改革开放的早期阶段，我国产业结构以劳动密集型产业为主，因此对于初级乡村劳动力的需求较大，在这种背景下农业部门积累的大量剩余劳动力大规模向城市工业部门流动和转移，就增加了农民的收入渠道，使农民收入水平不断提高，从而有利于缩小城乡居民收入分配差距。然而，随着我国经济发展水平的提高，不断推动产业结构走向高级化，产业发展的重心开始转向以资本密集型与技术密集型为主的结构类型，由此导致两个重要的结果：一方面机器的普遍使用和技术的广泛推广不断把乡村劳动力排斥出原有的工业部门，使得大量乡村劳动力丢掉了城市的就业机会；另一方面城市新兴的就业机会对于乡村劳动力的需求减少，具有较高教育人力资本的特殊技术劳动力的需求明显增加。由于乡村地区长期以来教育支出供给不足和质量不高，使得乡村劳动力人力资本积累增长缓慢，乡村劳动力越来越难以在城市部门获取与之相匹配的就业机会，这就抑制了乡村剩余劳动力的转移，尤其是近些年来，乡村剩余劳动力转移的速度和强度在不断下降。

第六章

主要结论和政策建议

第一节　主要研究结论

改革开放初期，公共教育支出不仅促进了全体社会成员绝对收入水平的增长，也拉开了社会成员之间相对收入水平的差距，这是一个社会公共福利实现帕累托改进的过程。不过自1994年以来，我国收入分配差距开始超出合理区间，随后总体不断攀升，这表明收入分配的调节问题越来越重要，需要我国公共教育支出政策重视调节收入分配的目标，即通过公共教育支出政策来有效遏制居民收入分配差距过大的趋势，从而起到平抑居民收入分配差距的作用。但是从近些年的现实数据发现，我国公共教育支出没有实现平抑居民收入分配差距的政策目标，进一步分析发现，不合理的公共教育支出结构可能导致公共教育支出对平抑居民收入分配差距产生的逆向影响将可能长期存在。本书研究的核心议题就是论证这一推断的存在性。围绕这一核心议题，本书的研究试图回答如下问题：如果公共教育支出没有对平抑居民收入分配差距发挥正向作用，那么公共教育支出到底对居民收入分配差距产生了什么样的影响？以及公共教育支出对居民收入分配差距影响的发生机理及背后运行逻辑到底又是什么？等等。进而，本书通过实证分析和理论分析相结合等方法得出如下的研究结论：

一、公共教育支出总体上对平抑居民收入分配差距产生逆向影响

收入问题是宏观经济学研究的中心议题,也是政府对经济运行进行积极干预的重要出发点和落脚点。政府一直比较重视教育对收入的影响作用,并通过不断扩大公共教育支出来实现两大政策目标:一是促进收入增长,提高人民生活水平;二是调节收入分配,即把居民收入分配差距维持在一个合理的区间,避免收入分配出现平均主义和两极分化的两个极端。但是从1994年以来我国公共教育支出和收入水平的变化历程来看,公共教育支出虽然促进了社会收入总体绝对水平的提高,但是并没有有效平抑居民收入分配差距,甚至有可能成为助推居民收入分配差距不断扩大的重要力量。因此,公共教育支出政策对平抑居民收入分配差距产生的仍旧是逆向影响,即沿袭了改革开放以来公共教育支出对居民收入分配差距的影响,但不同的是,此阶段的居民收入分配差距更加悬殊,公共教育支出对平抑居民收入分配差距的逆向影响的性质发生了根本的变化。而判断公共教育支出对居民收入分配差距的影响性质的主要的标准在于是否有利于推进全社会成员共同福利的改进。很显然,近些年公共教育支出对居民收入分配差距所产生的影响性质是消极的,因为如果居民收入分配差距处于悬殊甚至是两极分化的情形之下,那么此时的收入增长结果最终必然会带来社会财富的固化和社会阶层的分化,吞噬社会公共福利,这是与社会主义实现共同富裕的目标背道而驰的。就这一问题,主流观点认为公共教育支出和居民收入分配差距之间呈现倒"U"型关系,公共教育支出对平抑居民收入分配差距产生逆向影响的原因在于公共教育支出总量规模并未达到能够发挥对平抑居民收入分配差距产生正向影响的阶段,这也就意味着公共教育支出总量只有达到一定程度上才能发挥对居民收入分配差距的正向影响。当前学术界比较偏向进一步扩大公共教育支出总量规模来解决公共教育支出对居民收入分配调节中的问题,其理由有两点:一是公共教育支出总量的扩张通过教

第六章 主要结论和政策建议

育的生产性功能能够直接促进居民收入绝对水平的提高；二是认为公共教育支出总量只要增加到一定程度必然会带来对平抑居民收入分配差距的正向影响。也就意味着学术界普遍的观点认为公共教育支出的收入增长目标和收入分配目标的冲突并不会永远持续下去，只要坚持公共教育支出的不断增加，收入分配差距就会自发回归到合理的区间，也就必然会带来收入增长目标和收入分配目标重新恢复至协调关系。

但是，本书认为公共教育支出总量的问题并不足以全面准确解释公共教育支出对平抑居民收入分配差距所产生的逆向影响，公共教育支出总量的增加可能并不意味着居民收入分配差距能够自动的下降到合理的区间。需要强调的是，公共教育支出总量只是公共教育支出对平抑居民收入分配差距产生逆向影响的一个问题，严格来讲，是问题的结果，而不是问题的原因。本书认为公共教育支出对居民收入分配差距的影响取决于公共教育支出结构的配置过程。因为公共教育支出总是在特定的公共教育支出结构下发挥作用，公共教育支出结构决定了教育资源配置格局，教育资源配置格局直接影响到教育分配差距程度，进而影响到居民收入分配差距的程度，因此，公共教育支出结构才是影响公共教育支出对居民收入分配差距影响的关键性因素。在促进公共教育支出增长的过程中如果忽视公共教育支出结构的优化，由此导致了公共教育支出在不同人群中的配置比例失衡，进而会造成公共教育资源在不同人群之间差距不断扩大，尤其是很多贫困地区以及乡村地区的人口可能因为无法接受到相同的教育资源而不能得到应该有的教育发展红利，最终导致收入分配差距不断扩大。改革开放以来，我国公共教育支出结构配合的是公共教育支出政策的收入增长目标，通过偏向型公共教育支出结构合理拉开收入分配差距，有利于实现收入良性增长。但是在收入分配差距存在悬殊甚至两极分化的情形下，公共教育支出政策的收入增长目标应该让位于收入分配目标，教育的配置性功能就显得尤为重要。而只有公共教育支出结构的优化才能很好地发挥教育配置性功能。但是，正是因为长期以来我国公共教育支出政策沿袭了改革开放初期以来的教育发展惯性，只关注收入增长目标，过于强调依靠公共教育支出数量的扩张，而对公共教育支出结构没有做出有效的调整和持续的改进，导致公共教育支出对平抑居民收入分配差距产生的逆向影响难以扭转。只是近些年来随着国家教育财政政策的不断调整，公共教育支出与居民收入分配差距之间函数的曲线形态开始呈现一种由陡峭趋向平坦的趋势，表明公共教育支出扩展对平抑居民收入分配差距的逆向影响程度逐渐减弱，由此也可以看出，只有进一步优化公共教育支出结构才能发挥公共教育支出对居民收入分配差距的正向调节效应。

二、结构失衡使得公共教育支出成为扩大居民收入分配差距的重要因素

公共教育支出结构对居民收入分配差距的影响研究是一个很重要的分析视角。一个原因是结构的视角集中体现了教育的配置性功能，由此通过公共教育支出结构分析对居民收入分配差距的影响主要反映了公共教育支出的收入分配职能。从教育的角度来说，教育资源配置的差距必然会传导到居民收入分配差距上去，因此，居民收入分配差距其实在一定程度上直观地反映在教育资源配置的差距上，而教育资源配置的问题主要是由于公共教育支出结构失衡导致的教育分布的不均衡和不平等。另一个原因是公共教育支出对居民收入分配差距的影响分析是以特定的公共教育支出结构为前提，与此同时，不同的公共教育支出结构下的公共教育支出对居民收入分配差距的影响也是不同的。本书选取了公共教育支出层级结构和公共教育支出城乡结构两个维度来分析公共教育支出结构对居民收入分配差距所产生的影响。

本书关于公共教育支出层级结构对居民收入分配差距影响的问题做了两项研究：一项研究对公共教育支出层级结构的演变过程进行系统性的梳理，得出结论如下：从绝对额来讲，我国公共教育支出数量在初等教育、中等教育和高等教育等三个教育层级的配置从总体上都呈现增加的趋势，但是从生均支出增长指标来看，我国初等教育支出和中等教育支出与高等教育支出的差距仍然较大；从相对额来讲，我国初等教育支

第六章 主要结论和政策建议

出、中等教育支出和高等教育支出的配置比例总体呈现高等教育＞中等教育＞初等教育的发展格局，虽然三个教育层级支出之间的配置近些年也得到了一定程度的改善，但是以高等教育支出为主导的公共教育层级支出结构并没有改变。另一项研究进一步通过面板误差修正模型实证分析了公共教育支出层级结构对居民收入分配差距的影响，得出结论如下：我国初等教育支出、中等教育支出和高等教育支出的增加都会对居民收入分配差距产生影响，但是其影响的方向和程度不同。从影响方向来讲，初等教育支出和中等教育支出的增加有利于平抑居民收入分配差距，而高等教育支出的增加非但不能平抑居民收入分配差距，反而会扩大居民收入分配差距；从影响程度来讲，我国公共教育支出对居民收入分配差距影响程度的大小可以做这样一个排序：高等教育支出＞中等教育支出＞初等教育支出，且高等教育支出对居民收入分配差距产生的扩大效应大于中等教育支出和初等教育支出对居民收入分配差距产生的平抑效应之和。由此可以发现，我国公共教育支出层级结构难以有效平抑居民收入分配差距，甚至会产生逆向影响，而且高等教育支出占公共教育支出权重越大，公共教育支出对平抑居民收入分配差距所产生的逆向影响就会越大。

本书关于公共教育支出城乡结构对居民收入分配差距影响的问题做了两项研究。一项研究是对我国公共教育支出城乡结构的演变过程进行了系统性梳理，得出如下结论：随着公共教育支出的增长，公共教育支出用在城市与乡村的总量也在不断增长，但是从生均支出年均增长率来看，城市与乡村都在总体上呈现递减趋势。从城乡公共教育支出差距来看，我国公共教育支出城乡结构长期呈现城市偏向的支出格局，虽然近些年来城乡公共教育支出差距有所减少，但是总体支出格局还没有得到彻底改变。另一项研究是进一步通过构建时间向量自回归模型（VAR模型）实证分析了我国城乡公共教育支出对居民收入分配差距的影响，得出的结论为：虽然城乡公共教育支出差距对城乡居民收入分配差距的影响效应的发挥具有一定的滞后性，但是城乡公共教育支出差距对城乡居民收入分配差距起着长期的显著正向影响，即城乡公共教育支出差距的扩大是导致城乡居民收入分配差距扩大的直接原因。由此可以看出,只要我国城市偏向的公共教育支出城乡结构不改变,那么城乡公共教育资源配置的失衡状况就无法得到彻底的改观,城乡居民收入分配差距扩大的趋势就难以得到根本性的遏制。

公共教育支出的结构性矛盾导致了教育发展的差异和不均衡性,从而使得公共教育无法有效调节居民收入分配差距。从公共教育支出层级结构来看,高等教育支出过大必将会对初等教育和中等教育的资源配置产生替代效应,由此初等教育、中等教育和高等教育之间难以实现均衡发展,这就破坏了教育发展的公平性,使得初等教育、中等教育和高等教育在教育功能上无法做到有效衔接,从而造成了教育的配置性功能难以有效发挥,甚至有可能会使教育沦为收入分配不合理的重要因素。从公共教育支出城乡结构来看,城乡之间的公共教育资源配置不管是在硬件设施资源,还是在软件设施资源方面都长期处于不均衡的状态,城乡公共教育资源配置差距较大,从而造成了城乡教育发展的不平等,而城乡教育不平等通过城乡居民受教育成本与收益差异等途径深刻影响到城乡居民收入分配差距水平。城乡教育发展越不平等,也就意味着城乡居民收入分配差距就越大。

三、总类财政分权是影响政府公共支出行为偏差的制度因素

公共教育支出是地方政府的重要公共支出项目,其变化趋势不仅能够体现出特定时期政府的政策意图,而且也能从中发现政府行为背后所蕴含的制度逻辑。财政分权改革对我国地方政府行为产生了重要的影响,根源就在于财政分权改革为地方政府行为重新建构了一整套的激励机制安排。一类是经济激励。中央政府不断扩大地方政府行政管理权限,由此地方政府拥有了自己固定的税收来源,以及能够自主征收的预算外收入,地方政府在经济上成为一个相对独立的利益主体;另一类是政治激励。中央政府利用人事控制权,以及政绩考核评价指标来控制地方政府行为方向,政绩考核评价指标成为地方政府官员晋升的"指挥

棒"。这种激励结构可以引导地方政府不断形成两大行为偏好：一是更加关注经济利益和财政收入，使自己的辖区财政预算最大化；二是关注自己的职位晋升和政治收益，使自己能够获得更大的职位晋升空间。而地方政府的财政收益和地方政府官员的职位晋升只有融入地方经济发展之中才能实现，因此，这种激励结构把官员个人的职位晋升与政府的财政收益以及地方经济发展牢牢结合在一起，从而形成了一套利益相容机制，有效调动地方政府发展经济的主动性和积极性。但是我们还发现：财政分权由于过于强调激励对地方政府的意义，并没有为地方政府行为提供一套完善系统的约束机制。具体表现在：一方面，地方政府行为缺乏来自中央政府有效和可持续的垂直监督；另一方面，地方政府行为缺乏来自政府系统以外的各种政治力量和社会力量的有力约束。监督的缺位和约束的失灵最终导致了地方政府的选择性职能履行，即过度关注经济发展职能而漠视公共服务职能，从而最终导致了地方政府行为偏差。

政府公共支出行为呈现明显的偏好性是地方政府行为偏差的最重要的表现，即政府公共财政资金用于基础设施建设等生产性领域的偏好要远远高于在公共教育支出等社会性支出方面的资金。本书以博弈论的视角研究发现：在既有的制度框架下，这种偏向生产性支出而低估公共教育支出的公共支出结构，不管是从地方政府与中央政府之间行为博弈分析，还是从地方政府之间的行为博弈分析，都是理性地方政府所要采取的占有策略。因此，这种失衡的公共支出结构从长期来讲具有稳定性。虽然短期内的政府政策可能会对政府公共支出结构进行调整，但是只要不改变其存在的制度框架，政府制定的旨在调整公共支出结构的政策很容易出现政策效应递减，政策性安排很难从根本上进行修正公共支出结构背后的制度性问题。政府的这种公共支出结构导致了在既有公共财政资金总量的情况下，生产性支出对公共教育支出的替代，这就造成公共教育支出总量增长比较缓慢，公共教育支出总量不足的矛盾长期得不到有效解决。与此同时，这种偏向型的公共支出安排不断形成和固化政府自身的公共支出行为逻辑，而这种行为逻辑也必然会影响和传导到公共教育支出的具体领域之中，使得公共教育支出结构也难以实现均衡，再加上公共教育支出受到总量的约束，都有可能进一步使公共教育支出结构失衡。

四、教育财政分权是造成公共教育支出结构失衡的制度原因

教育财政分权主要讨论的是教育财政事权与支出责任划分的问题。我国教育财政事权与支出责任划分的总体情况是中央政府与地方政府共同享有教育事权和支出责任，但是不同层级的政府享有的相应的财政事权与支出责任有所不同。教育财政分权对我国公共教育支出结构产生了重要影响，具体体现在：

一是教育财政分权对我国公共教育支出层级结构产生的影响。本书通过从地方政府对不同教育发展层级的教育财政事权与支出责任的匹配程度和教育财政努力程度两个角度来对这一问题展开分析，得出结论为：高等教育的财政事权与支出责任匹配度要高于初等教育和中等教育的财政事权与支出责任匹配度，这就使得高等教育支出比初等教育和中等教育拥有更加充足的财政保障；同时地方政府对高等教育支出的教育财政努力程度也高于初等教育和中等教育的财政努力程度，这就意味着地方政府将公共教育支出用于高等教育领域要比初等教育和中等教育领域有更高的积极性。由此可以进一步推出：教育财政分权存着不断强化高等教育偏好倾向的动力机制，这就不断形成高等教育支出在公共教育支出层级结构中长期明显高于初等教育支出和中等教育支出的分配格局。

二是教育财政分权对我国公共教育支出城乡结构产生的影响。教育财政分权对我国城乡义务教育供给机制产生了重要影响，而我国公共教育资源配置存在的城乡结构失衡其实是由城乡公共教育供给机制所决定的。本书将财政分权背景下的城乡义务教育供给机制分成两个阶段：第一阶段为城乡义务教育供给的二元割裂阶段。此阶段，城乡义务教育供给呈现出明显的二元割裂特征，县级政府主要负责对城市义务教育供给并承担相应财政事权与支出责任，乡村主要负责对乡村义务教育供给并

第六章　主要结论和政策建议

承担相应财政事权与支出责任。这种"城乡有别"的二元化办学格局和教育资源配置方式，使得城乡公共教育支出长期受到城乡之间的经济发展水平的影响。由于经济发展水平和发展能力的差距，使得城乡公共教育支出存在巨大的鸿沟。同时由于长期受城市优先发展策略的影响，以及乡村义务教育供给抵御政策环境变化的能力较弱，从而使得城乡公共教育支出的差距变得越来越大。第二阶段为城乡义务教育供给的一元融合阶段。此阶段，乡村义务教育供给机制发生了集权取向的变革，县级及以上政府开始从提供政策指令逐步转向制度供给并承担相应的教育支出责任，从而与城市义务教育的供给方式实现了制度并轨，但是城乡公共教育支出中城市偏向并未得到有效的消除，一些新的因素反而进一步强化了城市偏向的公共教育支出城乡结构，具体表现为：一个是城市化浪潮的到来，导致了城市义务教育需求出现激增，同时也导致了乡村义务教育资源流失严重，乡村义务教育走向衰败，进一步扩大城乡义务教育差距鸿沟。另一个是地方城市政府的逐利性。城市义务教育供给过程能够使地方政府获得更多的教育溢价收益；同时地方政府官员在提供城市义务教育供给时具有更多的寻租机会。由此可以进一步推出：教育财政分权存着不断强化城市偏向的动力机制，从而导致城乡之间的公共教育支出配置比例出现失衡。

第二节　政策建议

公共教育支出对平抑居民收入分配差距产生的逆向影响，直接原因在于公共教育支出方式和公共教育支出结构。公共教育支出方式和公共教育支出结构其实本质上都是政府特定公共支出行为偏好决定的，由此公共教育支出方式和公共教育支出结构的问题如果不能跳出政府特定公共支出行为的背后逻辑，那么这些问题可能就会演变成为困境，使得公共教育支出对平抑居民收入分配差距的逆向影响长期存在下去，并且无法在短期内得到有效扭转。进一步剖析发现，财政分权体制是政府公

215

支出行为偏好得以产生的最重要的制度背景，并直接导致政府职能定位的偏颇以及政府公共教育支出政策目标的偏误。因此，解决公共教育支出对平抑居民收入分配差距的逆向影响的问题不是简单靠小修小补来完成，而是需要一个系统化工程，需要政策和制度的共同推进，以及政府职能的转型和政府公共教育支出政策目标的调整。

因此，扭转长期以来公共教育支出对平抑居民收入分配差距所产生的逆向影响，发挥公共教育支出政策合理调节居民收入分配差距的作用，需要切实转变政府职能，从根本上凸显政府的公共服务职能；调整公共教育支出政策的收入目标，不断强化公共支出政策的收入分配目标的重要性，纠偏政府公共支出行为的异化倾向，保障公共教育支出总量的持续有效供给和公共教育支出结构的优化配置。

一、总体思路

从宏观层面来讲，公共教育支出的问题其实反映出我国政府公共服务职能的缺位以及公共教育支出政策目标的偏误。因此，解决公共教育支出的问题的总体思路有两个，即转变政府职能和调整公共教育支出政策目标。

（一）政府职能：由经济发展职能向公共服务职能转型

公共教育是公共服务的重要组成部分，促进公共教育的发展是政府履行公共服务职能的重要体现。公共教育支出存在的问题反映出政府在众多的目标函数中对公共教育问题长期关注不够、投入热情不高，这也直接体现出政府公共服务职能履行不到位。改革开放以后，随着党和国家工作重心的转移，政府职能由政治统治职能向经济发展职能转型，用"以经济建设为中心"代替了"政治挂帅"的工作思维，这是顺应国家经济赶超战略的需要，也是实现共同富裕的需要。在经济绩效指引下，我国经济增长取得了举世瞩目的成就。但是长期以来，我国政府过于强化政府作为经济管理者的经济发展职能，从而忽略了政府作为社会管理者的公共服务职能。如果一味地追求经济的高速度增长，有可能会把经济活动完全独立于社会关系之外，进而把收入分配、社会公平、社会良序和道德情操等作为经济增长的必然代价，过于强调经济因素对社会生存的极端重要性从而排除了任何其他的结果，① 这样一来，势必会带来严重的社会后果：一方面是经济增长的高位运行；另一方面却伴随的是收入分配差距两极分化等社会问题不断激增，由此导致的发展不平衡和不充分的矛盾不断突出。同时，经济的高速增长并不能全面反映经济所带来的结果，不能客观反映经济所导致的代价，也不能准确反映人们生活水平是否得到提高和幸福感是否得到增强，因此也并不意味着社会公共福利的持续改进。因此，我们要积极转变政府职能，把经济活动嵌入社会大的发展系统之中，经济活动的运行必须服膺于特定的社会各种环境条件的约束，经济活动的结果评价必须以综合性的社会性指标来衡量。政府职能要重新回归公共服务职能的本色，协调好政府经济发展职能和政府公共服务职能的关系，合理界定政府职能边界，让市场在经济增长中发挥决定性作用，让政府在社会发展中发挥决定性作用，使全体社会成员都应该享有最基本的发展权利并均等地享有社会经济发展的成果，力求实现教育等事关社会发展的各项领域的公共服务资源配置的均等化，为经济增长和人民生活提供稳定的社会基础。从西方发达国家的经验来看，政府一般都经历过由经济增长职能向公共服务职能的转型的过程，具体体现在政府公共财政支出中呈现这样一个演变趋势，即用于社会性支出的比重不断递增而经济性支出的比重不断递减。政府公共服务职能的转型是经济发展达到一定水平以后政府职能发展的必然要求。

（二）政策目标：由收入增长向收入分配转向

公共政策本质上是政府对整个社会价值做出的权威性分配。② 社会

---

① 卡尔·波兰尼. 巨变：当代政治与经济的起源 [M]. 北京：社会科学文献出版社，2017：45.
② 威廉·邓恩. 公共政策分析导论（第四版）[M]. 北京：中国人民大学出版社，2011：59.

价值集中体现在公共利益上，公共政策只有能够反映绝大多数人的公共利益时，才能使其在政治上具有合法性。因此，政府制定公共政策的目标和初衷就在于社会公共利益的增进。改革开放初期，广泛的社会贫穷是政府所要积极应对的政策问题，社会公共利益集中体现在如何提高社会成员收入水平上，凸显了收入增长目标的重要性。公共教育支出政策为实现收入增长目标发挥了重要的作用。在实现收入增长的过程中，社会成员收入并不是平均化的同步增长，而走的是差异化的收入增长之路，即收入增长需要合理地拉开收入分配差距。鉴于此，在不断增加公共教育支出总量的同时，我们在公共教育支出结构中采取了优先发展高等教育的公共教育支出层级结构和优先发展城市的公共教育支出城乡结构，从而形成了教育资源配置的差异性，教育发展的差距自然拉开了收入分配的差距，而合理的收入分配差距为收入增长提供可持续动力。但是，收入增长达到一定程度以后，必然要反哺到收入分配过程中，如果收入分配差距过大，必然会影响社会整体的公共福利，这也就意味着公共教育支出政策目标需要及时转向，更加凸显收入分配目标的重要性。但是，收入分配差距成为被广泛关注的社会问题以后，我国公共教育支出的收入目标却依旧保留以收入增长为导向的政策惯性，公共教育支出的结构并未作出适时的调整和优化，这就大大地制约了教育的配置性功能的发挥，从而使得公共教育支出对平抑居民收入分配差距的逆向影响效应持续存在下去。鉴于此，当务之急我们一定要从观念上认识到公共教育支出对平抑居民收入分配差距产生逆向影响的危害性，要及时将公共教育支出的收入目标调整至收入分配目标上去，把收入分配差距控制在合理的区间作为公共教育支出发展的主要任务，使得公共教育支出能够发挥平抑居民收入分配差距持续扩大的作用。

二、具体建议

教育资源总量的不足和教育资源配置的不均衡是推动居民收入分配差距不断扩大的重要因素。鉴于此，纠正公共教育支出对平抑居民收入分配差距产生逆向影响的实施路径主要在于：要不断增加公共教育支出总量的供给，确保公共教育支出能够优先发展；同时优化公共教育支出结构，促进公共教育支出结构均衡发展。

（一）增加公共教育支出总量的供给

1. 探索建立公共教育支出长效增长机制

为了确保公共教育能够实现优先发展，制定合理的公共教育支出发展目标是十分必要的。公共教育支出占 GDP 的 4% 比重的目标是结合国内外公共教育发展经验制定出来的，对于确保公共教育支出不断增长起着重要的指引作用。但是公共教育支占比的 4% 的目标已经制定了 20 多年，而且这个目标已经实现了近 10 年，与此同时，我国经济发展整体水平和居民人均收入水平已经达到了一个新的阶段，对教育都有了更高水平的新需求。而且公共教育支占比 4% 的目标和完成时间都是在中央政策强制推动下实现的，这就使得公共教育支出在性质上成为具有约束力的"法定性支出"。但是，4% 目标完成以后，公共教育支出增长缺乏持续性，地方政府的公共教育支出规模难以保持原有增长速度。[①] 更为重要的是，在新的发展阶段教育要承担收入增长和收入分配的双重目标，所面临的任务将更加沉重，因此，政府如果只是把公共教育支出总量供给政策的目标维持在公共教育支出占比 4% 的水平就显得有些不足，难以有效实现和兼顾公共教育政策多元化的目标。因此，在保证公共教育支出占比 4% 这个底线的基础上，应该适度修正和调高公共教育支出占比，进一步增加公共教育支出总量规模，这是新时期确保公共教育优先发展的客观要求，也是协调好公共教育支出的收入增长目标和收入分配目标的前提条件。另外，还可以尝试建立以公共教育支出占比目标为底线的动态增长机制，增强公共教育支出与经济发展和公共财政在增长上的联动性。同时，应该积极制定能够反映教育财政投入充足、均

[①] 席鹏辉，黄晓虹．财政压力与地方政府行为——基于教育事权改革的准自然实验［J］．财贸经济，2020（7）：38－42．

衡和效率的指标体系，并纳入中央对地方、省级对省内各级政府的监测指标和绩效考核之中。①

2. 重塑公共教育供给模式

当前我国公共教育支出中政府公共财政支出权重过大，这就意味着公共教育供给主体过于依靠政府力量，形成了政府对公共教育供给的垄断。但是，在这种单一的公共教育供给模式下，我国公共教育支出总量很容易受到国家财力的制约，从而造成公共教育需求与支出的矛盾突出。因此，要改变这种单一公共教育供给模式，必须积极鼓励和引入市场力量和社会力量广泛参与到提供公共教育资源和服务上来，并且可以通过政府服务、政府间协议、政府出售、合同承包、补助、凭单制、特许经营等多种形式与政府开展合作，这样一来，一方面有利于扩大公共教育支出的来源渠道，提供公共教育资金的充盈程度，有利于进一步弥补公共教育支出总量的不足；另一方面有利于扩大公共教育服务的有效供给，构建公共教育服务多元主体供给模式，加强对公共教育资金的有效监督和管理，实现教育治理体系和治理能力的现代化。

3. 优化政绩考核机制中的公共教育支出指标

政绩考核机制是政府公共支出行为的指挥棒，具有强烈的政府职能导向和政府政策目标导向。因此，政府公共服务职能的转型以及政府公共教育支出政策目标的调整需要政绩考核机制与之相配合。而当前的政绩考核体制明显不适应当前我国政府公共服务职能转型和公共支出目标调整的需要，政绩考核机制中公共教育支出指标权重偏低、支出指标模糊等问题使得地方政府不能给予公共教育问题持续的关注，更有甚者会导致公共教育问题被边缘化。鉴于此，有必要进一步完善政绩考核机制中的公共教育指标，从而形成对地方政府公共教育支出强有力的激励。一是提高公共教育支出指标在政府政绩考核机制中的权重。改变当前GDP挂帅的政绩考核导向，建立能够充分体现民主、民权、民生的公共

---

① 宗晓华，陈静漪. 新常态"下中国教育财政投入的可持续性与制度转型 [J]. 复旦教育论坛，2015 (6)：5-9.

第六章 主要结论和政策建议

财政体制与实施模式，将政府政绩考核的重点引导到公共教育等公共服务领域，通过提高公共教育支出权重来引导政府更加注重公共教育的发展，为公共教育支出总量的可持续增长提供长效机制。二是量化公共教育支出指标。考核公共教育支出的发展绩效需要更多可量化的指标来衡量，可以尝试根据地方教育发展状况制定连贯性较好的支出考核指标和办法，这样可以使公共教育发展成为地方政府更为直观的执政政绩，才有可能使得地方政府真正把公共教育发展纳入政府核心竞争力的范畴，从而有效提高地方政府公共教育支出的意愿。

4. 积极探索科学有效的地方政府公共教育投入长效保障机制

在现有的分税制框架下，中央和地方之间收入分配存在严重不匹配的情形，地方不仅缺乏主体税种，同时也在教育发展方面没有相应的税收收入来保障。长期以来，我国公共教育经费收入主要来自教育收费，其收费形式主要包括城市教育费与地方教育费两种。城市教育费1986年开征，现行费率为3%，而地方教育费于1995年开征，现行费率为2%。两项教育费均由税务部门征管，资金就地上缴给地方财政，用于发展地方公共教育事业。但是由于教育费收入属于行政性规费，具有多重弊端：由于它是依据特定税收征收，税基过窄，因此难以保障教育实现常态化的增收；在征收环节征管用效率低，容易"重税轻费"，导致有时不能按时足额征收；在管理和使用环节缺乏法律的规范，导致教育费收入经常被挤占、截留和挪用等；而且其收入很容易受到政策变动的频繁冲击，比如近些年供给侧结构改革推行的减税降费、"营改增"和小微企业三年免征教育费等多项政策对教育费收入产生了叠加冲击，导致教育费收入出现持续下滑，难以保障教育经费的可持续性增长。鉴于此，应该将本作为权宜之计存在的教育费调整为教育税提上日程，它是优化公共教育投入机制的必然要求。教育税可以考虑设置为共享税，中央根据不同地方教育经费供求状况确定相应的划分比例；地方分成税收用于地方教育发展，一定程度上提高地方政府的公共教育经费供给能力，保障公共教育支出的稳定供给；中央分成收入主要用于平衡教育税地区差异，以弥补不同地方之间的教育发展差距，促进公共教育均衡发展。这样一来，公共教育收入就有了立法规范基础，使得公共教育收入可预期、易监管，有助于形成"定标准、定责任、入预算"的公共教育筹资长效保障机制，[①] 在"后4%"时代使公共教育支出得到有效保障。另外，国家也可以对现有的财力资源进行全面统筹和整合，按一定比例投入教育领域，提高公共教育财政资金的充盈度。以国企利润为例，可以调整上缴利润的国企范围，逐步提高国企上缴利润比例，将上缴利润全部注入专门建立的国家教育账户，让全体国民都能够更多地分享国有企业发展的红利。[②]

（二）优化公共教育支出结构的配置

优化公共教育支出结构的配置，意在达到两个重要目的：一是通过优化公共教育支出层级结构的配置，促进三级教育发展层级实现有效衔接，实现公共教育的均衡发展；二是通过优化公共教育支出城乡结构的配置，缩小城乡教育发展差距，实现公共教育资源的公平分布。在公共教育层级能够实现均衡发展和城乡公共教育资源能够实现公平分布的情形下，公共教育支出必然就能起到有效调节居民收入分配的作用，公共教育支出对平抑居民收入分配差距将会产生正向影响。

第一，改变以高等教育支出为主导的公共教育支出层级结构，促进三级教育发展层级的均衡发展。改革的方向主要在于优化不同层级政府之间的教育财政事权与支出责任，尽量做到不同层级政府之间的教育财政事权与支出责任配置的合理化，同级政府能够一定程度上实现财权与事权相匹配。具体来说，适当将初等教育和中等教育的教育财政事权与支出责任上移，进一步减少基层政府的财政压力，重点解决初等教育和中等教育事权与支出责任匹配度低和政府财政努力度低等问题。在维持高等教育支出现有增长水平的前提下，加快初等教育支出和中等教育支出

[①] 王善迈. "后4%"时代财政教育投入的长效机制建设 [N]. 光明日报, 2015-12-08.
[②] 唐兴霖, 李文军. 教育公平视角下地方政府财政性教育支出：演进与财力缺口测算研究 [J]. 行政论坛, 2017 (4): 127-131.

第六章　主要结论和政策建议

的增长水平，补齐长期以来初等教育和中等教育发展相对滞后的短板。

首先，在完善省级统筹保障机制的基础上，尝试建立以省级政府供给为主的初等教育和中等教育的教育经费制度，强化省级政府的教育经费统筹职能。从中央层面，进一步明确"省级统筹"的内涵界定，确保省级政府承担两项基本工作：省级政府根据所辖县级教育需求和政府财力状况确定其所要承担的支出责任；承担起初等教育和中等教育的经费支出的兜底责任，通过转移支付弥补县级政府无力负担的初等教育和中等教育的经费缺口。从省级政府层面，完善对县级政府初等教育和中等教育的转移支付的功能结构，增加教育财力性转移支付权重，同时加大对初等教育和中等教育经费项目中薄弱领域的专项支持力度，例如校舍维修改造等。对省级政府教育统筹专项基金建立公示制度，接受来自人民和社会的监督，确保省级统筹经费真正落实到位。建立以省级政府供给为主的初等教育和中等教育的教育经费统筹制度是美国、加拿大、澳大利亚和俄罗斯等地域面积较大国家普遍采用的做法，我们可以积极借鉴这一做法。

其次，进一步适度加强中央政府的教育事权与支出责任。一方面中央政府明确对初等教育的最终责任，同时需要加大对中等教育财政事权，尤其是普通高中教育。高中教育是连接基础教育和高等教育的桥梁，因此，高中教育发展对教育均衡发展起到很重要的作用，可以探索尝试将高中教育纳入义务教育层级，从而保障高中教育经费的充足性，可以由中央政府来承担部分支出责任。另一方面发挥中央政府对中西部欠发达地区以及部分东部困难地区初等教育和中等教育发展的统筹作用，加快推进在全国范围内实现公共教育服务均等化。这样一来，就能够有效缓解地方政府对初等教育和中等教育的支出责任，提高初等教育和中等教育的教育事权与支出责任的匹配度。同时，中央政府和省级政府对初等教育和中等教育的教育事权与支出责任的补位，也必然会对基层政府公共教育支出行为提出更高的要求和监督，有利于提高基层政府对初等教育和中等教育的财政努力程度。

最后，尝试探索建立科学规范有效的转移支付制度。一方面完善转移支付制度设计方法，转移支付金额的计算需要有一整套可量化的公式来确定，更多考虑不易受到人为控制的、能反映地方政府收入能力和支出需要的客观性因素的权重，这样有利于提高转移支付的透明度，提升转移支付的科学化程度，确保上级政府对乡村地区以及欠发达地区的转移支付能够满足教育发展的现实需要。另一方面进一步完善转移支付结构。扩大一般性转移支付在整个转移支付结构中的比重，确保地方能有足够的财力来承担教育支出责任。同时，可以探索建立与教育绩效责任挂钩的"契约式"以一般财政转移支付为基数、额外增加5%的财政转移支付新制度，并且建立与之相配套的责任追究机制，[①] 以增强转移支付的激励效应加强对转移支付使用的有效监管。另外，还需要进一步清理现行分散在各个财政预算支出科目中的各项教育专项补助，可以将其逐步调整为"整块拨款"和"配套拨款"，提高教育专项转移支付的规范性。

第二，改变城市偏向的义务教育支出城乡结构，促进城乡义务教育资源的公平分布。虽然近些年我国乡村义务教育支出增幅差距有所缩小，但是长期以来公共教育支出城乡结构失衡的历史性问题并没有得到根本解决，城乡居民收入分配差距依然很大，而且研究表明乡村人力资本的产出弹性要明显高于城市，这就充分说明实施乡村倾向的公共教育支出政策不仅是实现社会公平的需要，而且在经济上也是富有效率的体现。因此，在维持城市义务教育支出现有增长水平的前提下，我们需要进一步加快乡村义务教育支出的增长水平，平抑长期以来城乡公共教育资源配置差距，促进城乡义务教育一体化。

首先，进一步强化中央政府在城乡义务教育一体化发展中的事权。明确农村义务教育资源配置标准的目标要求，使城乡义务教育资源的基础设施配置都能实现国家规定的基本标准。构建城乡义务教育一体化评估的量化指标体系，将城乡义务教育均衡发展程度作为地方政府政绩考核的重要指标，加强对城乡义务教育一体化资金运行的监督和问责。同时，加强中央政府在城乡义务教育一体化发展中的支出责任。进一步加

---

① 邬志辉. 城乡教育一体化：问题形态与制度突破 [J]. 教育研究，2012（8）：19-24.

大中央政府对乡村义务教育转移支付力度,特别要有限保障乡村教师工资和公用经费及时到位。一方面切实提高乡村教师的工资水平,确保乡村教师实际工资水平不能低于同职级城市教师工资水平,同时确保乡村教师基本工资标准高于全国平均水平。而且可以为乡村地区在编教师设立特殊津贴,津贴标准可以根据地区经济发展水平确定,引导教师到乡村地区去执教,鼓励乡村教师进修培训。另一方面落实公用经费补助政策,可以将乡村学校生活服务需要等事项纳入政府购买服务范围,积极推进乡村学校标准化建设,切实改善乡村地区薄弱学校的基本办学条件,提高经费补助标准。

其次,为乡村义务教育支出提供法律保障。城乡公共教育支出结构的失衡根源在于权责不对等的城乡公共教育供给机制。因此,有必要以法律形式明确和强化乡村义务教育的供给标准,同时对挪用、克扣及拖欠乡村义务教育经费的行为应追究其法律责任,确保地方政府乡村义务教育支出能够实现可持续发展。目前通过法律形式明确义务教育投入的标准是国际上尤其是教育发达国家比较通用的做法,比如美国颁布实施的《小学与中学教育法案》,对联邦政府、州政府及地方政府等如何分担中小学教育经费的标准问题就做出了翔实的规定和说明,这就避免了政府对乡村教育支出过于随意的问题,从而保障了乡村义务教育能够得到国家持续的支持。[①]

最后,加强和完善对乡村义务教育支出行为的监督管理机制。可以尝试构建透明完善的乡村义务教育支出经费信息监测披露体系,对乡村义务教育支出的公共预算事项及时向社会公开。充分发挥人大、政协和公众等不同监督力量的广泛监督作用,把自上而下监督问责机制和自下而上的监督和参与机制有机结合起来,引导地方政府义务教育支出行为能够在合理和合法的轨道上开展。

---

① 杨世昇. 城乡统筹教育发展中的现实矛盾、归因及策略[J]. 中国教育学刊, 2020(5): 45-48.

参 考 文 献

一、中文著作类

[1] 顾明远. 教育大辞典 [M]. 上海：上海教育出版社，1992：256.

[2] 戈登·图洛克. 收入再分配的经济学（第二版）[M]. 上海：上海人民出版社，2017：89.

[3] 托马斯·皮凯蒂. 财富再分配 [M]. 上海：格致出版社，2017：4.

[4] 约翰·克拉克. 财富的分配 [M]. 北京：商务印书馆，2014：3.

[5] 加里·贝克尔. 人力资本（第三版）[M]. 北京：机械工业出版社，2018：569.

[6] 西奥多·舒尔茨. 对人进行投资：人口质量经济学 [M]. 北京：商务印书馆，2020：38.

[7] 雅各布·明赛尔. 人力资本研究 [M]. 北京：中国经济出版社，2001：89.

[8] 托马斯·皮凯蒂. 不平等经济学（第七版）[M]. 北京：中国人民大学出版社，2015：96.

[9] 米凯莱·阿拉塞维奇等. 不平等简史 [M]. 上海：上海社会科学院出版社，2018：39.

[10] 布兰科·米诺诺维奇. 全球不平等 [M]. 北京：中信出版社，2019：456.

[11] 弗兰克·A. 考威尔. 不平等的测度 [M]. 上海：格致出版

社，2014：89.

[12] 多米尼克·J. 布鲁维尔等. 教育经济学 [M]. 北京：人民出版社，2014：231.

[13] J·韦罗索. 收入分配与教育 [M]. 北京：清华大学出版社，2000：85.

[14] 马丁·布朗芬布伦纳：收入分配理论 [M]. 北京：华夏出版社，2009：90.

[15] 马修·德鲁南. 不平等的收入 [M]. 北京：机械工业出版社，2017：287.

[16] 林毅夫. 新结构经济学 [M]. 北京：北京大学出版社，2017：120.

[17] 闵维方. 教育投入、资源配置与人力资本收益 [M]. 北京：经济出版社，2009：237.

[18] 王善迈. 教育投入与产出研究 [M]. 石家庄：河北教育出版社．1996：108.

[19] 李实，罗楚亮. 国民收入分配与居民收入分配差距研究 [M]. 北京：人民出版社，2020：16.

[20] 奥山忠信. 贫困与收入差距 [M]. 北京：经济科学出版社，2020：300.

[21] 布尔迪厄·C. 帕斯隆. 再生产一种教育系统理论的要点 [M]. 上海：商务印书馆，2002：56.

[22] 帕翠西亚·冈伯特. 高等教育社会学 [M]. 北京：北京大学出版社，2013：111.

[23] 周黎安. 转型中的地方政府：官员激励与治理 [M]. 上海：格致出版社，2008：248.

[24] 赖德胜. 教育与收入分配 [M]. 北京：北京师范大学出版社，2001：94.

[25] 丛树海. 收入分配与财政支出结构 [M]. 北京：人民出版社，2014：361.

[26] 乔宝云. 增长与均等的取舍 [M]. 北京：人民出版社，2002：9.

[27] 孙百才. 中国教育扩展与收入分配研究 [M]. 北京：北京师范大学出版社，2005：76.

[28] 龙翠红. 收入差距与中国的教育回报率研究 [M]. 上海：上海人民出版社，2019：531.

[29] 厉以宁，教育的社会经济效益 [M]. 贵阳：贵州人民出版社，1995：456.

[30] 秦宛顺. 教育投资决策研究 [M]. 北京：北京大学出版社，1992：12.

[31] 王晓辉. 比较教育政策 [M]. 南京：江苏教育出版社，2009：186.

[32] 刘润芳. 我国人力资本与居民收入分配统计研究 [M]. 北京：科学出版社，2013：102.

[33] 成刚. 中国教育：财政公平与效率的经验研究 [M]. 北京：知识产权出版社，2010：36.

[34] 刘华. 收入差距与教育的逻辑关系解析 [M]. 上海：格致出版社，2013：156.

[35] 许宪春. 中国收入分配统计问题研究 [M]. 北京：北京大学出版社，2015：74.

[36] 杨之刚等. 财政分权理论与基层公共财政改革 [M]. 北京：经济科学出版社，2006：44.

[37] 中国收入分配格局的最新变化 [M]. 北京：中国财政经济出版社，2017：253.

[38] 保罗·阿特瓦尔. 日趋加大的差距. 世界各地的教育不平等 [M]. 上海：华东师范大学出版社，2017：6.

[39] 郑磊. 财政分权与公共教育 [M]. 北京：中国经济出版社，2015：89.

[40] 于之倩. 地方政府与公共教育 [M]. 北京：社会科学文献出

版社，2017：39.

[41] 王磊. 公共教育支出分析 [M]. 北京：北京师范大学出版社，2004：23.

[42] 徐俊武. 公共教育支出对居民代际收入流动的影响：理论与经验分析 [M]. 北京：经济管理出版社，2018：33.

[43] 余倩雯. 教育投入、分权与经济增长 [M]. 北京：中国经济出版社，2016：158.

[44] 刘晓凤. 中国公共教育支出研究 [M]. 武汉：湖北人民出版社，2011：112.

[45] 靳卫东. 我国收入差距的成因与演变——基于人力资本视角的分析 [M]. 北京：人民出版社，2011：123.

[46] 杜兴洋. 公共教育支出绩效评价研究 [M]. 武汉：湖北人民出版社，2014：25.

[47] 王红. 中国教育经费发展历程与未来展望 [M]. 上海：上海科技教育出版社，2015：49-50.

二、中文期刊

[1] 李实，罗楚亮. 我国居民收入分配差距的短期变动与长期趋势 [J]. 经济社会体制比较，2012（7）：9-16.

[2] 冯谚晨. 我国劳动收入份额的变动趋势 [J]. 经济问题探索，2017（4）：1-9.

[3] 张凤林. 分配理论的比较分析：一种新综合 [J]. 学术月刊，2012（2）：71-73.

[4] 程恩富. 论政府在功能收入分配和规模收入分配中的作用 [J]. 马克思主义研究，2011（6）：51-56.

[5] 郭庆旺，吕冰洋. 论要素收入分配对居民收入分配的影响 [J]. 中国社会科学，2012（12）：43-49.

[6] 周明海，姚先国. 功能性与规模性收入分配 [J]. 世界经济文汇，2012（3）：63-69.

[7] 胡怀国. 功能性收入分配与规模性收入分配：一种解说 [J]. 经济学动态, 2013 (8): 78-83.

[8] 孙文杰. 我国劳动报酬份额的演变趋势及其原因 [J]. 经济研究, 2012 (5): 120-131.

[9] 汤灿晴, 董志强. 劳动收入份额和收入不平等存在相互影响吗 [J]. 当代财经, 2019 (8): 3-12.

[10] 耿晋梅, 赵璇. 初次分配下居民收入不平等的原因 [J]. 经济问题, 2018 (6): 26-33.

[11] 岳昌君. 教育对个人收入差异的影响 [J]. 北大教育经济研究, 2004 (9): 58-63.

[12] 杨娟, 赖德胜等. 如何通过教育缓解收入不平等 [J]. 经济研究, 2015 (9): 34-42.

[13] 孙百才. 经济增长、教育扩展与收入分配—两个"倒 U"假说的检验 [J]. 北京师范大学学报（社会科学版), 2009 (2): 92-98.

[14] 方超, 罗英姿等. 教育能够缩小劳动力的收入差距吗 [J]. 教育发展研究, 2016 (9): 9-16.

[15] 王晓芳, 高榴. 教育提升了劳动收入占比吗 [J]. 财经科学, 2011 (9): 58-65.

[16] 李黎明, 廖丽. 教育如何影响分配公平感 [J]. 复旦教育论坛, 2019 (2): 78-85.

[17] 许永洪, 萧珍丽等. 教育缓解了收入分配不平衡吗 [J]. 数理统计与管理, 2019 (6): 26-32.

[18] 袁诚. 地方教育投入对城市家庭教育支出行为的影响 [J]. 经济学动态, 2013 (3): 29-36.

[19] 魏晓艳. 公共教育投入对个人教育投入的实证效应研究 [J]. 复旦教育论坛, 2018 (2): 42-50.

[20] 田士超, 陆铭. 教育对地区内收入分配差距的贡献 [J]. 南方经济, 2007 (5): 59-63.

[21] 董丽霞, 韩奕. 社会性支出与城市居民收入不平等关系研究

[J]. 中国人民大学学报, 2013 (5)：76-79.

[22] 蔡萌, 岳希明. 我国居民收入不平等的主要原因 [J]. 财经研究, 2016 (4)：5-13.

[23] 刘扬, 梁峰. 居民收入比重为何下降 [J]. 经济学动态, 2013 (5)：21-26.

[24] 陈宗胜, 陈岑. 城市居民收入差异及其若干关联因素 [J]. 改革, 2014 (5)：94-101.

[25] 宁光杰, 雒蕾. 我国转型期居民财产性收入不平等成因分析 [J]. 经济研究, 2016 (4)：23-26.

[26] 迟巍, 蔡许许. 城市居民财产性收入与贫富差距的实证分析 [J]. 数量经济技术经济研究, 2012 (2)：56-61.

[27] 宁光杰. 居民财产性收入分配差距：能力差异还是制度阻碍 [J]. 经济研究, 2014 (S1)：58-63.

[28] 周安华, 颜梓鸿等. 公共教育支出对居民财产性收入影响的作用机制分析 [J]. 湖南社会科学, 2018 (4)：135-140.

[29] 徐俊武, 易祥瑞. 增加公共教育支出能够缓解二代现象吗 [J]. 财经研究, 2014 (11)：17-28.

[30] 李祥云. 中国高等教育对收入分配不平等程度的影响 [J]. 高等教育研究, 2014 (6)：20-26.

[31] 张驰, 叶光. 中国教育回报率的分布特征与收入分配差距 [J]. 经济经纬, 2016 (1)：78-83.

[32] 张车伟. 人力资本回报率变化与收入分配差距 [J]. 经济研究, 2006 (12)：98-103.

[33] 刘宪. 中国城乡收入分配差距与教育投资边际收益率的差异性研究 [J]. 中国特色社会主义研究, 2012 (6)：54-58.

[34] 孟凡强. 我国人力资本回报率城乡差异 [J]. 现代财经, 2015 (5)：42-50.

[35] 梁润. 中国城乡教育收益率差异与收入分配差距 [J]. 当代经济科学, 2011 (6)：64-71.

[36] 廖毅. 公共教育投入与国民收入差异的关系研究 [J]. 大学教育科学, 2019 (5): 58-67.

[37] 陈云, 王丽静. 我国城乡教育不平等与城乡收入差距的关系 [J]. 现代教育管理, 2018 (4): 31-36.

[38] 张艳华. 教育公共投入与收入差距的波及效应 [J]. 现代教育管理, 2011 (9): 143-146.

[39] 王培石. 政府教育投入对民众可支配收入提升的关系研究 [J]. 国家教育行政学院学报, 2019 (4): 27-32.

[40] 贾汇亮, 刘清华. 中国教育投资在三级教育中的分配与教育公平 [J]. 教育探索, 2003 (12): 52-54.

[41] 于德弘, 陆根书. 论我国高等教育规模的扩展对收入分配公平的影响 [J]. 教育与经济, 2001 (1): 6-11.

[42] 张小芳, 潘欣欣等. 教育公共支出与收入不平等 [J]. 上海经济研究, 2020 (1): 106-111.

[43] 武向荣. 教育扩展中的过度教育现象及其收入效应 [J]. 北京师范大学学报, 2007 (3): 132-136.

[44] 李增刚, 韩相仪. 教育财政支出对基尼系数影响的理论分析和实证检验 [J]. 财贸经济, 2009 (8): 58-63.

[45] 姚继军, 马林琳. 后4%时代财政性教育投入总量与结构分析 [J]. 教育发展研究, 2016 (5): 17-21.

[46] 白雪梅. 教育与收入不平等: 中国的经验研究 [J]. 管理世界, 2004 (6): 53-58.

[47] 韩雪峰. 高等教育扩展对中国居民收入分配差距的影响 [J]. 生产力研究, 2009 (5): 36-42.

[48] 李祥云, 刘慧等. 中国教育扩展、教育分布与居民收入分配差距 [J]. 教育与经济, 2016 (3): 23-36.

[49] 贺青, 张虎. 教育不平等对收入分配差距扩大的动态影响分析 [J]. 统计与决策, 2015 (7): 109-113.

[50] 龙翠红. 中国的收入分配差距、经济增长与教育不平等的

相互影响[J].华东师范大学学报（哲学社会科学版），2011（5）：138-144.

[51] 冯云.教育投入差距与地区居民收入分配差距关系研究[J].教育科学，2011（3）：11-16.

[52] 余靖雯，龚六堂.公共教育、经济增长和不平等[J].世界经济文汇，2013（3）：26-30.

[53] 吴强.公共教育财政投入对居民教育支出的影响分析[J].教育研究，2011（1）：55-61.

[54] 邱伟华.公共教育支出调节收入差异的有效性研究[J].清华大学教育研究，2008（6）：21-27.

[55] 蒋洪，马国贤等.公共高等教育利益归宿的分布及成因[J].财经研究，2002（3）：8-16.

[56] 赖德胜.教育扩展与收入分配[J].经济研究，1997（10）：56-64.

[57] 郭凯明，张全升等.公共政策、经济增长与不平等演化[J].经济研究，2011（s2）：5-15.

[58] 郭磊磊，郭剑雄.人力资本投资二元性对城乡收入分配差距的影响[J].技术经济与管理研究，2017（1）：96-101.

[59] 李实，朱梦冰.中国经济转型40年中居民收入分配差距的变动[J].管理世界，2018（12）：19-28.

[60] 田卫民.省域居民收入基尼系数测算及其变动趋势分析[J].经济科学，2012（2）：48-59.

[61] 贾俊雪，宁静.地方政府支出规模与结构的居民收入分配效应及制度根源[J].经济理论与经济管理，2011（8）：24-29.

[62] 汪栋等.我国教育财政投入充足指数设计与标准化测算[J].华东师范大学学报，2017，（3）：116-125.

[63] 朱文辉，殷志美.城乡义务教育一体化发展中政府职能的三重梗阻与疏通[J].现代教育管理，2018（10）：24-29.

[64] 余杰，胡臣瑶等.教育经费投入强度、结构、体制的宏观分

析［J］. 会计之友, 2020（1）: 103-111.

［65］李连芬, 刘德伟. 我国公共教育供给短缺的原因分析［J］. 经济体制改革, 2010（5）: 46-51

［66］岳昌君. 我国公共教育经费的供给与需求预测［J］. 北京大学教育评论, 2008（2）: 56-59.

［67］刘泽云, 袁连生. 公共教育投资比例国际比较研究［J］. 比较教育研究, 2007（2）: 89-92.

［68］杨蓉, 刘婷婷. 中国教育经费配置结构分析［J］. 全球教育展望, 2019（6）: 46-60.

［69］胡玉玲, 申福广. 国际视野中的中国教育经费层级配置结构［J］. 教育发展研究, 2013（5）: 13-18.

［70］周明海, 杨粼炎. 中国劳动收入份额变动的分配效应-［J］. 劳动经济研究, 2017（6）: 56-86.

［71］李祥云, 张建顺等. 公共教育支出降低了居民收入分配不平等吗［J］. 云南财经大学学报, 2018（8）: 3-8.

［72］李祥云, 禹文颂等. 公共教育支出与居民收入分配差距［J］. 财经问题研究, 2018（8）: 83-88.

［73］余靖雯, 龚六堂. 中国公共教育供给及不平等问题研究［J］. 世界经济文汇, 2015（6）: 1-7.

［74］陈斌开, 张鹏飞等. 政府教育投入、人力资本投资与中国城乡收入分配差距［J］. 管理世界, 2010（1）: 56-60.

［75］钞小静, 沈坤荣. 城乡收入分配差距、劳动力质量与中国经济增长［J］. 经济研究, 2014（6）: 56-61.

［76］吕炜, 杨沫等. 城乡收入分配差距、城乡教育不平等与政府教育投入［J］. 经济社会体制比较, 2015（3）: 36-41.

［77］赵海利. 中外公共教育资源分配公平性比较研究［J］. 教育研究, 2013（1）: 133-141.

［78］包海芹. 高等教育学费制度变迁研究［J］. 清华大学教育研究, 2018（2）: 251-256.

[79] 陈建伟. 引出还是挤出：政府与家庭的高等教育支出行为互动模式 [J]. 经济评论, 2014 (6): 91-112.

[80] 李德显, 师婕. 三级教育公共支出分配结构的合理性分析 [J]. 辽宁师范大学学报 (社会科学版), 2014 (1): 72-78.

[81] 陈纯槿, 郅庭瑾. 世界主要国家教育经费投入规模与配置结构 [J]. 中国高教研究, 2017 (11): 77-85.

[82] 苗苏菲. 高等教育实行收费制度与教育公平 [J]. 高等教育研究, 1996 (1): 54-59.

[83] 徐俊武, 曹晅等. 收入不平等与公共教育支出受益分配 [J]. 教育发展研究, 2009 (21): 27-30.

[84] 邓旋. 财政支出规模、结构与城乡收入不平等 [J]. 经济评论, 2011 (4): 30-36.

[85] 周胜. 公共教育经费配置的效率差异与对策 [J]. 技术经济与管理研究, 2014 (4): 80-83.

[86] 钱晓烨, 迟巍等. 义务教育层级城镇家庭教育支出的构成及不平等 [J]. 教育与经济, 2015 (6): 25-33.

[87] 贾男, 刘国顺. 义务教育均衡化能否有效降低家庭校外教育支出 [J]. 北京大学教育评论, 2017 (1): 56-63.

[88] 姚先国, 张海峰. 中国教育回报率估计及其城乡差异分析 [J]. 财经论丛, 2014 (6): 1-7.

[89] 冯云. 城乡教育发展差距与居民收入分配差距关系研究 [J]. 当代经济管理, 2011 (10): 13-18.

[90] 宗晓华. 公共教育财政制度的规范理论与构建路径 [J]. 西南大学学报, 2011 (1): 122-124.

[91] 刘振彪. 政府教育支出的经济增长效应研究 [J]. 生产力研究, 2008 (16): 121-123.

[92] 丁忠民, 玉国华. 社会保障、公共教育支出对居民收入的门槛效应研究 [J]. 西南大学学报 (社会科学版), 2017 (4): 36-45.

[93] 唐军当前中国教育经费投入结构优化的若干重点 [J]. 财政科学, 2017 (2): 38-44.

[94] 张世伟, 诺敏等. 中国教育发展对劳动收入差距的影响 [J]. 当代经济研究, 2017 (4): 68-77.

[95] 王艳真, 李秀敏. 中国教育扩展、教育不平等与收入分配差距间的相互影响 [J]. 税务与经济, 2015 (6): 29-34.

[96] 杨俊, 黄潇等. 教育不平等与收入分配差距: 中国的实证分析 [J]. 管理世界, 2008 (1): 103-107.

[97] 杨俊, 黄潇. 教育不平等与收入分配差距的内在作用机制——基于中国省级面板数据的分析 [J]. 公共管理学报, 2010 (1): 23-28.

[98] 柏檀, 周德群等. 教育财政分权与基础教育公共支出结构偏向 [J]. 清华大学教育研究, 2015 (2): 53-63.

[99] 詹国辉, 张新文. 教育资本对城乡收入差距的外部效应 [J]. 财贸研究, 2017 (6): 37-46.

[100] 徐雯雯. 公共教育支出对城乡居民收入分配差距的影响 [J]. 河北科技师范学院学报, 2018 (4): 52-56.

[101] 倪志良, 赵春. 公共教育支出分配效应的实证研究 [J]. 中央财经大学学报, 2004 (9): 69-72.

[102] 陆铭, 陈钊. 城市化、城市倾向的经济政策与城乡收入差距 [J]. 经济研究, 2004 (6): 50-58.

[103] 周黎安. 中国地方官员的晋升锦标赛模式研究 [J]. 经济研究, 2007 (7): 36-50.

[104] 郁建兴, 高翔. 地方发展型政府的行为逻辑及制度基础 [J]. 中国社会科学, 2012 (5): 78-83.

[105] 张宇. 财政分权与政府财政支出结构偏异 [J]. 南开经济研究, 2013 (3): 35-42

[106] 傅勇, 张晏. 中国式分权与财政支出结构偏向 [J]. 管理世界, 2007 (3): 4-12.

[107] 龚锋, 卢洪友. 公共支出结构、偏好匹配与财政分权 [J].

管理世界，2009（1）：10-20.

[108] 王善迈. 合理划分政府间教育财政事权与支出责任 [J]. 教育财会研究，2019（2）：20-22.

[109] 孙开，王冰. 政府间普通教育事权与支出责任划分研究 [J]. 财经问题研究，2018（8）：73-81.

[110] 马海涛，郝晓婧. 中央和地方财政事权与支出责任划分研究 [J]. 东岳论丛，2019（3）：46-58.

[111] 李振宇，王骏. 中央与地方教育财政事权与支出责任的划分研究 [J]. 清华大学教育研究，2017（5）：36-43.

[112] 林江，孙辉等. 财政分权、晋升激励和地方政府义务教育供给 [J]. 财贸经济，2011（1）：34-40.

[113] 马万里. 人力资本视角下财政分权对收入分配的影响研究 [J]. 中央财经大学学报，2013（3）：1-5.

[114] 孙志军，郝苗. 教育财政努力程度：概念与测量方法 [J]. 教育经济评论，2018（3）：4-12.

[115] 崔潮. 治理型财政建设中的教育事权与支出责任划分 [J]. 河北大学学报，2018（1）：90-95.

[116] 吴木銮，王闻. 如何解释省内财政分权 [J]. 经济社会体制比较，2011（1）：41-46.

[117] 李振宇. 义务教育经费"省级统筹"政策执行分析 [J]. 清华大学教育研究，2019（6）：85-91.

[118] 钱佳，雷万鹏. 如何解释省内教育财政分权差异 [J]. 教育与经济，2017（5）：20-26.

[119] 杨良松. 中国的财政分权与地方教育供给——省内分权与财政自主性的视角 [J]. 公共行政评论，2013（2）：130-134.

[120] 肖鹏，谭锡真. 财政转移支付对地方政府财政努力度的影响 [J]. 山东财经大学学报，2019（1）：26-35.

[121] 李成宇，史桂芬等. 中国式财政分权与公共教育支出 [J]. 教育与经济，2014（3）：8-15.

[122] 纪凡,储德银.财政分权与城乡义务教育均等化[J].内蒙古财经大学学报,2017(2):48-53.

[123] 曲铁华.城乡义务教育一体化:理论基础与必然性[J].河北师范大学学报,2017(5):19-21.

[124] 陈静漪,李桂雅.我国乡村义务教育供给政策的路径反思与改进[J].现代教育管理,2017(4):24-28.

[125] 聂颖,郭艳娇等.财政分权、地方政府竞争和财政教育支出相关关系研究[J].地方财政研究,2011(11):50-54.

[126] 杨卫安,邬志辉.城市化背景下中国乡村教育发展的路向选择[J].社会科学战线,2015(10):240-246.

[127] 田志磊,杨龙见等.职责同构、公共教育属性与政府支出偏向[J].北京大学教育评论,2015(4):124-130.

三、学位论文及其他

[1] 邱伟华.公共教育与收入差异——基于公平视角的研究[D].上海:复旦大学,2007.

[2] 黄潇.中国教育不平等与收入分配差距的实证研究[D].重庆:重庆大学,2011.

[3] 刘润芳.人力资本的居民收入分配效应研究[D].西安:西北大学,2012.

[4] 冯云.中国教育不平等对居民收入分配差距影响研究[D].大连:东北财经大学,2014.

[5] 黄朝阳.财政性教育经费对收入差距的影响研究[D].广州:暨南大学,2015.

[6] 周瑜.我国教育财政支出的结构优化研究[D].贵州:贵州大学,2015.

[7] 易均平.公共教育支出结构对城乡收入差距的影响[D].重庆:西南政法大学,2016.

[8] 席思嘉.财政分权体制下的教育支出机理分析与实证检验

[D]. 南京: 南京大学, 2014.

[9] 国务院办公厅. 国务院办公厅关于印发基本公共服务领域中央与地方共同财政事权和支出责任划分改革方案的通知国办发 [EB/OL]. 2018 – 02/08/content_5264904. htm.

[10] 搜狐网. 中国家庭教育支出有多少 [EB/OL]. https：//m. sohu. com/a/216899934_99916246/? trans_ = 010005_pcwzywxewmsm&from = timeline. 2018 – 01 – 15/2020. 04 – 23.

四、英文著作及期刊

[1] Webb. M, "Financing Elementary and Secondary Education. Columbus," *Translated in History of Political Economy* 1988: 23.

[2] BECKER G. S, "Investment in Human Capital: A Theoretical Analysis," *Journal of Political Economy* 1962: 49.

[3] Asongu, S. and Odhiambo, N. M, "Human development thresholds for inclusive mobile banking in developing countries," *African Journal of Science, Technology, Innovation and Development* 2018: 6.

[4] Nordblom, K, "Is increased public schooling really apolicy for equality-The role of within the family education," *Journal of public economics* 2003: 1965.

[5] Douglas and Charles W, "Cobb as A Theory of Production," *Journal of public economics* 1928: 139.

[6] Derek neal and Sherwin Rosen, "the Theories of the distribution of Earnings," *in Handbook of Income Distribution*, 1999: 379.

[7] Keynes, J. M, "Relative Movements of Real Wages and Output," *Economic Journal* 1939: 49.

[8] Shorrocks A, "Inequality Decomposition by Factor Components," *Econometrical* 1982: 212.

[9] Kuznets, S, "Economic Growth and Income Inequality," *The American Economic Review* 1955: 28.

[10] Paukert, F, "Income Distribution at Different Levels of Development-Survey of Evidence," *International Labour Review* 1973: 49.

[11] Ahluwalia, M. S, "Inequality, Poverty and Development," *Journal of Development Economics* 1976: 342.

[12] E. Daudey and C. Garcia – Penalosa, "The Personal and the Factor Distributions of Income in a Cross – Section of Countries," *Journal of Development Studies* 2007: 819.

[13] Milanovic. B, "Do More Unequal Countries Redistribute More? Does the Median Voter Hypothesis Hold," *World Bank Policy Research Working Paper.* 1999, No. 2264.

[14] S. E. Black, L. M. Lynch, "Human-capital Investments and Productivity," *The American Economic Review* 1996: 267.

[15] J. C. Haltiwanger, J. I. Lane and J. R. Spletzer, "Wages, Productivity, and the Dynamic Interaction of Businesses and Workers," *Labour Economics* 2007: 602.

[16] Roemer, J. E, Theories of Distributive Justice (Cambridge: Harvard University Press, 1996): 251.

[17] Becker G. S, "Tomes N. Human Capital and the Rise and Fall of Families," *Journal of Labor Economics* 1986: 26.

[18] Mayer ES, Lopoo M, "Government spending and intergenerational mobilitys," *Journal of Public Economics* 2008: 139.

[19] Knight J. B. , R . H. Sabot, "Educational Expansion and the Kuznets Effect," *The American Economic Review*, 1983: 136.

[20] Barro, R. J, Economic Growth (Cambridge, Massachusetts: MIT Press, 1999): 123.

[21] Mincer, J, Schooling, Experience, and Earnings (New York: Columbia University Press for NBER, 1974): 13.

[22] Becker, G. S. and B. R. Chiswick, "Education and the Distribution of Earning," *American Economic Review* 1966: 369.

参考文献

[23] Winegarden C R, "Schooling and Income Distribution: Evidence from International Data," *Economica* 1979: 83.

[24] Gregorio J D, Lee J W, "Education and Income New Evidence from Cross-Country Data," *Review of Income and Wealth* 2002: 416.

[25] Chun-HuangA, "Education Expansion, Educational Inequality, and Income Inequality: Evidence from Taiwan" *Social Indicators Research* 2007: 615.

[26] Dasgupta A K, Income distribution, educational and capital accumulation (Washington D. C: World Bank, 1979): 112.

[27] Adelman I, Economic Growth and Social Equity in Developing Countries (Stanford: Stanford University Press, 1973): 871.

[28] Psacharopoulos, "UnequalAccess to Education and Income Distribution," *Economist* 1977: 392.

[29] Alan Krueger, Jesse Rothstein & Sarah Turner, "Race, Income and College in 25 Years: The Continuing Legacy of Segregation and Discrimination," *NBER Working Paper* 2005: 115.

[30] Chenery H B, Syrquin C T. Patterns of development1950 – 1970 (NewYork: Oxford of the World Bank, 1975): 361.

[31] OECD, "PISA 2012 Results: What Makes Schools Successful (Volume IV): Resources, Policies and Practices," *Paris: OECD Publishing* 2013: 42.

[32] Psacharopoulos, "Return to education: A further international update and implication," *Journal of Human Resources* 1977: 604.

[33] Jaumotte, F, Lall, S. and Papageorgiou, C, "Rising income inequality: Technology or trade and financial global-ization," *IMF Economic Review* 2013: 231.

[34] Park. H, "Educational Expansion and Educational Inequality on Income Distribution," *Economics of Education Review* 1996: 51.

[35] Gregorio, J. D and Lee, "education and income distribution:

new evidence fromr cross-country data," *review of income and wealth* 2002: 416.

[36] Thomas, Wang Yan and Fan Xibo, "Measuring Education Inequality: Gini Coefficients of Education for 140 Countries" *Journal of Education Planning and Administration* 2003: 33.

[37] WOLFLE D, "Overeducation," *Science* 1970: 319.

[38] Rumberger R W, "The Impact of Surplus Schooling on Productivity and Earnings," *Journal of Human Resources* 1987: 50.

[39] Sylwester K, "A Model of Public Education and Income Inequality with A Subsistence Constraint," *Southern Economic Journal* 2002: 58.

[40] Ram R, "Can Educational Expansion Reduce Income Inequality in Less-Developed Countries," *Economic of Education Review* 1989: 195.

[41] Knight J B, Sabot R H, Hovey D C, "Is the Rate of Return on Primary Schooling Really 26 Per Cent," *Journal of African Economies* 1992: 205.

[42] Chiswick B. R, "Earning Inequality and Economic Developmen," *Quarterly Journal of Economics* 1971: 39.

[43] Oulton N, "The Distribution of Education and the Distribution of Income," *Economic*, 1974: 402.

[44] Morgan, J. N. and Sirageldin, "A Note on the Quality Dimension in Education," *Journal of Political Economy* 1968: 1069.

[45] Kourtellos, A, Stengos, T. and Tan, C. M, "Structural threshold regression," *Econometric Theory* 2016: 471.

[46] Chiswick R, "Income Distribution: Analysis and Policies," *Journal of Political Economy* 1975: 425.

[47] Park H, "Education expansion and educational inequality on income distribution," *Economics and Education Review* 1996: 58.

[48] Sylwester, L, "A Model of Public Education and Income Inequality," *Working Paper, Carbondale, Southern Illinois University* 2003: 63.

[49] Abdullah A, Doucouliagos H, "Manning E. Does Education Reduce Income Inequality? A Meta Regression Analysis," *Journal of Economic Surveys* 2015: 316.

[50] Sylwester K, "A Model of Public Education and Income Inequality with A Subsistence Constraint," *Southern Economic Journal* 2002: 158.

[51] Jerrim J, Macmillan L, "Income Inequality, Intergenerational Mobility, and the Great Gatsby Curve: Is Education the Key," *Social Forces* 2015: 533.

[52] Birdsall N, Londono J L, "Asset Inequality does Matter: Lessons from Latin America," *Idb Publications* 1997: 66.

[53] Marin A, Psacharopoulos G, "Schooling and Income Distribution," *The Review of Economics and Statistics*, 1976: 332.

[54] Knight J B, Sabot R H, "Educational Expansion and the Kuznets Effect," *The American Economic Review* 1983: 1132.

[55] Sundrum, Income Distribution in Less Developed Country (London & New York: Routledge, 1990): 323.

[56] Wong, M. Y. H, "Public spending, corruption, and income nequality: A comparative analysis of Asia and Latin America," *International Political Science Review* 2016: 41.

[57] Aghion P, Meghir C, Vandenbussche J, "Distance to Frontier, Growth, and the Composition of Human Capital," *Journal of Economic Growth* 2006: 127.

[58] Ram R, "Exports and Economic Growth: Some Additional Evidence," *Economic Development and Cultural Change* 1985: 33.

[59] Knight J B, Sabot R H, Hovey D C, "Is the Rate of Return on Primary Schooling Really 26 Per Cen," *Journal of African Economics* 1992: 12.

[60] Sylwester K, "Enrolment in Higher Education and Changes in Income Inequality," *Bulletin of Economic Research* 2003: 262.

[61] GOLLIN D, "Getting income share right," *Journal of Political*

Economy 2012: 475.

[62] Park, . K. H, "Educational Expansion on Income Distribution," *Economics of Education Review* 1996: 151.

[63] Treisman Daniel, The Architecture of Government (Cambridge: Cambridge University Press. 2007): 596.

[64] Oates W, "Toward A Second-Generation Theory of Fiscal Federalism," *International Tax and Public Finance* 2005: 373.

[65] C. M . Tiebout, "The Pure Theory of Public Expenditure," *The Journal of Political Economy* 1956: 424.

[66] Kornai J, Maskin E, Roland G, "Understanding the soft budget constraint," *Journal of Economic Literature* 2003: 74.

[67] Blanchard O. A. Shleifer. Federalism with and without Political Centralization [R]. IMF Staff Papers, 2000 (48): 171 –179.

[68] KERCKHOFF A C, "The status attainment process: socialization or allocation," *Social Forces* 1976: 368.

[69] The odore W. Schultz, "NobelLecture: The Economics of Being Poor," *Journal of Political Economy* 1980: 639.

[70] Agnello, L, "How do banking crises impact on income inequality," *Applied Economics Letters* 2012: 156.

[71] Barro, R. J, "A new data set of educa-tional attainment in the world, 1950 –2010," *Journal of Development Economics* 2013: 53.

[72] Chong, A, "Inequality and institutions," *Review of Economics And Statistics* 2007: 89.

[73] Schultz T P, "Chapter 13 Education Investments and Returns," *Handbook of Development Economics* 1988: 630.